LE COMTE

DE

MONTE-CHRISTO

Deuxième ~~PREMIÈRE~~ PARTIE

PARIS. — IMPRIMERIE DE ÉDOUARD BLOT, RUE SAINT-LOUIS, 46, AU MARAIS
(Ancienne maison Dondey-Dupré.)

LE COMTE
DE
MONTE-CHRISTO

PAR

ALEXANDRE DUMAS

ILLUSTRÉ PAR G STAAL, J. A BEAUCÉ, ETC.

BIBLIOTHÈQUE IMPÉRIALE
IMPR.

~~PREMIÈRE~~ PARTIE

PARIS

LÉCRIVAIN ET TOUBON, ÉDITEURS

5, RUE DU PONT-DE-LODI, 5

1860

Y² 1976

1861

LE COMTE DE MONTE-CHRISTO

DEUXIÈME PARTIE

CHAPITRE PREMIER

ÉBLOUISSEMENT.

Le soleil était arrivé au tiers de sa course à peu près, et ses rayons de mai donnaient, chauds et vivifiants, sur ces rochers, qui eux-mêmes semblaient sensibles à sa chaleur; des milliers de cigales, invisibles dans les bruyères, faisaient entendre leur murmure monotone et continu; les feuilles des myrtes et des oliviers s'agitaient frissonnantes, et rendaient un bruit presque métallique; à chaque pas que faisait Edmond sur le granit échauffé, il faisait fuir des lézards qui semblaient des émeraudes; on voyait bondir au loin, sur les talus inclinés, les chèvres sauvages qui parfois y attirent les chasseurs : en un mot, l'île était habitée, vivante, animée, et cependant Edmond s'y sentait seul sous la main de Dieu.

Paris. — Imp. de Edouard Blot, rue Saint-Louis, 46.

Il éprouvait je ne sais quelle émotion assez semblable à de la crainte : c'était cette défiance du grand jour, qui fait supposer, même dans le désert, que des yeux inquisiteurs sont ouverts sur nous.

Ce sentiment fut si fort, qu'au moment de se mettre à la besogne Edmond s'arrêta, déposa sa pioche, reprit son fusil, gravit une dernière fois le roc le plus élevé de l'île, et de là jeta un vaste regard sur tout ce qui l'entourait.

Mais, nous devons le dire, ce qui attira son attention, ce ne fut ni cette Corse poétique dont il pouvait distinguer jusqu'aux maisons, ni cette Sardaigne presque inconnue qui lui fait suite, ni l'île d'Elbe aux souvenirs gigantesques, ni enfin cette ligne imperceptible qui s'étendait à l'horizon, et qui à l'œil exercé du marin révélait Gênes la superbe et Livourne la commerçante ; non : ce fut le brigantin qui était parti au point du jour, et la tartane qui venait de partir.

Le premier était sur le point de disparaître au détroit de Bonifacio ; l'autre, suivant la route opposée, côtoyait la Corse, qu'elle s'apprêtait à doubler.

Cette vue rassura Edmond.

Il ramena alors les yeux sur les objets qui l'entouraient plus immédiatement ; il se vit sur le point le plus élevé de l'île conique, grêle statue de cet immense piédestal ; au-dessous de lui, pas un homme ; autour de lui, pas une barque : rien que la mer azurée qui venait battre la base de l'île, et que ce choc éternel bordait d'une frange d'argent.

Alors il descendit d'une marche rapide mais cependant pleine de prudence ; il craignait fort, en un pareil moment, un accident semblable à celui qu'il avait si habilement et si heureusement simulé.

Dantès, comme nous l'avons dit, avait repris le contre-pied des entailles laissées sur les rochers, et il avait vu que cette ligne conduisait à une espèce de petite crique cachée comme un bain de nymphe antique ; cette crique était assez large à son ouverture et assez profonde à son centre pour qu'un petit bâtiment du genre des spéronares pût y entrer et y demeurer caché. Alors, en suivant le fil des inductions, ce fil qu'aux mains de l'abbé Faria il avait vu guider l'esprit d'une façon si ingénieuse dans le dédale des probabilités, il songea que le cardinal Spada, dans son intérêt à ne pas être vu, avait abordé à cette crique, y avait caché son petit bâtiment, avait suivi la ligne indiquée par des entailles, et avait, à l'extrémité de cette ligne, enfoui son trésor.

C'était cette supposition qui avait ramené Dantès près du rocher circulaire.

Seulement une chose inquiétait Edmond et bouleversait toutes les idées qu'il avait en dynamique : comment avait-on pu, sans employer des forces considérables, hisser ce rocher, qui pesait peut-être cinq ou six milliers, sur l'espèce de base où il reposait ?

Tout à coup une idée vint à Dantès.

— Au lieu de le faire monter, se dit-il, on l'aura fait descendre.

Et lui-même s'élança au-dessus du rocher, afin de chercher la place de sa base première.

En effet, bientôt il vit qu'une pente légère avait été pratiquée ; le rocher avait glissé sur sa base et était venu s'arrêter à l'endroit ; un autre rocher, gros comme une pierre de taille ordinaire, lui avait servi de cale ; des pierres et des cailloux avaient été soigneusement rajustés pour faire disparaître toute solution de continuité ; cette espèce de petit ouvrage en maçonnerie avait été recouverte de terre végétale, l'herbe y avait poussé, la mousse s'y était étendue, quelques semences de myrtes et de lentisques s'y étaient arrêtées, et le vieux rocher semblait soudé au sol.

Dantès enleva avec précaution la terre et reconnut ou crut reconnaître tout cet ingénieux artifice.

Alors il se mit à attaquer avec sa pioche cette muraille intermédiaire cimentée par le temps.

Après un travail de dix minutes la muraille céda, et un trou à y fourrer le bras fut ouvert.

Dantès alla couper l'olivier le plus fort qu'il put trouver, le dégarnit de ses branches, l'introduisit dans le trou et en fit un levier.

Mais le roc était à la fois trop lourd et calé trop solidement par le rocher inférieur, pour qu'une force humaine, fût-ce celle d'Hercule lui-même, pût l'ébranler.

Dantès réfléchit alors que c'était cette cale elle-même qu'il fallait attaquer.

Mais par quel moyen ?

Dantès jeta les yeux autour de lui, comme font les hommes embarrassés ; et son regard tomba sur une corne de mouflon pleine de poudre, que lui avait laissée son ami Jacopo.

Il sourit · l'invention infernale allait faire son œuvre.

A l'aide de sa pioche Dantès creusa, entre le rocher supérieur et celui sur lequel il était posé, un conduit de mine comme ont l'habitude de faire les pionniers, lorsqu'ils veulent épargner au bras de l'homme une trop grande fatigue, puis il le bourra de poudre ; puis, effilant son mouchoir et le roulant dans le salpêtre, il en fit une mèche.

Le feu mis à cette mèche, Dantès s'éloigna.

L'explosion ne se fit pas attendre : le rocher supérieur fut en un instant soulevé par l'incalculable force, le rocher inférieur vola en éclats ; par la petite ouverture qu'avait d'abord pratiquée Dantès, s'échappa tout un monde d'insectes frémissants, et une couleuvre énorme, gardien de ce chemin mystérieux, roula sur ses volutes bleuâtres et disparut.

Dantès s'approcha : le rocher supérieur, désormais sans appui, inclinait vers l'abîme ; l'intrépide chercheur en fit le tour, choisit l'endroit le plus vacillant, appuya son levier dans une de ses arêtes, et, pareil à Sisyphe, se roidit de toute sa puissance contre le rocher.

Le rocher, déjà ébranlé par la commotion, chancela; Dantès redoubla d'efforts : on eût dit un de ces Titans qui déracinaient des montagnes pour faire la guerre au maître des dieux. Enfin le rocher céda, roula, bondit, se précipita et disparut s'engloutissant dans la mer.

Il laissait découverte une place circulaire, et mettait à jour un anneau de fer scellé au milieu d'une dalle de forme carrée.

Dantès poussa un cri de joie et d'étonnement : jamais plus magnifique résultat n'avait couronné une première tentative.

Il voulut continuer ; mais ses jambes tremblaient si fort, mais son cœur battait si violemment, mais un nuage si brûlant passait devant ses yeux, qu'il fut forcé de s'arrêter.

Ce moment d'hésitation eut la durée de l'éclair. Edmond passa son levier dans l'anneau, leva vigoureusement, et la dalle descellée s'ouvrit, découvrant la pente rapide d'une sorte d'escalier qui allait s'enfonçant dans l'ombre d'une grotte de plus en plus obscure.

Un autre se fût précipité, eût poussé des exclamations de joie; Dantès s'arrêta, pâlit, douta.

— Voyons, se dit-il, soyons homme ! accoutumé à l'adversité, ne nous laissons pas abattre par une déception ; ou sans cela ce serait donc pour rien que j'aurais souffert ! Le cœur se brise lorsque, après avoir été dilaté outre mesure par l'espérance à la tiède haleine, il rentre et se renferme dans la froide réalité ! Faria a fait un rêve : le cardinal Spada n'a rien enfoui dans cette grotte, peut-être même n'y est jamais venu, ou, s'il y est venu, César Borgia, l'intrépide aventurier, l'infatigable et sombre larron, y est venu après lui, a découvert sa trace, a suivi les mêmes brisées que moi, comme moi a soulevé cette pierre, et, descendu avant moi, ne m'a rien laissé à prendre après lui.

Il resta un moment immobile, pensif, les yeux fixés sur cette ouverture sombre et continue.

— Or, maintenant que je ne compte plus sur rien, maintenant que je me suis dit qu'il serait insensé de conserver quelque espoir, la suite de cette aventure est pour moi une chose de curiosité, voilà tout.

Et il demeura encore immobile et méditant.

— Oui, oui, ceci est une aventure à trouver sa place dans la vie mêlée d'ombre et de lumière de ce royal bandit, dans ce tissu d'événements étranges qui composent la trame diaprée de son existence ; ce fabuleux événement a dû s'enchaîner invinciblement aux autres choses ; oui, Borgia est venu quelque nuit ici, un flambeau d'une main, une épée de l'autre, tandis qu'à vingt pas de lui, au pied de cette roche peut-être, se tenaient, sombres et menaçants, deux sbires interrogeant la terre, l'air et la mer, pendant que leur maître entrait comme je vais le faire, secouant les ténèbres de son bras redoutable et flamboyant.

Oui ; mais des sbires auxquels il aura livré ainsi son secret, qu'en aura fait César? se demanda Dantès.

Ce qu'on fit, se répondit-il en souriant, des ensevelisseurs d'Alaric, que l'on enterra avec l'enseveli.

Cependant, s'il y était venu, reprit Dantès, il eût retrouvé et pris le trésor; Borgia, l'homme qui comparait l'Italie à un artichaut, et qui la mangeait feuille à feuille, Borgia savait trop bien l'emploi du temps pour avoir perdu le sien à replacer ce rocher sur sa base.

Descendons.

Alors il descendit le sourire du doute sur les lèvres, et murmurant ce dernier mot de la sagesse humaine : Peut-être !...

Mais, au lieu des ténèbres qu'il s'était attendu à trouver, au lieu d'une atmosphère opaque et viciée, Dantès ne vit qu'une douce lueur décomposée en jour bleuâtre ; l'air et la lumière filtraient non-seulement par l'ouverture qui venait d'être pratiquée, mais encore par des gerçures de rochers invisibles du sol extérieur, et à travers lesquelles on voyait l'azur du ciel où se jouaient les branches tremblotantes des chênes verts et les ligaments épineux et rampants des ronces.

Après quelques secondes de séjour dans cette grotte, dont l'atmosphère plutôt tiède qu'humide, plutôt odorante que fade, était à la température de l'île ce que la lueur bleue était au soleil, le regard de Dantès, habitué, comme nous l'avons dit, aux ténèbres, put sonder les angles les plus reculés de la caverne : elle était de granit dont les facettes pailletées étincelaient comme des diamants.

— Hélas ! se dit Edmond en souriant, voilà sans doute tous les trésors qu'aura laissés le cardinal, et ce bon abbé, en voyant en rêve ces murs tout resplendissants, se sera entretenu dans ses riches espérances.

Mais Dantès se rappela les termes du testament qu'il savait par cœur : « Dans l'angle le plus éloigné de la seconde ouverture, » disait ce testament.

Dantès avait pénétré seulement dans la première grotte, il fallait maintenant chercher l'entrée de la seconde.

Dantès s'orienta : cette seconde grotte devait naturellement s'enfoncer dans l'intérieur de l'île ; il examina les couches des pierres, et il alla frapper à une des parois qui parut celle où devait être cette ouverture, masquée sans doute pour plus grande précaution.

La pioche résonna pendant un instant, tirant du rocher un son mat dont la compacité faisait germer la sueur au front de Dantès ; enfin il sembla au mineur persévérant qu'une portion de la muraille granitique répondait par un écho plus sourd et plus profond à l'appel qui lui était fait; il rapprocha son regard ardent de la muraille, et reconnut avec le tact d'un prisonnier ce que nul autre n'eût reconnu peut-être, c'est qu'il devait y avoir là une ouverture.

Cependant, pour ne pas faire une besogne inutile, Dantès, qui, comme César Borgia, avait étudié le prix du temps, sonda les autres parois avec sa pioche, interrogea le sol avec la crosse de son fusil, ouvrit le sable aux endroits suspects, et, n'ayant rien trouvé, rien reconnu, revint à la portion de la muraille qui rendait ce son consolateur.

Il frappa de nouveau et avec plus de force.

Alors il vit une chose singulière, c'est que, sous les coups de l'instrument, une espèce d'enduit, pareil à celui qu'on applique sur les murailles pour peindre à fresque, se soulevait et tombait en écailles, découvrait une pierre blanchâtre et molle, pareille à nos pierres de taille ordinaires. On avait fermé l'ouverture du rocher avec des pierres d'une autre nature, puis on avait étendu sur ces pierres cet enduit, puis sur cet enduit on avait imité la teinte et le cristallin du granit.

Dantès frappa alors par le bout aigu de la pioche, qui entra d'un pouce dans la porte-muraille.

C'était là qu'il fallait fouiller.

Par un mystère étrange de l'organisation humaine, plus les preuves que Faria ne s'était pas trompé devaient, en s'accumulant, rassurer Dantès, plus son cœur défaillant se laissait aller au doute et presque au découragement : cette nouvelle expérience, qui aurait dû lui donner une force nouvelle, lui ôta la force qui lui restait : la pioche descendit, s'échappant presque de ses mains; il la posa sur le sol, s'essuya le front, et remonta vers le jour, se donnant à lui-même le prétexte de voir si personne ne l'épiait, mais, en réalité, parce qu'il avait besoin d'air, parce qu'il sentait qu'il allait s'évanouir.

L'île était déserte, et le soleil à son zénith semblait la couvrir de son œil de feu; au loin, de petites barques de saphir.

Dantès n'avait encore rien pris; mais c'était bien long de manger dans un pareil moment; il avala une gorgée de rhum et rentra dans la grotte le cœur raffermi.

La pioche qui lui avait semblé si lourde était redevenue légère; il la souleva comme il eût fait d'une plume, et se remit vigoureusement à la besogne.

Après quelques coups, il s'aperçut que les pierres n'étaient point scellées, mais seulement posées les unes sur les autres et recouvertes de l'enduit dont nous avons parlé; il introduisit dans une des fissures la pointe de la pioche, pesa sur le manche, et vit avec joie la pierre rouler comme sur des gonds et tomber à ses pieds.

Dès lors Dantès n'eut plus qu'à tirer chaque pierre à lui avec la dent de fer de la pioche, et chaque pierre à son tour roula près de la première.

Dès la première ouverture, Dantès eût pu entrer; mais en tardant de quelques instants c'était retarder la certitude en se cramponnant à l'espérance.

Enfin, après une nouvelle hésitation d'un instant, Dantès passa de cette première grotte dans la seconde.

Cette seconde grotte était plus basse, plus sombre et d'un aspect plus effrayant que la première; l'air qui n'y pénétrait que par l'ouverture pratiquée à l'instant même avait cette odeur méphitique que Dantès s'était étonné de ne pas trouver dans la première. Dantès donna le temps à l'air extérieur d'aller raviver cette atmosphère morte, et entra.

A gauche de l'ouverture était un angle profond et sombre.

Mais, nous l'avons dit, pour l'œil de Dantès, il n'y avait pas de ténèbres.

Il sonda du regard la seconde grotte . elle était vide comme la première.

Le trésor, s'il existait, était enterré dans cet angle sombre.

L'heure de l'angoisse était arrivée; deux pieds de terre à fouiller, c'était tout ce qui restait à Dantès entre la suprême joie et le suprême désespoir.

Il s'avança vers l'angle, et, comme pris d'une résolution subite, il attaqua le sol hardiment.

Au cinquième ou sixième coup de pioche le fer résonna sur du fer.

Jamais tocsin funèbre, jamais glas frémissant, ne produisit pareil effet sur celui qui l'entendit. Dantès n'aurait rien rencontré qu'il ne fût certes pas devenu plus pâle.

Il sonda à côté de l'endroit où il avait sondé déjà, et rencontra la même résistance, mais non pas le même son.

— C'est un coffre de bois cerclé de fer, dit-il.

En ce moment une ombre rapide passa interceptant le jour.

Dantès laissa tomber sa pioche, saisit son fusil, repassa par l'ouverture, et s'élança vers le jour.

Une chèvre sauvage avait bondi par-dessus la première entrée de la grotte, et broutait à quelques pas de là.

C'était une belle occasion de s'assurer son dîner, mais Dantès eut peur que la détonation d'un fusil n'attirât quelqu'un.

Il réfléchit un instant, coupa un arbre résineux, alla l'allumer au feu encore fumant où les contrebandiers avaient fait cuire leur déjeuner, et revint avec cette torche.

Il ne voulait perdre aucun détail de ce qu'il allait voir.

Il approcha la torche du trou informe et inachevé, et reconnut qu'il ne s'était pas trompé : ses coups avaient alternativement frappé sur le fer et sur le bois.

En un instant, un emplacement de trois pieds de

Au cinquième ou sixième coup de pioche, le fer résonna sur du fer. — Page 4.

long sur deux pieds de large à peu près fut déblayé, et Dantès put reconnaître un coffre de bois de chêne cerclé de fer ciselé. Au milieu du couvercle resplendissaient, sur une plaque d'argent que la terre n'avait pu ternir, les armes de la famille Spada, c'est-à-dire une épée posée en pal sur un écusson ovale, comme sont les écussons italiens, et surmonté d'un chapeau de cardinal.

Dantès les reconnut facilement : l'abbé Faria les lui avait tant de fois dessinées !

Dès lors il n'y avait plus de doute, le trésor était bien là ; on n'eût pas pris tant de précaution pour remettre à cette place un coffre vide.

En un instant tous les alentours du coffre furent déblayés, et Dantès vit tour à tour apparaître la serrure du milieu, placée entre deux cadenas, et les anses des faces latérales; tout cela était ciselé comme on ciselait dans cette époque, où l'art rendait précieux les plus vils métaux.

Dantès prit le coffre par les anses et essaya de le soulever : c'était chose impossible.

Dantès essaya de l'ouvrir : serrure et cadenas

étaient fermés : les fidèles gardiens semblaient ne pas vouloir rendre leur trésor.

Dantès introduisit le côté tranchant de sa pioche entre le coffre et le couvercle, pesa sur le manche de la pioche, et le couvercle, après avoir crié, éclata. Une large ouverture des ais rendit les ferrures inutiles, elles tombèrent à leur tour, serrant encore de leurs ongles tenaces les planches entamées par leur chute, et le coffre fut découvert.

Une fièvre vertigineuse s'empara de Dantès; il saisit son fusil, l'arma et le plaça près de lui. D'abord il ferma les yeux, comme font les enfants, pour apercevoir, dans la nuit étincelante de leur imagination, plus d'étoiles qu'ils n'en peuvent compter dans un ciel encore éclairé, puis il les rouvrit et demeura ébloui.

Trois compartiments scindaient le coffre.

Dans le premier brillaient de rutilants écus d'or aux fauves reflets.

Dans le second, des lingots mal polis, mais rangés en bon ordre, et qui n'avaient de l'or que le poids et la valeur.

Dans le troisième enfin, à demi plein, Edmond remua à poignée les diamants, les perles, les rubis, qui, cascade étincelante, faisaient, en retombant les uns sur les autres, le bruit de la grêle sur les vitres.

Après avoir touché, palpé, enfoncé ses mains frémissantes dans l'or et les pierreries, Edmond se releva et prit sa course à travers les cavernes avec la tremblante exaltation d'un homme qui touche à la folie. Il sauta sur un rocher d'où il pouvait découvrir la mer, et n'aperçut rien; il était seul, bien seul, avec ces richesses incalculables, inouïes, fabuleuses, qui lui appartenaient : seulement rêvait-il ou était-il éveillé? faisait-il un songe fugitif ou étreignait-il corps à corps une réalité?

Il avait besoin de revoir son or, et cependant il sentait qu'il n'aurait pas la force en ce moment de soutenir sa vue. Un instant il appuya ses deux mains sur le haut de sa tête, comme pour empêcher sa raison de s'enfuir; puis il s'élança tout au travers de l'île, sans suivre, non pas de chemin, il n'y en a pas dans l'île de Monte-Christo, mais de ligne arrêtée, faisant fuir les chèvres sauvages et effrayant les oiseaux de mer par ses cris et ses gesticulations. Puis, par un détour, il revint, doutant encore, se précipitant de la première grotte dans la seconde, et se retrouvant en face de cette mine d'or et de diamants.

Cette fois il tomba à genoux, comprimant de ses deux mains convulsives son cœur bondissant, et murmurant une prière intelligible pour Dieu seul.

Bientôt il se sentit plus calme et partant plus heureux, car de cette heure seulement il commençait à croire à sa félicité.

Il se mit alors à compter sa fortune; il y avait mille lingots d'or de deux à trois livres chacun; ensuite il empila vingt-cinq mille écus d'or, pouvant valoir chacun quatre-vingts francs de notre monnaie actuelle, tous à l'effigie du pape Alexandre VI et de ses prédécesseurs, et il s'aperçut que le compartiment n'était qu'à moitié vide; enfin il mesura dix fois la capacité de ses deux mains en perles, en pierreries, en diamants, dont beaucoup, montés par les meilleurs orfèvres de l'époque, offraient une valeur d'exécution remarquable même à côté de leur valeur intrinsèque.

Dantès vit le jour baisser et s'éteindre peu à peu. Il craignit d'être surpris s'il restait dans la caverne, et sortit son fusil à la main. Un morceau de biscuit et quelques gorgées de vin furent son souper. Puis il replaça la pierre, se coucha dessus, et dormit à peine quelques heures, couvrant de son corps l'entrée de la grotte.

Cette nuit fut à la fois une de ces nuits délicieuses et terribles comme cet homme aux foudroyantes émotions en avait déjà passé deux ou trois dans sa vie.

CHAPITRE II.

L'INCONNU

Enfin le jour vint. Dantès l'attendait depuis longtemps les yeux ouverts. A ses premiers rayons il se leva, monta, comme la veille, sur le rocher le plus élevé de l'île, afin d'explorer les alentours; comme la veille tout était désert.

Edmond descendit, leva la pierre, emplit ses poches de pierreries, replaça du mieux qu'il put les planches et les ferrures du coffre, le recouvrit de terre, piétina cette terre, jeta du sable dessus, afin de rendre l'endroit fraîchement retourné pareil au reste du sol; sortit de la grotte, replaça la dalle, amassa sur la dalle des pierres de différentes grosseurs; introduisit de la terre dans les intervalles, planta dans ces intervalles des myrtes et des bruyères, arrosa les plantations nouvelles, afin qu'elles semblassent anciennes, effaça les traces de ses pas amassées autour de cet endroit, et attendit avec impatience le retour de ses compagnons. En effet, il ne s'agissait plus maintenant de passer son temps à regarder cet or et ces diamants, et à rester à Monte-Christo comme un dragon surveillant d'inutiles trésors. Maintenant, il fallait retourner dans la vie, parmi les hommes, et prendre dans la société le rang, l'influence et le pouvoir que donne en ce monde la richesse, la première et la plus grande des forces dont peut disposer la créature humaine.

Les contrebandiers revinrent le sixième jour. Dantès reconnut de loin le port et la marche de la *Jeune-Amélie :* il se traîna jusqu'au port comme Philoctète blessé, et, lorsque ses compagnons abordèrent, il leur annonça, tout en se plaignant encore, un mieux sensible; puis, à son tour, il écouta le récit des aventuriers. Ils avaient réussi, il est vrai; mais à peine le chargement avait-il été déposé, qu'ils avaient eu avis qu'un brick en surveillance à Toulon venait de sortir du port et se dirigeait de leur côté. Ils s'étaient alors enfuis à tire-d'aile, regrettant que Dantès, qui savait donner une vitesse si supérieure au bâtiment, ne fût point là pour le diriger. En effet, bientôt ils avaient aperçu le bâtiment chasseur; mais, à l'aide de la nuit, et en doublant le cap Corse, ils lui avaient échappé.

En somme, ce voyage n'avait pas été mauvais, et tous, et surtout Jacopo, regrettaient que Dantès n'en eût pas été, afin d'avoir sa part des bénéfices qu'il avait rapportés, part qui se montait à cinquante piastres.

Edmond demeura impénétrable; il ne sourit même pas à l'énumération des avantages qu'il eût partagés s'il eût pu quitter l'île; et, comme la *Jeune-Amélie* n'était venue à Monte-Christo que pour le chercher, il se rembarqua le soir même et suivit le patron à Livourne.

A Livourne, il alla chez un juif, et vendit cinq mille francs chacun quatre de ses plus petits diamants. Le juif aurait pu s'informer comment un matelot se trouvait possesseur de pareils objets : mais il s'en garda bien, il gagnait mille francs sur chacun.

Le lendemain, il acheta une barque toute neuve, qu'il donna à Jacopo, en ajoutant à ce don cent piastres, afin qu'il pût engager un équipage, et cela à la condition que Jacopo irait à Marseille demander des nouvelles d'un vieillard nommé Louis Dantès, et qui demeurait aux Allées de Meilhan, et d'une jeune fille qui demeurait au village des Catalans, et que l'on nommait Mercédès.

Ce fut à Jacopo à croire qu'il faisait un rêve; Edmond lui raconta alors qu'il s'était fait marin par un coup de tête, et parce que sa famille lui refusait l'argent nécessaire à son entretien; mais qu'en arrivant à Livourne, il avait touché la succession d'un oncle qui l'avait fait son seul héritier. L'éducation élevée de Dantès donnait à ce récit une telle vraisemblance, que Jacopo ne douta point un instant que son ancien compagnon ne lui eût dit la vérité.

D'un autre côté, comme l'engagement d'Edmond à bord de la *Jeune-Amélie* était expiré, il prit congé du marin, qui essaya d'abord de le retenir, mais qui, ayant appris comme Jacopo l'histoire de l'héritage, renonça dès lors à l'espoir de vaincre la résolution de son ancien matelot.

Le lendemain, Jacopo mit à la voile pour Marseille : il devait retrouver Edmond à Monte-Christo.

Le même jour, Dantès partit sans dire où il allait, prenant congé de l'équipage de la *Jeune-Amélie* par une gratification splendide, et du patron avec

Il alla chez un Juif et vendit 5,000 francs chacun quatre de ses plus petits diamants. — Page 7.

la promesse de lui donner un jour ou l'autre de ses nouvelles.

Dantès alla à Gênes.

Au moment où il arrivait, on essayait un petit yacht commandé par un Anglais qui, ayant entendu dire que les Génois étaient les meilleurs constructeurs de la Méditerranée, avait voulu avoir un yacht construit à Gênes; l'Anglais avait fait prix à quarante mille francs : Dantès en offrit soixante mille, à la condition que le bâtiment lui serait livré le jour même. L'Anglais était allé faire un tour en Suisse en attendant que son bâtiment fût achevé. Il ne devait revenir que dans trois semaines ou un mois : le constructeur pensa qu'il aurait le temps d'en remettre un autre sur le chantier. Dantès emmena le constructeur chez un juif, passa avec lui dans l'arrière-boutique, et le juif compta soixante mille francs au constructeur.

Le constructeur offrit à Dantès ses services pour lui composer un équipage; mais Dantès le remercia en disant qu'il avait l'habitude de naviguer seul, et que la seule chose qu'il désirait était qu'on exécutât dans la cabine, à la tête du lit, une armoire à secret dans laquelle se trouveraient trois comparti-

Deux heures après, Dantès sortait du port de Gênes.

ments à secret aussi. Il donna la mesure de ces compartiments, qui furent exécutés le lendemain.

Deux heures après, Dantès sortait du port de Gênes, escorté par les regards d'une foule de curieux qui voulaient voir le seigneur espagnol qui avait l'habitude de naviguer seul.

Dantès s'en tira à merveille : avec l'aide du gouvernail, et sans avoir besoin de le quitter, il fit faire à son bâtiment toutes les évolutions voulues; on eût dit un être intelligent prêt à obéir à la moindre impulsion donnée, et Dantès convint en lui-même que les Génois méritaient leur réputation de premiers constructeurs du monde.

Les curieux suivirent le petit bâtiment des yeux jusqu'à ce qu'ils l'eussent perdu de vue, et alors les discussions s'établirent pour savoir où il allait : les uns penchèrent pour la Corse, les autres pour l'île d'Elbe; ceux-ci offrirent de parier qu'il allait en Espagne, ceux-là soutinrent qu'il allait en Afrique; nul ne pensa à nommer l'île de Monte-Christo.

C'était cependant à Monte-Christo qu'allait Dantès.

Paris. — Imp. de Édouard Blot, rue Saint-Louis, 46.

Il y arriva vers la fin du second jour; le navire était excellent voilier et avait parcouru la distance en trente-cinq heures. Dantès avait parfaitement reconnu le gisement de la côte, et, au lieu d'aborder au port habituel, il jeta l'ancre dans la petite crique.

L'île était déserte; personne ne paraissait y avoir abordé depuis que Dantès en était parti; il alla à son trésor : tout était dans le même état qu'il l'avait laissé.

Le lendemain, son immense fortune était transportée à bord du yacht et enfermée dans les trois compartiments de l'armoire à secret.

Dantès attendit huit jours encore. Pendant huit jours, il fit manœuvrer son yacht autour de l'île, l'étudiant comme un écuyer étudie un cheval : au bout de ce temps, il en connaissait toutes les qualités et tous les défauts; Dantès se promit d'augmenter les unes et de remédier aux autres.

Le huitième jour, Dantès vit un petit bâtiment qui venait sur l'île toutes voiles dehors, et reconnut la barque de Jacopo; il fit un signal, auquel Jacopo répondit, et, deux heures après, la barque était près du yacht.

Il y avait une triste réponse à chacune des deux demandes faites par Edmond.

Le vieux Dantès était mort.

Mercédès avait disparu.

Edmond écouta ces deux nouvelles d'un visage calme; mais aussitôt il descendit à terre, en défendant que personne l'y suivît.

Deux heures après, il revint : deux hommes de la barque de Jacopo passèrent sur son yacht pour l'aider à la manœuvre, et il donna l'ordre de mettre le cap sur Marseille.

Il prévoyait la mort de son père; mais Mercédès, qu'était-elle devenue?

Sans divulguer son secret, Edmond ne pouvait donner d'instructions suffisantes à un agent; d'ailleurs, il y avait d'autres renseignements encore qu'il voulait prendre, et pour lesquels il ne s'en rapportait qu'à lui-même. Son miroir lui avait appris à Livourne qu'il ne courait pas le danger d'être reconnu; d'ailleurs, il avait maintenant à sa disposition tous les moyens de se déguiser. Un matin donc, le yacht, suivi de la petite barque, entra bravement dans le port de Marseille, et s'arrêta juste en face de l'endroit où, ce soir de fatale mémoire, on l'avait embarqué pour le château d'If.

Ce ne fut pas sans un certain frémissement que, dans le canot de santé, Dantès vit venir à lui un gendarme. Mais Dantès, avec cette assurance parfaite qu'il avait acquise, lui présenta un passe-port anglais qu'il avait acheté à Livourne, et, moyennant ce laissez-passer étranger, beaucoup plus respecté en France que le nôtre, il descendit sans difficulté à terre.

La première chose qu'aperçut Dantès, en mettant le pied sur la Cannebière, fut un des matelots du *Pharaon*. Cet homme avait servi sous ses ordres, et se trouvait là comme un moyen de rassurer Dantès sur les changements qui s'étaient faits en lui. Il alla droit à cet homme et lui fit plusieurs questions auxquelles celui-ci répondit sans même laisser soupçonner, ni par ses paroles, ni par sa physionomie, qu'il se rappelât avoir jamais vu celui qui lui adressait la parole.

Dantès donna au matelot une pièce de monnaie pour le remercier de ses renseignements; un instant après, il entendit le brave homme qui courait après lui.

Dantès se retourna.

— Pardon, monsieur, dit le matelot, mais vous vous êtes trompé sans doute; vous aurez cru me donner une pièce de quarante sous, et vous m'avez donné un double napoléon.

— En effet, mon ami, dit Dantès, je m'étais trompé; mais, comme votre honnêteté mérite une récompense, en voici un second, que je vous prie d'accepter pour boire à ma santé avec vos camarades.

Le matelot regarda Edmond avec tant d'étonnement, qu'il ne songea pas même à le remercier, et il le regarda s'éloigner en disant :

— C'est quelque nabab qui arrive de l'Inde.

Dantès continua son chemin; chaque pas qu'il faisait oppressait son cœur d'une émotion nouvelle : tous ses souvenirs d'enfance, souvenirs indélébiles, éternellement présents à la pensée, étaient là se dressant à chaque coin de place, à chaque angle de rue, à chaque borne de carrefour. En arrivant au bout de la rue de Noailles, et en apercevant les Allées de Meilhan, il sentit ses genoux qui fléchissaient, et il faillit tomber sous les roues d'une voiture. Enfin il arriva jusqu'à la maison qu'avait habitée son père. Les aristoloches et les capucines avaient disparu de la mansarde, où autrefois la main du bonhomme les treillageait avec tant de soin.

Il s'appuya contre un arbre, et resta quelque temps pensif, regardant les derniers étages de cette pauvre petite maison; enfin il s'avança vers la porte, en franchit le seuil, demanda s'il n'y avait pas un logement vacant, et, quoiqu'il fût occupé, insista si longtemps pour visiter celui du cinquième, que le concierge monta et demanda, de la part d'un étranger, aux personnes qui l'habitaient, la permission de voir les deux pièces dont il était composé.

Les personnes qui habitaient ce petit logement étaient un jeune homme et une jeune femme qui venaient de se marier depuis huit jours seulement.

En voyant ces deux jeunes gens, Dantès poussa un profond soupir.

Au reste, rien ne rappelait plus à Dantès l'appartement de son père : ce n'était plus le même papier; tous les vieux meubles, ces amis d'enfance d'Edmond, présents à son souvenir dans tous leurs détails, avaient disparu. Les murailles seules étaient les mêmes.

Dantès se tourna du côté du lit : il était à la même place que celui de l'ancien locataire; malgré lui, les yeux d'Edmond se mouillèrent de larmes; c'était à cette place que le vieillard avait dû expirer en nommant son fils.

Les deux jeunes gens regardaient avec étonnement cet homme au front sevère, sur les joues duquel coulaient deux grosses larmes sans que son visage sourcillât. Mais, comme toute douleur porte avec elle sa religion, les jeunes gens ne firent aucune question à l'inconnu, seulement ils se retirèrent en arrière pour le laisser pleurer tout à son aise; et, quand il se retira, ils l'accompagnèrent, en lui disant qu'il pouvait revenir quand il voudrait, et que leur pauvre maison lui serait toujours hospitalière.

En passant à l'étage au-dessous, Edmond s'arrêta devant une autre porte, et demanda si c'était toujours le tailleur Caderousse qui demeurait là. Mais le concierge lui répondit que l'homme dont il parlait avait fait de mauvaises affaires, et tenait maintenant une petite auberge sur la route de Bellegarde à Beaucaire.

Dantès descendit, demanda l'adresse du propriétaire de la maison des Allées de Meilhan, se rendit chez lui, se fit annoncer sous le nom de lord Wilmore (c'était le nom et le titre qui étaient portés sur son passe-port), et lui acheta cette petite maison pour la somme de vingt-cinq mille francs. C'était dix mille francs au moins de plus qu'elle ne valait. Mais Dantès, s'il la lui eût faite un demi-million, l'eût payée le prix qu'il la lui eût faite.

Le jour même, les jeunes gens du cinquième étage furent prévenus par le notaire qui avait fait le contrat que le nouveau propriétaire leur donnait le choix d'un appartement dans toute la maison sans augmenter en aucune façon leur loyer, à la condition qu'ils lui céderaient les deux chambres qu'ils occupaient.

Cet événement étrange occupa pendant plus de huit jours tous les habitués des Allées de Meilhan, et fit faire mille conjectures dont pas une ne se trouva être exacte.

Mais ce qui surtout brouilla toutes les cervelles et troubla tous les esprits, c'est qu'on vit le soir le même homme qu'on avait vu entrer dans la maison des Allées de Meilhan se promener dans le petit village des Catalans et entrer dans une pauvre maison de pêcheurs où il resta plus d'une heure à demander des nouvelles de plusieurs personnes qui étaient mortes ou qui avaient disparu depuis plus de quinze ou seize ans.

Le lendemain, les gens chez lesquels il était entré pour faire toutes ces questions reçurent en cadeau une barque catalane toute neuve, garnie de deux seines et d'un chalut.

Ces braves gens eussent bien voulu remercier le généreux questionneur; mais, en les quittant, on l'avait vu, après avoir donné quelques ordres à un marin, monter à cheval et sortir par la porte d'Aix.

CHAPITRE III.

L'AUBERGE DU PONT-DU-GARD.

Ceux qui, comme moi, ont parcouru à pied le midi de la France, ont pu remarquer entre Bellegarde et Beaucaire, à moitié chemin à peu près du village à la ville, mais plus rapprochée cependant de Beaucaire que de Bellegarde, une petite auberge où pend, sur une plaque de tôle qui grince au moindre vent, une grotesque représentation du pont du Gard. Cette petite auberge, en prenant pour règle le cours du Rhône, est située au côté gauche de la route, tournant le dos au fleuve; elle est accompagnée de ce que, dans le Languedoc, on appelle un jardin, c'est-à-dire que la face opposée à celle qui ouvre sa porte aux voyageurs donne sur un enclos où rampent quelques oliviers rabougris et quelques figuiers sauvages au feuillage argenté par la poussière; dans leurs intervalles poussent, pour tout légume, des aulx, des piments et des échalotes; enfin, à l'un de ses angles, comme une sentinelle oubliée, un grand pin parasol élance mélancoliquement sa tige flexible, tandis que sa cime, épanouie en éventail, craque sous un soleil de trente degrés.

Tous ces arbres, grands ou petits, se courbent inclinés naturellement dans la direction où passe le mistral, l'un des trois fléaux de la Provence; les deux autres, comme on sait ou comme on ne sait pas, étaient la Durance et le parlement.

Çà et là dans la plaine environnante, qui ressemble à un grand lac de poussière, végètent quelques tiges de froment que les horticulteurs du pays élèvent sans doute par curiosité, et dont chacune sert de perchoir à une cigale qui poursuit de son chant aigre et monotone les voyageurs égarés dans cette thébaïde.

Depuis sept ou huit ans à peu près, cette petite auberge était tenue par un homme et une femme ayant pour tout domestique une fille de chambre appelée Toinette et un garçon d'écurie répondant au nom de Pacaud; double coopération qui au reste suffisait largement aux besoins du service, depuis qu'un canal creusé de Beaucaire à Aigues-Mortes avait fait succéder victorieusement les bateaux au roulage accéléré, et le coche à la diligence.

Ce canal, comme pour rendre plus vifs encore les regrets du malheureux aubergiste qu'il ruinait, passait, entre le Rhône qui l'alimente et la route qu'il épuise, à cent pas à peu près de l'auberge dont nous venons de donner une courte mais fidèle description.

L'hôtelier qui tenait cette petite auberge pouvait être un homme de quarante à quarante-cinq ans, grand, sec et nerveux, véritable type méridional avec ses yeux enfoncés et brillants, son nez en bec d'aigle et ses dents blanches comme celles d'un animal carnassier. Ses cheveux, qui semblaient, malgré les premiers souffles de l'âge, ne pouvoir se décider à blanchir, étaient, ainsi que sa barbe, qu'il portait en collier, épais, crépus et à peine parsemés de quelques poils blancs. Son teint, hâlé naturellement, s'était encore couvert d'une nouvelle couche de bistre par l'habitude que le pauvre diable avait prise de se tenir depuis le matin jusqu'au soir sur le seuil de sa porte, pour voir si, soit à pied, soit en voiture, il ne lui arrivait pas quelque pratique; attente presque toujours déçue, et pendant laquelle il n'opposait à l'ardeur dévorante du soleil d'autre préservatif pour son visage qu'un mouchoir rouge noué sur sa tête à la manière des muletiers espagnols. Cet homme, c'était notre ancienne connaisance, Gaspard Caderousse.

Sa femme, au contraire, qui, de son nom de fille, s'appelait Madeleine Radelle, était une femme pâle, maigre et maladive; née aux environs d'Arles, elle avait, tout en conservant les traces primitives de la beauté traditionnelle de ses compatriotes, vu son visage se délabrer lentement dans l'accès presque continuel d'une de ces fièvres sourdes si communes parmi les populations voisines des étangs d'Aigues-Mortes et des marais de la Camargue. Elle se tenait donc presque toujours assise et grelottante au fond de sa chambre située au premier, soit étendue dans un fauteuil, soit appuyée contre son lit, tandis que son mari montait à la porte sa faction habituelle: faction qu'il prolongeait d'autant plus volontiers, que, chaque fois qu'il se retrouvait avec son aigre moitié, celle-ci le poursuivait de ses plaintes éternelles contre le sort, plaintes auxquelles son mari ne répondait d'habitude que par ces paroles philosophiques :

— Tais-toi, la Carconte! c'est Dieu qui le veut comme cela.

« Tais-toi, la Carconte! c'est Dieu qui le veut comme cela. »

Ce sobriquet venait de ce que Madeleine Radelle était née dans le village de la Carconte, situé entre Salon et Lambesc. Or, suivant une habitude du pays, qui veut que l'on désigne presque toujours les gens par un surnom au lieu de les désigner par un nom, son mari avait substitué cette appellation à celle de Madeleine, trop douce et trop euphonique peut-être pour son rude langage.

Cependant, malgré cette prétendue résignation aux décrets de la Providence, que l'on n'aille pas croire que notre aubergiste ne sentît pas profondément l'état de misère où l'avait réduit ce misérable canal de Beaucaire, et qu'il fût invulnérable aux plaintes incessantes dont sa femme le poursuivait. C'était, comme tous les Méridionaux, un homme sobre et sans de grands besoins, mais vaniteux pour les choses extérieures; aussi, au temps de sa prospérité, il ne laissait passer ni une ferrade, ni une procession de la tarasque sans s'y montrer avec la Carconte, l'un dans ce costume pittoresque des hommes du Midi et qui tient à la fois du Catalan et de l'Andalous; l'autre avec ce charmant habit des femmes d'Arles qui semble emprunté à la Grèce et à l'Arabie; mais peu à peu, chaînes de montres, colliers, ceintures aux mille couleurs, corsages brodés, vestes de velours, bas à coins élégants, guêtres bariolées, souliers à boucles d'argent, avaient disparu, et Gaspard Caderousse, ne pouvant plus se montrer à la hauteur de sa splendeur passée, avait renoncé pour lui et pour sa femme à toutes ces pompes mondaines, dont il entendait en se rongeant sourdement le cœur les bruits joyeux retentir jusqu'à cette pauvre auberge, qu'il continuait de garder bien plus comme un abri que comme une spéculation.

Caderousse s'était donc tenu, comme c'était son habitude, une partie de la matinée devant la porte, promenant son regard mélancolique d'un petit gazon pelé où picoraient quelques poules aux deux extrémités du chemin désert, qui s'enfonçait d'un côté au midi et de l'autre au nord, quand tout à coup la voix aigre de sa femme le força de quitter son poste; il rentra en grommelant et monta au premier, laissant néanmoins la porte toute grande ouverte, comme pour inviter les voyageurs à ne pas l'oublier en passant.

Au moment où Caderousse rentrait, la grande route dont nous avons parlé, et que parcouraient ses regards, était aussi nue et aussi solitaire que le désert à midi; elle s'étendait, blanche et infinie, entre deux rangées d'arbres maigres, et l'on comprenait parfaitement qu'aucun voyageur, libre de choisir une autre heure du jour, ne se hasardât dans cet effroyable Sahara.

Cependant, malgré toutes les probabilités, s'il fût resté à son poste, Caderousse aurait pu voir poindre, du côté de Bellegarde, un cavalier et un cheval venant de cette allure honnête et amicale qui indique les meilleures relations entre le cheval et le cavalier; le cheval était un cheval hongre, marchant agréablement l'amble; le cavalier était un prêtre vêtu de noir et coiffé d'un chapeau à trois cornes; malgré la chaleur dévorante du soleil, alors à son midi, ils n'allaient tous deux qu'un trot fort raisonnable.

Arrivé devant la porte, le groupe s'arrêta : il eût été difficile de décider si ce fut le cheval qui arrêta l'homme ou l'homme qui arrêta le cheval; mais en tout cas le cavalier mit pied à terre, et, tirant l'animal par la bride, il alla l'attacher au tourniquet d'un contrevent délabré qui ne tenait plus qu'à un gond; puis, s'avançant vers la porte en essuyant d'un mouchoir de coton rouge son front ruisselant de sueur, le prêtre frappa trois coups sur le seuil du bout ferré de sa canne qu'il tenait à la main.

Aussitôt un grand chien noir se leva et fit quelques pas en aboyant et en montrant ses dents blanches et aiguës, double démonstration hostile qui prouvait le peu d'habitude qu'il avait de la société.

Aussitôt un pas lourd ébranla l'escalier de bois rampant le long de la muraille, et que descendait, en se courbant et à reculons, l'hôte du pauvre logis à la porte duquel se tenait le prêtre.

— Me voilà! disait Caderousse tout étonné, me voilà! veux-tu te taire, Margotin! N'ayez pas peur, monsieur, il aboie, mais il ne mord pas. Vous désirez du vin, n'est-ce pas? car il fait une polissonne de chaleur... Ah! pardon, interrompit Caderousse en voyant à quelle sorte de voyageur il avait affaire, pardon, je ne savais pas qui j'avais l'honneur de recevoir; que désirez-vous, que demandez-vous, monsieur l'abbé? je suis à vos ordres.

Le prêtre regarda cet homme pendant deux ou trois secondes avec une attention étrange, il parut même chercher à attirer de son côté, sur lui, l'attention de l'aubergiste : puis, voyant que les traits de celui-ci n'exprimaient d'autre sentiment que la surprise de ne pas recevoir une réponse, il jugea qu'il était temps de faire cesser cette surprise, et dit avec un accent italien très-prononcé :

— N'êtes-vous pas monsou Caderousse?

— Oui, monsieur, dit l'hôte peut-être encore plus étonné de la demande qu'il ne l'avait été du silence, je le suis en effet : Gaspard Caderousse, pour vous servir.

— Gaspard Caderousse... oui, je crois que c'est là le prénom et le nom : vous demeuriez autrefois Allées de Meilhan, n'est-ce pas? au quatrième?

— C'est cela.

— Et vous y exerciez la profession de tailleur?

— Oui, mais l'état a mal tourné : il fait si chaud à ce coquin de Marseille, que l'on finira, je crois, par ne plus s'y habiller du tout. Mais, à propos de chaleur, ne voulez-vous pas vous rafraîchir, monsieur l'abbé?

— Si fait, donnez-moi une bouteille de votre meilleur vin, et nous reprendrons la conversation, s'il vous plaît, où nous la laissons.

— Comme il vous fera plaisir, monsieur l'abbé, dit Caderousse.

Et, pour ne pas perdre cette occasion de placer une des dernières bouteilles de vin de Cahors qui lui restaient, Caderousse se hâta de lever une trappe pratiquée dans le plancher même de cette espèce de chambre du rez-de-chaussée, qui servait à la fois de salle et de cuisine.

Lorsqu'au bout de cinq minutes il reparut, il trouva l'abbé assis sur un escabeau, le coude appuyé à une table longue, tandis que Margotin, qui paraissait avoir fait sa paix avec lui en entendant que, contre l'habitude, ce voyageur singulier allait prendre quelque chose, allongeait sur sa cuisse son cou décharné et son œil langoureux.

— Vous êtes seul? demanda l'abbé à son hôte tandis que celui-ci posait devant lui la bouteille et un verre

— Oh! mon Dieu! oui, seul ou à peu près, monsieur l'abbé, car j'ai ma femme qui ne me peut aider en rien, attendu qu'elle est toujours malade, la pauvre Carconte.

— Ah ! vous êtes marié ! dit le prêtre avec une sorte d'intérêt et en jetant autour de lui un regard qui paraissait estimer à sa mince valeur le maigre mobilier du pauvre ménage.

— Vous trouvez que je ne suis pas riche, n'est-ce pas, monsieur l'abbé ? dit en soupirant Caderousse; mais que voulez-vous ! il ne suffit pas d'être honnête homme pour prospérer dans ce monde.

L'abbé fixa sur lui un regard perçant.

— Oui, honnête homme; de cela je puis m'en vanter, monsieur, dit l'hôte en soutenant le regard de l'abbé, une main sur sa poitrine et en hochant la tête du haut en bas, et dans notre époque tout le monde n'en peut pas dire autant.

— Tant mieux si ce dont vous vous vantez est vrai, dit l'abbé; car tôt ou tard, j'en ai la ferme conviction, l'honnête homme est récompensé et le méchant puni.

— C'est votre état de dire cela, monsieur l'abbé; c'est votre état de dire cela, reprit Caderousse avec une expression amère; après cela on est libre de ne pas croire ce que vous dites.

— Vous avez tort de parler ainsi, monsieur, dit l'abbé, car peut-être vais-je être moi-même pour vous, tout à l'heure, une preuve de ce que j'avance.

— Que voulez-vous dire? demanda Caderousse d'un air étonné.

— Je veux dire qu'il faut que je m'assure avant tout si vous êtes celui à qui j'ai affaire.

— Quelles preuves voulez-vous que je vous donne?

— Avez-vous connu, en 1814 ou 1815, un marin qui s'appelait Dantès?

— Dantès!... si je l'ai connu, ce pauvre Edmond! je le crois bien! c'était même un de mes meilleurs amis! s'écria Caderousse, dont un rouge de pourpre envahit le visage, tandis que l'œil clair et assuré de l'abbé semblait se dilater pour couvrir tout entier celui qu'il interrogeait.

— Oui, je crois en effet qu'il s'appelait Edmond.

— S'il s'appelait Edmond, le petit! je le crois bien! aussi vrai que je m'appelle, moi, Gaspard Caderousse. Et qu'est-il devenu, monsieur, ce pauvre Edmond? continua l'aubergiste; l'auriez-vous connu? vit-il encore? est-il libre? est-il heureux?

— Il est mort prisonnier, plus désespéré et plus misérable que les forçats qui traînent leur boulet au bagne de Toulon.

Une pâleur mortelle succéda sur le visage de Caderousse à la rougeur qui s'en était d'abord emparée. Il se retourna, et l'abbé lui vit essuyer une larme avec le coin du mouchoir rouge qui lui servait de coiffure.

— Pauvre petit! murmura Caderousse. Eh bien! voilà encore une preuve de ce que je vous disais, monsieur l'abbé, que le bon Dieu n'était bon que pour les mauvais. Ah! continua Caderousse avec ce langage coloré des gens du Midi, le monde va de mal en pis. Qu'il tombe donc du ciel deux jours de poudre et une heure de feu, et que tout soit dit!

— Vous paraissiez aimer ce garçon de tout votre cœur, monsieur? demanda l'abbé.

— Oui, je l'aimais bien, dit Caderousse, quoique j'aie à me reprocher d'avoir un instant envié son bonheur. Mais depuis, je vous le jure, foi de Caderousse, j'ai bien plaint son malheureux sort.

Il se fit un instant de silence pendant lequel le regard fixe de l'abbé ne cessa point un instant d'interroger la physionomie mobile de l'aubergiste.

— Et vous l'avez connu, le pauvre petit? continua Caderousse.

— J'ai été appelé à son lit de mort pour lui offrir les derniers secours de la religion, continua l'abbé.

— Et de quoi est-il mort? demanda Caderousse d'une voix étranglée.

— Et de quoi meurt-on en prison quand on y meurt à trente ans, si ce n'est de la prison elle-même?

Caderousse essuya la sueur qui coulait de son front.

— Ce qu'il y a d'étrange dans tout cela, reprit l'abbé, c'est que Dantès, à son lit de mort, sur le christ dont il baisait les pieds, m'a toujours juré qu'il ignorait la véritable cause de sa captivité.

— C'est vrai, c'est vrai, murmura Caderousse, il ne pouvait pas la savoir; non, monsieur l'abbé, il ne mentait pas, le pauvre petit.

— C'est ce qui fait qu'il m'a chargé d'éclaircir son malheur, qu'il n'avait jamais pu éclaircir lui-même, et de réhabiliter sa mémoire, si cette mémoire avait reçu quelque souillure.

Et le regard de l'abbé, devenant de plus en plus fixe, dévora l'expression presque sombre qui apparut sur le visage de Caderousse.

— Un riche Anglais, continua l'abbé, son compagnon d'infortune, et qui sortit de prison à la seconde Restauration, était possesseur d'un diamant d'une grande valeur. En sortant de prison, il voulut laisser à Dantès, qui, dans une maladie qu'il avait faite, l'avait soigné comme un frère, un témoignage de sa reconnaissance en lui laissant ce diamant; Dantès, au lieu de s'en servir pour séduire ses geôliers, qui d'ailleurs pouvaient le prendre et le trahir après, le conserva toujours précieusement pour le cas où il sortirait de prison; car, s'il sortait de prison, sa fortune était assurée par la vente seule de ce diamant.

— C'était donc, comme vous le dites, demanda Caderousse avec des yeux ardents, un diamant d'une grande valeur?

— Tout est relatif, reprit l'abbé : d'une grande valeur pour Edmond; ce diamant était estimé cinquante mille francs.

— Cinquante mille francs! dit Caderousse; mais il était donc gros comme une noix?

La Carconte.

— Non, pas tout à fait, dit l'abbé; mais vous allez en juger vous-même, car je l'ai sur moi.

Caderousse sembla chercher sous les vêtements de l'abbé le dépôt dont il parlait.

L'abbé tira de sa poche une petite boite de chagrin noir, l'ouvrit, et fit briller aux yeux éblouis de Caderousse l'étincelante merveille montée sur une bague d'un admirable travail.

— Et cela vaut cinquante mille francs?

— Sans la monture, qui est elle-même d'un certain prix, dit l'abbé.

Et il referma l'écrin, et remit dans sa poche le diamant, qui continuait d'étinceler au fond de la pensée de Caderousse.

— Mais comment vous trouvez-vous avoir ce diamant en votre possession, monsieur l'abbé? demanda Caderousse. Edmond vous a donc fait son héritier?

— Non, mais son exécuteur testamentaire. J'avais trois bons amis et une fiancée, m'a-t-il dit; tous quatre, j'en suis sûr, me regrettent amèrement : l'un de ces bons amis s'appelait Caderousse.

Caderousse frémit.

— L'autre, continua l'abbé sans paraître s'aper-

Un sourire diabolique éclaira les traits de Caderousse.

cevoir de l'émotion de Caderousse, l'autre s'appelait Danglars; le troisième, a-t-il ajouté, bien que mon rival, m'aimait aussi.

Un sourire diabolique éclaira les traits de Caderousse, qui fit un mouvement pour interrompre l'abbé.

— Attendez, dit l'abbé, laissez-moi finir, et, si vous avez quelque observation à me faire, vous me la ferez tout à l'heure. L'autre, bien que mon rival, m'aimait aussi, et s'appelait Fernand; quant à ma fiancée, son nom était... Je ne me rappelle plus le nom de la fiancée, dit l'abbé.

— Mercédès, dit Caderousse.

— Ah! oui, c'est cela, reprit l'abbé avec un soupir étouffé, Mercédès.

— Eh bien? dit Caderousse.

— Donnez-moi une carafe d'eau, dit l'abbé.

Caderousse s'empressa d'obéir.

L'abbé remplit le verre et but quelques gorgées.

— Où en étions-nous? demanda-t-il en posant son verre sur la table.

—La fiancée s'appelait Mercédès.

— Oui, c'est cela. Vous irez à Marseille..... C'est toujours Dantès qui parle, comprenez-vous?

— Parfaitement.

— Vous vendrez ce diamant, vous ferez cinq parts, et vous les partagerez entre ces bons amis, les seuls êtres qui m'aient aimé sur la terre!

— Comment, cinq parts? dit Caderousse, vous ne m'avez nommé que quatre personnes.

— Parce que la cinquième est morte, à ce qu'on m'a dit... La cinquième était le père Dantès...

— Hélas! oui, dit Caderousse ému par les passions qui s'entrechoquaient en lui; hélas! oui, le pauvre homme, il est mort!

— J'ai appris cet événement à Marseille, répondit l'abbé en faisant un effort pour paraître indifférent; mais il y a si longtemps que cette mort est arrivée, que je n'ai pu recueillir aucun détail... Sauriez-vous quelque chose de la fin de ce vieillard, vous?

— Eh! dit Caderousse, qui peut savoir cela mieux que moi?... Je demeurais porte à porte avec le bonhomme... Eh! mon Dieu! oui, un an à peine après la disparition de son fils, il mourut, le pauvre vieillard!

— Mais, de quoi mourut-il?

— Les médecins ont nommé la maladie... une gastro-entérite, je crois; ceux qui le connaissaient ont dit qu'il était mort de douleur... et moi, qui l'ai presque vu mourir, je dis qu'il est mort...

Caderousse s'arrêta.

— Mort de quoi? reprit avec anxiété le prêtre.

— Eh bien! mort de faim!

— De faim! s'écria l'abbé bondissant sur son escabeau, de faim! les plus vils animaux ne meurent pas de faim! les chiens qui errent dans les rues trouvent une main compatissante qui leur jette un morceau de pain, et un homme, un chrétien, est mort de faim au milieu d'autres hommes qui se disaient chrétiens comme lui! impossible! oh! c'est impossible!

— J'ai dit ce que j'ai dit, reprit Caderousse.

— Et tu as tort, dit une voix dans l'escalier; de quoi te mêles-tu?

Les deux hommes se retournèrent, et virent à travers les barres de la rampe la tête maladive de la Carconte; elle s'était traînée jusque-là et écoutait la conversation, assise sur la dernière marche, la tête appuyée sur ses genoux.

— De quoi te mêles-tu toi-même, femme? dit Caderousse. Monsieur demande des renseignements; la politesse veut que je les lui donne.

— Oui, mais la prudence veut que tu les lui refuses. Qui te dit dans quelle intention on veut te faire parler, imbécile?

— Dans une excellente, madame, je vous en réponds, dit l'abbé. Votre mari n'a donc rien à craindre, pourvu qu'il réponde franchement.

— Rien à craindre, oui! on commence par de belles promesses, puis on se contente, après, de dire qu'on n'a rien à craindre, puis on s'en va sans rien tenir de ce qu'on a dit, et un beau matin le malheur tombe sur le pauvre monde sans que l'on sache d'où il vient.

— Soyez tranquille, bonne femme, le malheur ne vous viendra pas de mon côté, je vous en réponds.

La Carconte grommela quelques paroles qu'on ne put entendre, laissa retomber sur ses genoux sa tête un instant soulevée, et continua de trembler la fièvre, laissant son mari libre de continuer la conversation, mais placée de manière à n'en pas perdre un mot.

Pendant ce temps, l'abbé avait bu quelques gorgées d'eau et s'était remis.

— Mais, reprit-il, ce malheureux vieillard était-il donc si abandonné de tout le monde, qu'il soit mort d'une pareille mort?

— Oh! monsieur! reprit Caderousse, ce n'est pas que Mercédès la Catalane, ni M. Morrel l'aient abandonné; mais le pauvre vieillard s'était pris d'une antipathie profonde pour Fernand, celui-là même, continua Caderousse avec un sourire ironique, que Dantès vous a dit être de ses amis.

— Ne l'était-il donc pas? dit l'abbé.

— Gaspard! Gaspard! murmura la femme du haut de l'escalier, fais attention à ce que tu vas dire.

Caderousse fit un mouvement d'impatience, et, sans accorder d'autre réponse à celle qui l'interrompait:

— Peut-on être l'ami de celui dont on convoite la femme? répondit-il à l'abbé. Dantès, qui était un cœur d'or, appelait tous ces gens-là ses amis... Pauvre Edmond!... Au fait, il vaut mieux qu'il n'ait rien su; il aurait eu trop de peine à leur pardonner au moment de la mort..... Et, quoi qu'on dise, continua Caderousse dans son langage qui ne manquait pas d'une sorte de rude poésie, j'ai encore plus peur de la malédiction des morts que de la haine des vivants.

— Imbécile! dit la Carconte.

— Savez-vous donc, continua l'abbé, ce que Fernand a fait contre Dantès?

— Si je le sais, je le crois bien!

— Parlez alors.

— Gaspard, fais ce que tu veux, tu es le maître, dit la femme; mais, si tu m'en croyais, tu ne dirais rien

— Cette fois, je crois que tu as raison, femme, dit Caderousse.

— Ainsi, vous ne voulez rien dire? reprit l'abbé.

— A quoi bon! dit Caderousse. Si le petit était vivant et qu'il vînt à moi pour connaître une bonne fois pour toutes ses amis et ses ennemis, je ne dis pas; mais il est sous terre, à ce que vous m'avez dit, il ne peut plus avoir de haine, il ne peut plus se venger: éteignons tout cela.

— Vous voulez alors, dit l'abbé, que je donne à ces gens, que vous donnez pour d'indignes et faux amis, une récompense destinée à la fidélité?

— C'est vrai, vous avez raison, dit Caderousse. D'ailleurs que serait pour eux maintenant le legs du pauvre Edmond? une goutte d'eau tombant à la mer!

— Sans compter que ces gens-là peuvent t'écraser d'un geste, dit la femme.

— Comment cela? ces gens-là sont donc devenus riches et puissants!

— Alors, vous ne savez pas leur histoire?

— Non, racontez-la-moi.

Caderousse parut réfléchir un instant.

— Non, en vérité, dit-il, ce serait trop long.

— Libre à vous de vous taire, mon ami, dit l'abbé avec l'accent de la plus profonde indifférence, et je respecte vos scrupules; d'ailleurs, ce que vous faites là est d'un homme vraiment bon : n'en parlons donc plus. De quoi étais-je chargé? d'une simple formalité. Je vendrai donc ce diamant.

Et il tira le diamant de sa poche, ouvrit l'écrin et le fit briller aux yeux éblouis de Caderousse.

— Viens donc voir, femme! dit celui-ci d'une voix rauque.

— Un diamant! dit la Carconte se levant et descendant d'un pas assez ferme l'escalier, qu'est-ce que c'est donc que ce diamant?

— N'as-tu donc pas entendu, femme? dit Caderousse, c'est un diamant que le petit nous a légué : à son père d'abord, à ses trois amis Fernand, Danglars et moi, et à Mercédès sa fiancée. Le diamant vaut cinquante mille francs.

— Oh! le beau joyau! dit-elle.

— Le cinquième de cette somme nous appartient alors? dit Caderousse.

— Oui, monsieur, répondit l'abbé, plus la part du père de Dantès, que je me crois autorisé à répartir sur vous quatre.

— Et pourquoi sur nous quatre? demanda la Carconte.

—Parce que vous étiez les quatre amis d'Edmond.

— Les amis ne sont pas ceux qui trahissent, murmura sourdement à son tour la femme.

— Oui, oui, dit Caderousse, et c'est ce que je disais : c'est presque une profanation, presque un sacrilége, que de récompenser la trahison, le crime peut-être.

— C'est vous qui l'aurez voulu, reprit tranquillement l'abbé en remettant le diamant dans la poche de sa soutane; maintenant donnez-moi l'adresse des amis d'Edmond, afin que je puisse exécuter ses dernières volontés.

La sueur coulait à lourdes gouttes du front de Caderousse; il vit l'abbé se lever, se diriger vers la porte, comme pour donner un coup d'œil d'avis à son cheval, et revenir.

Caderousse et sa femme se regardaient avec une indicible expression.

— Le diamant serait tout entier pour nous, dit Caderousse.

— Le crois-tu? répondit la femme.

— Un homme d'église ne voudrait pas nous tromper.

— Fais comme tu voudras, dit la femme; quant à moi, je ne m'en mêle pas.

Et elle reprit le chemin de l'escalier toute grelottante; ses dents claquaient, malgré la chaleur ardente qu'il faisait.

Sur la dernière marche, elle s'arrêta un instant.

— Réfléchis bien, Gaspard! dit-elle.

— Je suis décidé, dit Caderousse.

La Carconte rentra dans sa chambre en poussant un soupir; on entendit le plafond crier sous ses pas jusqu'à ce qu'elle eût rejoint son fauteuil, où elle tomba assise lourdement.

— A quoi êtes-vous décidé? demanda l'abbé.

— A tout vous dire, répondit celui-ci.

— Je crois, en vérité, que c'est ce qu'il y a de mieux à faire, dit le prêtre; non pas que je tienne à savoir les choses que vous voudriez me cacher; mais enfin, si vous pouvez m'amener à distribuer le legs selon les vœux du testateur, ce sera mieux.

— Je l'espère, répondit Caderousse les joues enflammées par la rougeur de l'espérance et de la cupidité.

— Je vous écoute, dit l'abbé.

— Attendez, reprit Caderousse, on pourrait nous interrompre à l'endroit le plus intéressant, et ce serait désagréable; d'ailleurs, il est inutile que personne sache que vous êtes venu ici.

Et il alla à la porte de son auberge et ferma la porte, à laquelle, pour surcroît de précaution, il mit la barre de nuit.

Pendant ce temps, l'abbé avait choisi sa place pour écouter tout à son aise; il s'était assis dans un angle, de manière à demeurer dans l'ombre, tandis que la lumière tomberait en plein sur le visage de son interlocuteur. Quant à lui, la tête inclinée, les mains jointes ou plutôt crispées, il s'apprêtait à écouter de toutes ses oreilles.

Caderousse approcha un escabeau et s'assit en face de lui.

— Souviens-toi que je ne te pousse à rien! dit la voix tremblotante de la Carconte, comme si, à travers le plancher, elle eût pu voir la scène qui se préparait.

— C'est bien, c'est bien, dit Caderousse, n'en parlons plus, je prends tout sur moi.

Et il commença.

CHAPITRE IV.

LE RÉCIT.

vant tout, dit Caderousse, je dois, monsieur, vous prier de me promettre une chose.

— Laquelle? demanda l'abbé.

— C'est que jamais, si vous faites un usage quelconque des détails que je vais vous donner, on ne saura que ces détails viennent de moi, car ceux dont je vais vous parler sont riches et puissants, et, s'ils me touchaient seulement du bout du doigt, ils me briseraient comme verre.

— Soyez tranquille, mon ami, dit l'abbé, je suis prêtre, et les confessions meurent dans mon sein; rappelez-vous que nous n'avons d'autre but que d'accomplir dignement les dernières volontés de notre ami; parlez donc sans ménagement, comme sans haine; dites la vérité, toute la vérité : je ne connais pas et ne connaîtrai probablement jamais les personnes dont vous allez me parler; d'ailleurs, je suis Italien et non pas Français; j'appartiens à Dieu et non pas aux hommes, et je vais rentrer dans mon couvent, dont je ne suis sorti que pour remplir les dernières volontés d'un mourant.

Cette promesse positive parut donner à Caderousse un peu d'assurance.

— Eh bien! en ce cas, dit Caderousse, je veux, je dirai même plus, je dois vous détromper sur ces amitiés que le pauvre Edmond croyait sincères et dévouées.

— Commençons par son père, s'il vous plaît, dit l'abbé; Edmond m'a beaucoup parlé de ce vieillard, pour lequel il avait un profond amour.

— L'histoire est triste, monsieur, dit Caderousse en hochant la tête; vous en connaissez probablement les commencements.

— Oui, répondit l'abbé, Edmond m'a raconté les choses jusqu'au moment où il a été arrêté dans un petit cabaret près de Marseille.

— A la Réserve; ô mon Dieu, oui! je vois encore la chose comme si j'y étais.

— N'était-ce pas au repas même de ses fiançailles?

— Oui, et le repas, qui avait eu un gai commencement, eut une triste fin : un commissaire de police, suivi de quatre fusiliers, entra, et Dantès fut arrêté.

— Voilà où s'arrête ce que je sais, monsieur, dit le prêtre; Dantès lui-même ne savait rien autre que ce qui lui était absolument personnel, car il n'a jamais revu aucune des cinq personnes que je vous ai nommées, ni entendu parler d'elles.

— Eh bien! Dantès une fois arrêté, M. Morrel courut prendre des informations : elles furent bien tristes. Le vieillard retourna seul dans sa maison, ploya son habit de noces en pleurant, passa toute la journée à aller et venir dans sa chambre, et le soir ne se coucha point, car je demeurais au-dessous de lui, et je l'entendis marcher toute la nuit; moi-même, je dois le dire, je ne dormis pas non plus, car la douleur de ce pauvre père me faisait grand mal, et chacun de ses pas me broyait le cœur, comme s'il eût réellement posé son pied sur ma poitrine.

Le lendemain, Mercédès vint à Marseille pour implorer la protection de M. de Villefort : elle n'obtint rien; mais, du même coup, elle alla rendre visite au vieillard. Quand elle le vit si morne et si abattu, qu'il avait passé la nuit sans se mettre au lit et qu'il n'avait pas mangé depuis la veille, elle voulut l'emmener avec elle pour en prendre soin, mais le vieillard ne voulut jamais y consentir.

« Non, disait-il, je ne quitterai pas la maison, car c'est moi que mon pauvre enfant aime avant toutes choses, et, s'il sort de prison, c'est moi qu'il accourra voir d'abord. Que dirait-il si je n'étais point là à l'attendre? »

J'écoutais tout cela du carré, car j'aurais voulu que Mercédès déterminât le vieillard à la suivre; ce pas, retentissant nuit et jour sur ma tête, ne me laissait pas un instant de repos.

— Mais ne montiez-vous pas vous-même près du vieillard pour le consoler? demanda le prêtre.

— Ah! monsieur, répondit Caderousse, on ne console que ceux qui veulent être consolés, et lui ne voulait pas l'être : d'ailleurs, je ne sais pourquoi, mais il me semblait qu'il avait de la répugnance à me voir. Une nuit cependant que j'entendais ses sanglots, je n'y pus résister et je montai; mais, quand j'arrivai à la porte, il ne sanglotait plus, il priait. Ce qu'il trouvait d'éloquentes pa-

— Crois-moi, ma fille, il est mort, c'est lui qui nous attend.

roles et de pitoyables supplications, je ne saurais vous le redire, monsieur : c'était plus que de la piété, c'était plus que de la douleur; aussi moi, qui ne suis pas cagot et qui n'aime pas les jésuites, je me dis ce jour-là : — C'est bien heureux, en vérité, que je sois seul, et que le bon Dieu ne m'ait pas envoyé d'enfants, car, si j'étais père et que je ressentisse une douleur semblable à celle du pauvre vieillard, ne pouvant trouver dans ma mémoire ni dans mon cœur tout ce qu'il dit au bon Dieu, j'irais tout droit me précipiter dans la mer pour ne pas souffrir plus longtemps.

— Pauvre père! murmura le prêtre.

— De jour en jour, il vivait plus seul et plus isolé; souvent M. Morrel et Mercédès venaient pour le voir, mais sa porte était fermée; et, quoique je fusse bien sûr qu'il était chez lui, il ne répondait pas.

Un jour que, contre son habitude, il avait reçu Mercédès, et que la pauvre enfant, au désespoir elle-même, tentait de le réconforter :

« Crois-moi, ma fille, lui dit-il, il est mort; et, au lieu que nous l'attendions, c'est lui qui nous attend : je suis bien heureux, car c'est moi qui suis le plus vieux et qui, par conséquent, le reverrait le premier. »

Si bon que l'on soit, voyez-vous, on cesse bientôt de voir les gens qui vous attristent; le vieux Dantès finit par demeurer tout à fait seul : je ne voyais plus monter de temps en temps chez lui que des gens inconnus, qui descendaient avec quelque paquet mal dissimulé : j'ai compris depuis ce que c'était que ces paquets : il vendait peu à peu ce qu'il avait pour vivre.

Enfin, le bonhomme arriva au bout de ses pauvres hardes; il devait trois termes : on menaça de le renvoyer; il demanda huit jours encore, on les lui accorda. Je sus ce détail, parce que le propriétaire entra chez moi en sortant de chez lui.

Pendant les trois premiers jours, je l'entendis marcher comme d'habitude; mais, le quatrième, je n'entendis plus rien. Je me hasardai à monter : la porte était fermée; mais, à travers la serrure, je l'aperçus si pâle et si défait, que, le jugeant bien malade, je fis prévenir M. Morrel et courus chez Mercédès. Tous deux s'empressèrent de venir. M. Morrel amenait un médecin; le médecin reconnut une gastro-entérite et ordonna la diète. J'étais là, monsieur, et je n'oublierai jamais le sourire du vieillard à cette ordonnance.

Dès lors, il ouvrit sa porte; il avait une excuse pour ne plus manger : le médecin avait ordonné la diète.

L'abbé poussa une espèce de gémissement.

— Cette histoire vous intéresse, n'est-ce pas, monsieur? dit Caderousse.

— Oui, répondit l'abbé; elle est attendrissante.

Mercédès revint; elle le trouva si changé, que, comme la première fois, elle voulut le faire transporter chez elle. C'était aussi l'avis de M. Morrel, qui voulait opérer le transport de force; mais le vieillard cria tant, qu'ils eurent peur. Mercédès resta au chevet de son lit. M. Morrel s'éloigna en faisant signe à la Catalane qu'il laissait une bourse sur la cheminée. Mais, armé de l'ordonnance du médecin, le vieillard ne voulut rien prendre. Enfin, après neuf jours de désespoir et d'abstinence, le vieillard expira en maudissant ceux qui avaient causé son malheur et en disant à Mercédès :

« Si vous revoyez mon Edmond, dites-lui que je meurs en le bénissant. »

L'abbé se leva, fit deux tours dans la chambre en portant une main frémissante à sa gorge aride.

— Et vous croyez qu'il est mort...

— De faim... monsieur, de faim, dit Caderousse; j'en réponds, aussi vrai que nous sommes ici deux chrétiens.

L'abbé, d'une main convulsive, saisit le verre d'eau encore à moitié plein, le vida d'un trait et se rassit les yeux rougis et les joues pâles.

— Avouez que voilà un grand malheur! dit-il d'une voix rauque.

— D'autant plus grand, monsieur, que Dieu n'y est pour rien, et que les hommes seuls en sont cause.

— Passons donc à ces hommes, dit l'abbé; mais songez-y, continua-t-il d'un air presque menaçant, vous vous êtes engagé à me tout dire : voyons! quels sont ces hommes qui ont fait mourir le fils de désespoir, et le père de faim?

— Deux hommes jaloux de lui, monsieur, l'un par amour, l'autre par ambition, Fernand et Danglars.

— Et de quelle façon se manifesta cette jalousie, dites?

— Ils dénoncèrent Edmond comme agent bonapartiste.

— Mais lequel des deux le dénonça, lequel des deux fut le vrai coupable?

— Tous deux, monsieur; l'un écrivit la lettre, l'autre la mit à la poste.

— Et où cette lettre fut-elle écrite?

— A la Réserve même, la veille du mariage.

— C'est bien cela, c'est bien cela! murmura l'abbé; ô Faria! Faria! comme tu connaissais les hommes et les choses!

— Vous dites, monsieur? demanda Caderousse.

— Rien, reprit le prêtre; continuez.

— Ce fut Danglars qui écrivit la dénonciation de la main gauche pour que son écriture ne fût pas reconnue, et Fernand qui l'envoya.

— Mais, s'écria tout à coup l'abbé, vous étiez là, vous?

— Moi! dit Caderousse étonné, qui vous a dit que j'y étais?

L'abbé vit qu'il s'était lancé trop avant.

— Personne, dit-il; mais, pour être si bien au fait de tous ces détails, il faut que vous en ayez été le témoin.

— C'est vrai, dit Caderousse d'une voix étouffée; j'y étais.

— Et vous ne vous êtes pas opposé à cette infamie? dit l'abbé : alors vous êtes leur complice.

— Monsieur, dit Caderousse, ils m'avaient fait boire tous deux au point que j'en avais à peu près perdu la raison. Je ne voyais plus qu'à travers un nuage. Je dis tout ce que peut dire un homme dans cet état; mais ils me répondirent tous deux que c'était une plaisanterie qu'ils avaient voulu faire, et que cette plaisanterie n'aurait pas de suite.

— Le lendemain, monsieur, le lendemain, vous vîtes bien qu'elle en avait; cependant, vous ne dîtes rien, vous étiez là cependant lorsqu'il fut arrêté.

— Oui, monsieur, j'étais là et je voulus parler, je voulus tout dire, mais Danglars me retint.

« Et, s'il est coupable par hasard, me dit-il, s'il a véritablement relâché à l'île d'Elbe, s'il est véritablement chargé d'une lettre pour le comité bonapartiste de Paris, si on trouve cette lettre sur lui, ceux qui l'auront soutenu passeront pour ses complices. »

J'eus peur de la police telle qu'elle se faisait alors, je l'avoue; je me tus, ce fut une lâcheté, j'en conviens, mais ce ne fut pas un crime.

— Je comprends; vous laissâtes faire, voilà tout.

— Oui, monsieur, répondit Caderousse, et c'est mon remords de la nuit et du jour. J'en demande bien souvent pardon à Dieu, je vous le jure, d'autant plus que cette action, la seule que j'aie sérieusement à me reprocher dans tout le cours de ma vie, est sans doute la cause de mes adversités. J'expie un instant d'égoïsme; aussi c'est ce que je dis toujours à la Carconte lorsqu'elle se plaint : « Tais-toi, femme, c'est Dieu qui le veut ainsi. »

Et Caderousse baissa la tête avec tous les signes d'un vrai repentir.

— Bien, monsieur, dit l'abbé, vous avez parlé avec franchise; s'accuser ainsi, c'est mériter son pardon.

— Malheureusement, dit Caderousse, Edmond est mort, et ne m'a pas pardonné, lui!

— Il ignorait, dit l'abbé...

— Mais il sait maintenant, peut-être, reprit Caderousse; on dit que les morts savent tout.

Il se fit un instant de silence : l'abbé s'était levé et se promenait pensif; il revint à sa place et se rassit

— Vous m'avez nommé déjà deux ou trois fois un certain M. Morrel, dit-il. Qu'était-ce que cet homme?

— C'était l'armateur du *Pharaon*, le patron de Dantès.

— Et quel rôle a joué cet homme dans toute cette triste affaire? demanda l'abbé.

— Le rôle d'un homme honnête, courageux et affectionné, monsieur. Vingt fois il intercéda pour Edmond; quand l'empereur rentra, il écrivit, pria, menaça, si bien qu'à la seconde restauration il fut fort persécuté comme bonapartiste. Dix fois, comme je vous l'ai dit, il était venu chez le père Dantès pour le retirer chez lui, et la veille ou la surveille de sa mort, je vous l'ai dit encore, il avait laissé sur la cheminée une bourse avec laquelle on paya les dettes du bonhomme, et l'on subvint à son enterrement; de sorte que le pauvre vieillard put du moins mourir comme il avait vécu, sans faire de tort à personne. C'est encore moi qui ai la bourse, une grande bourse en filet rouge.

— Et, demanda l'abbé, ce M. Morrel vit-il encore?

— Oui, dit Caderousse.

—En ce cas, reprit l'abbé, ce doit être un homme béni de Dieu; il doit être riche... heureux?...

Caderousse sourit amèrement.

— Oui, heureux comme moi, dit-il.

— M. Morrel serait malheureux! s'écria l'abbé.

— Il touche à la misère, monsieur, et, bien plus, il touche au déshonneur.

— Comment cela?

— Oui, reprit Caderousse, c'est comme cela : après vingt-cinq ans de travail, après avoir acquis la plus honorable place dans le commerce de Marseille, M. Morrel est ruiné de fond en comble. Il a perdu cinq vaisseaux en deux ans, a essuyé trois banqueroutes effroyables, et n'a plus d'espérance que dans ce même *Pharaon* que commandait le pauvre Dantès, et qui doit revenir des Indes avec un chargement de cochenille et d'indigo. Si ce navire-là manque comme les autres, il est perdu.

— Et, dit l'abbé, a-t-il une femme, des enfants, le malheureux?

— Oui, il a une femme qui, dans tout cela, se conduit comme une sainte; il a une fille qui allait épouser un homme qu'elle aimait, et à qui sa famille ne veut plus laisser épouser une fille ruinée; il a un fils enfin, lieutenant dans l'armée; mais, vous le comprenez bien, tout cela double sa douleur au lieu de l'adoucir, à ce pauvre cher homme. S'il était seul, il se brûlerait la cervelle, et tout serait dit.

— C'est affreux! murmura le prêtre.

— Voilà comme Dieu récompense la vertu, monsieur, dit Caderousse. Tenez, moi qui n'ai jamais fait une mauvaise action, à part ce que je vous ai raconté, moi, je suis dans la misère; moi, après avoir vu mourir ma pauvre femme de la fièvre, sans pouvoir rien faire pour elle, je mourrai de faim comme est mort le père Dantès, tandis que Fernand et Danglars roulent sur l'or.

— Et comment cela?

— Parce que tout leur a tourné à bien, tandis qu'aux honnêtes gens tout tourne à mal.

— Qu'est devenu Danglars? le plus coupable, n'est-ce pas, l'instigateur?

— Ce qu'il est devenu? il a quitté Marseille; il est entré, sur la recommandation de M. Morrel, qui ignorait son crime, comme commis d'ordre chez un banquier espagnol; à l'époque de la guerre d'Espagne, il s'est chargé d'une part dans les fournitures de l'armée française et a fait fortune; alors, avec ce premier argent, il a joué sur les fonds, et a triplé, quadruplé ses capitaux, et, veuf lui-même de la fille de son banquier, il a épousé une veuve, madame de Nargonne, fille de M. de Salvieux, chambellan du roi actuel, et qui jouit de la plus grande faveur. Il s'était fait millionnaire, on l'a fait baron; de sorte qu'il est baron Danglars maintenant, qu'il a un hôtel rue du Mont-Blanc, dix chevaux dans ses écuries, six laquais dans son antichambre, et je ne sais combien de millions dans ses caisses.

— Ah! fit l'abbé avec un singulier accent, et il est heureux?

— Ah! heureux, qui peut dire cela? Le malheur ou le bonheur, c'est le secret des murailles; les murailles ont des oreilles, mais elles n'ont pas de langue : si l'on est heureux avec une grande fortune, Danglars est heureux.

L'abbé Busoni.

— Et Fernand?

— Fernand, c'est bien autre chose encore!

— Mais comment a pu faire fortune un pauvre pêcheur catalan, sans ressources, sans éducation? Cela me passe, je vous l'avoue.

— Et cela passe tout le monde aussi; il faut qu'il y ait dans sa vie quelque étrange secret que personne ne sait.

— Mais enfin par quels échelons visibles a-t-il monté à cette haute fortune ou à cette haute position?

— A toutes deux, monsieur, à toutes deux! lui a fortune et position tout ensemble.

— C'est un conte que vous me faites là!

— Le fait est que la chose en a bien l'air; mais écoutez, et vous allez comprendre.

Fernand, quelques jours avant le retour, était tombé à la conscription. Les Bourbons le laissèrent bien tranquille aux Catalans; mais Napoléon revint, une levée extraordinaire fut décrétée, et Fernand fut forcé de partir. Moi aussi, je partis; mais, comme j'étais plus vieux que Fernand, et que je ve-

Il proposa à Fernand de l'accompagner : Fernand accepta.

nais d'épouser ma pauvre femme, je fus envoyé sur les côtes seulement.

Fernand, lui, fut enrégimenté dans les troupes actives, gagna la frontière avec son régiment, et assista à la bataille de Ligny.

La nuit qui suivit la bataille, il était de planton à la porte d'un général qui avait des relations secrètes avec l'ennemi. Cette nuit même, le général devait rejoindre les Anglais. Il proposa à Fernand de l'accompagner : Fernand accepta, quitta son poste et suivit le général.

Ce qui eût fait passer Fernand à un conseil de guerre si Napoléon fût resté sur le trône lui servit de recommandation près des Bourbons. Il rentra en France avec l'épaulette de sous-lieutenant; et, comme la protection du général, qui était en haute faveur, ne l'abandonna point, il était capitaine en 1823, lors de la guerre d'Espagne, c'est-à-dire au moment même où Danglars risquait ses premières spéculations. Fernand était Espagnol, il fut envoyé à Madrid pour y étudier l'esprit de ses compatriotes, il y retrouva Danglars, s'aboucha avec lui, promit à son général un appui parmi les royalistes de la capitale et des provinces, reçut des promesses, prit

2 — Imp. de Edouard Blot, rue Saint-Louis, 46

de son côté des engagements, guida son régiment par des chemins connus de lui seul dans des gorges gardées par les royalistes, et enfin rendit dans cette courte campagne de tels services, qu'après la prise du Trocadéro il fut nommé colonel et reçut la croix d'officier de la Légion d'honneur avec le titre de comte.

— Destinée! destinée! murmura l'abbé.

— Oui, mais écoutez, ce n'est pas le tout. La guerre d'Espagne finie, la carrière de Fernand se trouvait compromise par la longue paix qui promettait de régner en Europe. La Grèce seule était soulevée contre la Turquie, et venait de commencer la guerre de son indépendance; tous les yeux étaient tournés vers Athènes, c'était la mode de plaindre et de soutenir les Grecs. Le gouvernement français, sans les protéger ouvertement, comme vous savez, tolérait les migrations partielles. Fernand sollicita et obtint la permission d'aller servir en Grèce, en demeurant toujours porté néanmoins sur les contrôles de l'armée.

Quelque temps après on apprit que le comte de Morcerf, c'était le nom qu'il portait, était entré au service d'Ali-Pacha avec le grade de général instructeur.

Ali-Pacha fut tué, comme vous savez; mais, avant de mourir il récompensa les services de Fernand en lui laissant une somme considérable avec laquelle Fernand revint en France, où son grade de lieutenant général lui fut confirmé.

— De sorte qu'aujourd'hui? demanda l'abbé.

— De sorte qu'aujourd'hui, poursuivit Caderousse, il possède un hôtel magnifique à Paris, rue du Helder, n° 27.

L'abbé ouvrit la bouche, demeura un instant comme un homme qui hésite; mais faisant un effort sur lui-même :

— Et Mercédès, dit-il, on m'a assuré qu'elle avait disparu?

— Disparu, dit Caderousse, oui, comme disparaît le soleil pour se lever le lendemain plus éclatant.

— A-t-elle donc fait fortune aussi? demanda l'abbé avec un sourire ironique.

— Mercédès est à cette heure une des plus grandes dames de Paris, répondit Caderousse.

— Continuez, dit l'abbé; il me semble que j'écoute le récit d'un rêve. Mais j'ai vu moi-même des choses si extraordinaires, que celles que vous me dites m'étonnent moins.

— Mercédès fut d'abord désespérée du coup qui lui enlevait Edmond. Je vous ai dit ses instances près de M. de Villefort et son dévouement pour le père de Dantès. Au milieu de son désespoir une nouvelle douleur vint l'atteindre, ce fut le départ de Fernand, de Fernand dont elle ignorait le crime, et qu'elle regardait comme son frère.

Fernand parti, Mercédès demeura seule.

Trois mois s'écoulèrent pour elle dans les larmes : pas de nouvelles d'Edmond, pas de nouvelles de Fernand; rien devant les yeux qu'un vieillard qui s'en allait mourant de désespoir.

Un soir, après être restée toute la journée assise, comme c'était son habitude, à l'angle des deux chemins qui se rendent de Marseille aux Catalans, elle rentra chez elle plus abattue qu'elle ne l'avait encore été; ni son amant, ni son ami ne revenaient par l'un ou l'autre de ces deux chemins, et elle n'avait de nouvelles ni de l'un ni de l'autre.

Tout à coup il lui sembla entendre un pas connu; elle se retourna avec anxiété, la porte s'ouvrit, elle vit apparaître Fernand avec son uniforme de sous-lieutenant.

Ce n'était pas la moitié de ce qu'elle pleurait, mais c'était une portion de sa vie passée qui revenait à elle.

Mercédès saisit les mains de Fernand avec un transport que celui-ci prit pour de l'amour, et qui n'était que la joie de n'être plus seule au monde et de revoir enfin un ami après les longues heures de la tristesse solitaire. Et puis, il faut le dire, Fernand n'avait jamais été haï, il n'était pas aimé, voilà tout; un autre tenait tout le cœur de Mercédès, cet autre était absent... était disparu... était mort peut-être. A cette dernière idée, Mercédès éclatait en sanglots et se tordait les bras de douleur; mais cette idée, qu'elle repoussait autrefois quand elle lui était suggérée par un autre, lui revenait maintenant toute seule à l'esprit; d'ailleurs, de son côté, le vieux Dantès ne cessait de lui dire : « Notre Edmond est mort, car, s'il n'était pas mort, il nous reviendrait. »

Le vieillard mourut, comme je vous l'ai dit; s'il eût vécu, peut-être Mercédès ne fût-elle jamais devenue la femme d'un autre; car il eût été là pour lui reprocher son infidélité. Fernand comprit cela. Quand il connut la mort du vieillard, il revint. Cette fois il était lieutenant. Au premier voyage, il n'avait pas dit à Mercédès un mot d'amour; au second, il lui rappela qu'il l'aimait.

Mercédès lui demanda six mois encore pour attendre et pleurer Edmond.

— Au fait, dit l'abbé avec un sourire amer, cela faisait dix-huit mois en tout. Que peut demander davantage l'amant le plus adoré?

Puis il murmura les paroles du poëte anglais :

— *Frailty, thy name is woman!*

— Six mois après, reprit Caderousse, le mariage eut lieu à l'église des Accoules.

— C'était la même église où elle devait épouser Edmond, murmura le prêtre; il n'y avait que le fiancé de changé, voilà tout.

— Mercédès se maria donc, continua Caderousse; mais, quoique aux yeux de tous elle parût calme, elle ne manqua pas moins de s'évanouir en passant devant la Réserve, où dix-huit mois auparavant avaient été célébrées les fiançailles avec celui qu'elle eût vu qu'elle aimait encore si elle eût osé regarder au fond de son cœur.

Fernand, plus heureux, mais non pas plus tranquille, car je le vis à cette époque, et il craignait sans cesse le retour d'Edmond, Fernand s'occupa aussitôt de dépayser sa femme et de s'exiler lui-même : il y avait à la fois trop de dangers et de souvenirs à rester aux Catalans. Huit jours après la noce ils partirent.

— Et revîtes-vous Mercédès? demanda le prêtre.

— Oui, au moment de la guerre d'Espagne, à Perpignan, où Fernand l'avait laissée; elle faisait alors l'éducation de son fils.

L'abbé tressaillit.

— De son fils? dit-il.

— Oui, répondit Caderousse, du petit Albert.

— Mais, pour instruire ce fils, continua l'abbé, elle avait donc reçu de l'éducation elle-même? Il me semblait avoir entendu dire à Edmond que c'était la fille d'un simple pêcheur, belle mais inculte.

— Oh! dit Caderousse, connaissait-il donc si mal sa propre fiancée! Mercédès eût pu devenir reine, monsieur, si la couronne se devait poser seulement sur les têtes les plus belles et les plus intelligentes. Sa fortune grandissait déjà, et elle grandissait avec sa fortune. Elle apprenait le dessin, elle apprenait la musique, elle apprenait tout. D'ailleurs, je crois, entre nous, qu'elle ne faisait tout cela que pour se distraire, pour oublier, et qu'elle ne mettait tant de choses dans sa tête que pour combattre ce qu'elle avait dans le cœur. Mais maintenant tout doit être dit, continua Caderousse : la fortune et les honneurs l'ont consolée sans doute. Elle est riche, elle est comtesse, et cependant...

Caderousse s'arrêta.

— Cependant, quoi? demanda l'abbé.

— Cependant, je suis sûr qu'elle n'est pas heureuse, dit Caderousse.

— Et qui vous le fait croire?

— Eh bien! quand je me suis trouvé trop malheureux moi-même, j'ai pensé que mes anciens amis m'aideraient en quelque chose. Je me suis présenté chez Danglars, qui ne m'a pas même reçu. J'ai été chez Fernand, qui m'a fait remettre cent francs par son valet de chambre.

— Alors vous ne les vîtes ni l'un ni l'autre?

— Non; mais madame de Morcerf m'a vu, elle.

— Comment cela?

— Lorsque je suis sorti, une bourse est tombée à mes pieds; elle contenait vingt-cinq louis : j'ai levé vivement la tête et j'ai vu Mercédès qui refermait la persienne.

— Et M. de Villefort? demanda l'abbé.

— Oh! lui n'avait pas été mon ami; lui, je ne le connaissais pas; lui, je n'avais rien à lui demander.

— Mais ne savez vous point ce qu'il est devenu, et la part qu'il a prise au malheur d'Edmond?

— Non; je sais seulement que quelque temps après l'avoir fait arrêter il a épousé mademoiselle de Saint-Méran, et bientôt a quitté Marseille. Sans doute que le bonheur lui aura souri comme aux autres, sans doute qu'il est riche comme Danglars, considéré comme Fernand; moi seul, vous le voyez, suis resté pauvre, misérable et oublié de Dieu.

— Vous vous trompez, mon ami, dit l'abbé : Dieu peut paraître oublier parfois quand sa justice se repose; mais il vient toujours un moment où il se souvient, et en voici la preuve.

A ces mots, l'abbé tira le diamant de sa poche, et le présentant à Caderousse :

— Tenez, mon ami, lui dit-il, prenez ce diamant, car il est à vous.

— Comment! à moi seul, s'écria Caderousse; ah! monsieur, ne raillez-vous pas?

— Ce diamant devait être partagé entre ses amis : Edmond n'avait qu'un seul ami, le partage devient donc inutile. Prenez ce diamant et vendez-le; il vaut cinquante mille francs, je vous le répète, et cette somme, je l'espère, suffira pour vous tirer de la misère.

— Oh! monsieur, dit Caderousse en avançant timidement une main, et en essuyant de l'autre la sueur qui perlait sur son front; oh! monsieur, ne faites pas une plaisanterie du bonheur ou du désespoir d'un homme!

— Je sais ce que c'est que le bonheur et ce que c'est que le désespoir, et je ne jouerai jamais à plaisir avec ces sentiments. Prenez donc, mais en échange...

Caderousse, qui touchait déjà le diamant, retira sa main.

L'abbé sourit.

— En échange, continua-t-il, donnez-moi cette bourse de soie rouge que M. Morrel avait laissée sur la cheminée du vieux Dantès, et qui, me l'avez-vous dit, est encore entre vos mains.

Caderousse, de plus en plus étonné, alla vers une grande armoire de chêne, l'ouvrit, et donna à l'abbé une bourse longue de soie rouge flétrie, et autour de laquelle glissaient deux anneaux de cuivre dorés autrefois.

L'abbé la prit, et en sa place donna le diamant à Caderousse.

— Oh! vous êtes un homme de Dieu, monsieur, s'écria Caderousse, car en vérité personne ne savait qu'Edmond vous avait donné ce diamant et vous auriez pu le garder.

— Bien, se dit tout bas l'abbé, tu l'eusses fait, à ce qu'il paraît, toi.

L'abbé se leva, prit son chapeau et ses gants.

— Ah çà! dit-il; tout ce que vous m'avez dit est bien vrai, n'est-ce pas, et je puis y croire en tout point?

— Tenez, monsieur l'abbé, dit Caderousse, voici dans le coin de ce mur un christ de bois bénit; voici sur ce bahut le livre d'évangiles de ma femme : ouvrez ce livre, et je vais vous jurer dessus, la main étendue vers le christ, je vais vous jurer sur le salut de mon âme, sur ma foi de chrétien, que je vous ai dit toutes choses comme elles s'étaient passées, et comme l'ange des hommes le dira à l'oreille de Dieu le jour du jugement dernier.

— C'est bien, dit l'abbé, convaincu par cet accent que Caderousse disait la vérité, c'est bien, que cet argent vous profite! Adieu, je retourne loin des hommes, qui se font tant de mal les uns aux autres.

Et l'abbé, se délivrant à grand'peine des enthousiastes élans de Caderousse, leva lui-même la barre de la porte, sortit, remonta à cheval, salua une dernière fois l'aubergiste, qui se confondait en adieux bruyants, et partit suivant la même direction qu'il avait déjà suivie pour venir.

Quand Caderousse se retourna, il vit derrière lui la Carconte plus pâle et plus tremblante que jamais.

— Est-ce bien vrai, ce que j'ai entendu? dit-elle.

— Quoi! qu'il nous donnait le diamant pour nous tout seuls? dit Caderousse presque fou de joie.

— Oui.

— Rien de plus vrai, car le voilà.

La femme le regarda un instant, puis d'une voix sourde :

— Et s'il était faux? dit-elle.

Caderousse pâlit et chancela.

— Faux, murmura-t-il, faux... et pourquoi cet homme m'aurait-il donné un diamant faux?

— Pour avoir ton secret sans le payer, imbécile!

Caderousse resta un moment étourdi sous le poids de cette supposition.

— Oh! dit-il au bout d'un instant, et en prenant son chapeau, qu'il posa sur le mouchoir rouge noué autour de sa tête, nous allons bien le savoir.

— Et comment cela?

— C'est la foire à Beaucaire; il y a des bijoutiers de Paris; je vais aller le leur montrer. Toi, garde la maison, femme, dans deux heures je serai de retour.

Et Caderousse s'élança hors de la maison, et prit tout courant la route opposée à celle que venait de prendre l'inconnu.

— Cinquante mille francs! murmura la Carconte restée seule, c'est de l'argent... mais ce n'est pas une fortune.

— Monsieur, je suis le premier commis de la maison Thomson et French de Rome.

CHAPITRE V.

LES REGISTRES DES PRISONS.

e lendemain du jour où s'était passée, sur la route de Bellegarde à Beaucaire, la scène que nous venons de raconter, un homme de trente à trente-deux ans, vêtu d'un frac bleu barbeau, d'un pantalon de nankin et d'un gilet blanc, ayant à la fois la tournure et l'accent britanniques, se présenta chez le maire de Marseille.

— Monsieur, lui dit-il, je suis le premier commis de la maison Thomson et French de Rome. Nous sommes depuis dix ans en relations avec la maison Morrel et fils de Marseille. Nous avons une centaine de mille francs à peu près engagés dans ces relations, et nous ne sommes pas sans inquiétudes, attendu que l'on dit que la maison menace ruine :

j'arrive donc tout exprès de Rome pour vous demander des renseignements sur cette maison.

— Monsieur, répondit le maire, je sais effectivement que depuis quatre ou cinq ans le malheur semble poursuivre M. Morrel : il a successivement perdu quatre ou cinq bâtiments et essuyé trois ou quatre banqueroutes ; mais il ne m'appartient pas, quoique son créancier moi-même pour une dizaine de mille francs, de donner aucun renseignement sur l'état de sa fortune. Demandez-moi, comme maire, ce que je pense de M. Morrel, et je vous répondrai que c'est un homme probe jusqu'à la rigidité, et qui jusqu'à présent a rempli tous ses engagements avec une parfaite exactitude. Voilà tout ce que je puis vous dire, monsieur; si vous voulez en savoir davantage, adressez-vous à M. de Boville, inspecteur des prisons, rue de Noailles, n° 15 ; il a, je crois, deux cent mille francs placés dans la maison Morrel, et, s'il y a réellement quelque chose à craindre, comme cette somme est plus considérable que la mienne, vous le trouverez probablement sur ce point mieux renseigné que moi.

L'Anglais parut apprécier cette suprême délicatesse, salua, sortit et s'achemina de ce pas particulier aux fils de la Grande-Bretagne vers la rue indiquée.

M. de Boville était dans son cabinet : en l'apercevant, l'Anglais fit un mouvement de surprise qui semblait indiquer que ce n'était point la première fois qu'il se trouvait devant celui auquel il venait faire une visite. Quant à M. de Boville, il était si désespéré, qu'il était évident que toutes les facultés de son esprit, absorbées dans la pensée qui l'occupait en ce moment, ne laissaient ni à sa mémoire ni à son imagination le loisir de s'égarer dans le passé.

L'Anglais, avec le flegme de sa nation, lui posa à peu près dans les mêmes termes la même question qu'il venait de poser au maire de Marseille.

— Oh ! monsieur, s'écria M. de Boville, vos craintes sont malheureusement on ne peut plus fondées, et vous voyez un homme désespéré. J'avais deux cent mille francs placés dans la maison Morrel : ces deux cent mille francs étaient la dot de ma fille, que je comptais marier dans quinze jours, ces deux cent mille francs étaient remboursables cent mille le 15 de ce mois-ci, cent mille le 15 du mois prochain. J'avais donné avis à M. Morrel du désir que j'avais que ce remboursement fût fait exactement, et voilà qu'il est venu ici, monsieur, il y a à peine une demi-heure, pour me dire que, si son bâtiment le *Pharaon* n'était pas rentré d'ici au 15, il se trouverait dans l'impossibilité de me faire ce payement

— Mais, dit l'Anglais, cela ressemble fort à un atermoiement.

— Dites, monsieur, que cela ressemble à une banqueroute ! s'écria M. de Boville désespéré.

L'Anglais parut réfléchir un instant, puis il dit :

— Ainsi, monsieur, cette créance vous inspire des craintes ?

— C'est-à-dire que je la regarde comme perdue.

— Eh bien ! moi, je vous l'achète.

— Vous?

— Oui, moi.

— Mais à un rabais énorme, sans doute?

— Non, moyennant deux cent mille francs : notre maison, ajouta l'Anglais en riant, ne fait pas de ces sortes d'affaires.

— Et vous payez?...

— Comptant.

Et l'Anglais tira de sa poche une liasse de billets de banque qui pouvait faire le double de la somme que M. de Boville craignait de perdre.

Un éclair de joie passa sur le visage de M. de Boville ; mais cependant il fit un effort sur lui-même et dit :

— Monsieur, je dois vous prévenir que, selon toute probabilité, vous n'aurez pas six du cent de cette somme.

— Cela ne me regarde pas, répondit l'Anglais ; cela regarde la maison Thomson et French, au nom de laquelle j'agis. Peut-être a-t-elle intérêt à hâter la ruine d'une maison rivale. Mais ce que je sais, monsieur, c'est que je suis prêt à vous compter cette somme contre le transport que vous m'en ferez ; seulement, je demanderai un droit de courtage.

— Comment ! monsieur, c'est trop juste, s'écria M. de Boville. La commission est ordinairement de un et demi ; voulez-vous deux ? voulez-vous trois ? voulez-vous cinq ? voulez-vous plus enfin ? Parlez !

— Monsieur, reprit l'Anglais en riant, je suis comme ma maison, je ne fais pas de ces sortes d'affaires ; non, mon droit de courtage est de tout autre nature.

— Parlez donc, monsieur, je vous écoute.

— Vous êtes inspecteur des prisons?

— Depuis plus de quatorze ans.

— Vous tenez des registres d'entrée et de sortie?

— Sans doute.

— A ces registres doivent être jointes des notes relatives aux prisonniers?

— Chaque prisonnier a son dossier.

— Eh bien ! monsieur, j'ai été élevé à Rome par un pauvre diable d'abbé qui a disparu tout à coup. J'ai appris, depuis, qu'il avait été détenu au château d'If, et je voudrais avoir quelques détails sur sa mort.

— Comment le nommiez-vous?

— L'abbé Faria.

— Oh ! je me le rappelle parfaitement ! s'écria M. de Boville, il était fou.

— On le disait.

— Oh ! il l'était bien certainement.

— C'est possible ; et quel était son genre de folie ?

— Il prétendait avoir la connaissance d'un trésor immense, et offrait des sommes folles au gouvernement si on voulait le mettre en liberté.

— Pauvre diable! et il est mort?

— Oui, monsieur, il y a cinq ou six mois à peu près, en février dernier.

— Vous avez une heureuse mémoire, monsieur, pour vous rappeler ainsi les dates.

— Je me rappelle celle-ci, parce que la mort du pauvre diable fut accompagnée d'une circonstance singulière.

— Peut-on connaître cette circonstance? demanda l'Anglais avec une expression de curiosité qu'un profond observateur eût été étonné de trouver sur son flegmatique visage.

— Oh! mon Dieu! oui, monsieur : le cachot de l'abbé était éloigné de quarante-cinq à cinquante pieds à peu près de celui d'un ancien agent bonapartiste, un de ceux qui avaient le plus contribué au retour de l'usurpateur en 1815, homme très-résolu et très-dangereux...

— Vraiment! dit l'Anglais.

— Oui, répondit M. de Boville ; j'ai eu l'occasion moi-même de voir cet homme en 1816 ou 1817, et l'on ne descendait dans son cachot qu'avec un piquet de soldats : cet homme m'a fait une profonde impression, et je n'oublierai jamais son visage.

L'Anglais sourit imperceptiblement.

— Et vous dites donc, monsieur, reprit-il, que les deux cachots...

— Etaient séparés par une distance de cinquante pieds; mais il paraît que cet Edmond Dantès...

— Cet homme dangereux s'appelait...

— Edmond Dantès. Oui, monsieur, il paraît que cet Edmond Dantès s'était procuré des outils ou en avait fabriqué; car on trouva un couloir à l'aide duquel les prisonniers communiquaient.

— Ce couloir avait sans doute été pratiqué dans un but d'évasion?

— Justement; mais, malheureusement pour les prisonniers, l'abbé Faria fut atteint d'une attaque de catalepsie et mourut.

— Je comprends, cela dut arrêter court les projets d'évasion.

— Pour le mort, oui, répondit M. de Boville, mais pas pour le vivant : au contraire, ce Dantès y vit un moyen de hâter sa fuite; il pensait sans doute que les prisonniers morts au château d'If étaient enterrés dans un cimetière ordinaire; il transporta le défunt dans sa chambre, prit sa place dans le sac où on l'avait cousu, et attendit le moment de l'enterrement.

— C'était un moyen hasardeux et qui indiquait quelque courage, reprit l'Anglais.

— Oh! je vous ai dit, monsieur, que c'était un homme fort dangereux; par bonheur qu'il a débarrassé lui-même le gouvernement des craintes qu'il avait à son sujet.

— Comment cela?

— Comment! vous ne comprenez pas?

— Non.

— Le château d'If n'a pas de cimetière ; on jette tout simplement les morts à la mer après leur avoir attaché aux pieds un boulet de trente-six.

— Eh bien? fit l'Anglais comme s'il avait la conception difficile.

— Eh bien! on lui attacha un boulet de trente-six aux pieds et on le jeta à la mer.

— En vérité! s'écria l'Anglais.

— Oui, monsieur, continua l'inspecteur. Vous comprenez quel dut être l'étonnement du fugitif lorsqu'il se sentit précipité du haut en bas des rochers. J'aurais voulu voir sa figure en ce moment-là.

— Ç'eût été difficile.

— N'importe, dit M. de Boville, que la certitude de rentrer dans ses deux cent mille francs mettait de belle humeur, n'importe, je me la représente.

Et il éclata de rire.

— Et moi aussi, dit l'Anglais.

Et il se mit à rire de son côté, mais comme rient les Anglais, c'est-à-dire du bout des dents.

— Ainsi, continua l'Anglais, qui reprit le premier son sang-froid, ainsi le fugitif fut noyé.

— Bel et bien.

— De sorte que le gouverneur du château fut débarrassé à la fois du furieux et du fou.

— Justement.

— Mais une espèce d'acte a dû être dressé de cet événement? demanda l'Anglais.

— Oui, oui, acte mortuaire. Vous comprenez, les parents de Dantès, s'il en a, pouvaient avoir intérêt à s'assurer s'il était mort ou vivant.

— De sorte que maintenant ils peuvent être tranquilles s'ils héritent de lui. Il est mort et bien mort.

— Oh! mon Dieu oui. Et on leur délivrera attestation quand ils voudront.

— Ainsi soit-il, dit l'Anglais. Mais revenons aux registres.

— C'est vrai. Cette histoire nous en avait éloignés. Pardon.

— Pardon, de quoi? de l'histoire? Pas du tout; elle m'a paru curieuse.

— Elle l'est en effet. Ainsi, vous désirez voir, monsieur, tout ce qui est relatif à votre pauvre abbé, qui était bien la douceur même, lui?

— Cela me ferait plaisir.

— Passez dans mon cabinet, et je vais vous montrer cela.

Et tous deux passèrent dans le cabinet de M. de Boville.

Tout y était effectivement dans un ordre parfait : chaque registre était à son numéro, chaque dossier à sa case. L'inspecteur fit asseoir l'Anglais dans son fauteuil, et posa devant lui le registre et le dossier relatif au château d'If, lui donnant tout le loisir de

Il plia tout doucement la dénonciation et la mit dans sa poche.

feuilleter, tandis que lui-même, assis dans son coin, lisait son journal.

L'Anglais trouva facilement le dossier relatif à l'abbé Faria; mais il paraît que l'histoire que lui avait racontée M. de Boville l'avait vivement intéressé, car, après avoir pris connaissance de ces premières pièces, il continua de feuilleter jusqu'à ce qu'il fût arrivé à la liasse d'Edmond Dantès. Là, il retrouva chaque chose à sa place, dénonciation, interrogatoire, pétition de Morrel, apostille de M. de Villefort. Il plia tout doucement la dénonciation, la mit dans sa poche, lut l'interrogatoire, et vit que le nom de Noirtier n'y était pas prononcé, parcourut la demande en date du 10 avril 1815, dans laquelle Morrel, d'après le conseil du substitut, exagérait dans une excellente intention, puisque Napoléon régnait alors, les services que Dantès avait rendus à la cause impériale, services que le certificat de Villefort rendait incontestables. Alors il comprit tout. Cette demande à Napoléon, gardée par Villefort, était devenue sous la seconde Restauration une arme terrible entre les mains du procu-

— Merci, dit-il en fermant le registre, j'ai ce qu'il me faut. — Page 34.

reur du roi. Il ne s'étonna donc plus en feuilletant le registre de cette note mise en accolade en regard de son nom :

EDMOND DANTÈS,	Bonapartiste enragé, a pris une part active au retour de l'île d'Elbe. A tenir au plus grand secret et sous la plus stricte surveillance.

Au-dessous de ces lignes était écrit d'une autre écriture :

« Vu la note ci-dessus, *rien à faire.* »

Seulement, en comparant l'écriture de l'accolade avec celle du certificat placé au bas de la demande de Morrel, il acquit la certitude que la note de l'accolade était de la même écriture que le certificat, c'est-à-dire tracée par la main de Villefort.

Quant à la note qui accompagnait la note, l'Anglais comprit qu'elle avait dû être consignée par quelque inspecteur qui avait pris un intérêt passager à la situation de Dantès, mais que le renseignement que nous venons de citer avait mis dans l'impossibilité de donner suite à cet intérêt.

Comme nous l'avons dit, l'inspecteur, par discrétion et pour ne pas gêner l'élève de l'abbé Faria dans ses recherches, s'était éloigné et lisait le *Drapeau blanc*.

Il ne vit donc pas l'Anglais plier et mettre dans sa poche la dénonciation écrite par Danglars sous la tonnelle de la Réserve, et portant le timbre de la poste de Marseille, 27 février, levée de 6 heures du soir.

Mais, il faut le dire, il l'eût vu, qu'il attachait trop peu d'importance à ce papier et trop d'importance à ses deux cent mille francs, pour s'opposer à ce que faisait l'Anglais, si incorrect que cela fût.

— Merci, dit celui-ci en fermant bruyamment le registre. J'ai ce qu'il me faut; maintenant, c'est à moi de tenir ma promesse : faites-moi un simple transport de votre créance; reconnaissez dans ce transport en avoir reçu le montant, et je vais vous compter la somme.

Et il céda sa place au bureau à M. de Boville, qui s'y assit sans façon et s'empressa de faire le transport demandé, tandis que l'Anglais comptait les billets de banque sur le rebord du casier.

CHAPITRE VI.

LA MAISON MORREL.

Celui qui eût quitté Marseille quelques années auparavant, connaissant l'intérieur de la maison Morrel, et qui y fût entré à l'époque où nous sommes parvenus, y eût trouvé un grand changement.

Au lieu de cet air de vie, d'aisance et de bonheur qui s'exhale, pour ainsi dire, d'une maison en voie de prospérité, au lieu de ces figures joyeuses se montrant derrière les rideaux des fenêtres, de ces commis affairés traversant les corridors une plume fichée derrière l'oreille, au lieu de cette cour encombrée de ballots, retentissant des cris et des rires des facteurs, il eût trouvé, dès la première vue, je ne sais quoi de triste et de mort.

Dans ce corridor désert et dans cette cour vide, des nombreux employés qui autrefois peuplaient les bureaux, deux seuls étaient restés : l'un était un jeune homme de vingt-trois ou vingt-quatre ans, nommé Emmanuel Raymond, lequel était amoureux de la fille de M. Morrel, et était resté dans la maison quoi qu'eussent pu faire ses parents pour l'en retirer; l'autre était un vieux garçon de caisse, borgne, nommé Coclès, sobriquet que lui avaient donné les jeunes gens qui peuplaient autrefois cette grande ruche bourdonnante aujourd'hui presque inhabitée, et qui avait si bien et si complétement remplacé son vrai nom, que, selon toute probabilité, il ne se serait pas même retourné si on l'eût appelé aujourd'hui de ce nom.

Coclès était resté au service de M. Morrel, et il s'était fait dans la situation du brave homme un singulier changement. Il était à la fois monté au grade de caissier et descendu au rang de domestique.

Ce n'en était pas moins le même Coclès, bon, patient, dévoué, mais inflexible à l'endroit de l'arithmétique, le seul point sur lequel il eût tenu tête au monde entier, même à M. Morrel, et ne connaissant que sa table de Pythagore, qu'il savait sur le bout du doigt, de quelque façon qu'on la retournât et dans quelque erreur qu'on tentât de le faire tomber.

Au milieu de la tristesse générale qui avait envahi la maison Morrel, Coclès était d'ailleurs le seul qui fût resté impassible. Mais, qu'on ne s'y trompe point, cette impassibilité ne venait pas d'un défaut d'affection, mais, au contraire, d'une inébranlable conviction. Comme les rats qui, dit-on, quittent peu à peu un bâtiment condamné d'avance par le destin à périr en mer, de manière que ces hôtes égoïstes l'ont complétement abandonné au moment où il lève l'ancre, de même, nous l'avons dit, toute cette foule de commis et d'employés qui tirait son existence de la maison de l'armateur avait peu à peu déserté bureau et magasin ; or, Coclès les avait vus s'éloigner tous sans songer même à se rendre compte de la cause de leur départ; tout, comme nous l'avons dit, se réduisait pour Coclès à une question de chiffres, et, depuis vingt ans qu'il était dans la maison Morrel, il avait toujours vu les payements s'opérer à bureaux ouverts avec une telle régularité, qu'il n'admettait pas plus que cette régularité pût s'arrêter et ces payements se suspendre, qu'un meunier qui possède un moulin alimenté par les eaux d'une riche rivière n'admet que cette rivière puisse cesser de couler. En effet, jusque-là rien n'était encore venu porter atteinte à la conviction de Coclès. La dernière fin de mois s'était effectuée avec une ponctualité rigoureuse. Coclès avait relevé une erreur de soixante-dix centimes commise par M. Morrel à son préjudice, et, le même jour, il avait rapporté les quatorze sous d'excédant à M. Morrel, qui, avec un sourire mélancolique, les avait pris et laissés tomber dans un tiroir à peu près vide, en disant :

— Bien, Coclès, vous êtes la perle des caissiers.

Et Coclès s'était retiré on ne peut plus satisfait, car un éloge de M. Morrel, cette perle des honnêtes gens de Marseille, flattait plus Coclès qu'une gratification de cinquante écus.

Mais, depuis cette fin de mois si victorieusement accomplie, M. Morrel avait passé de cruelles heures; pour faire face à cette fin de mois, il avait réuni toutes ses ressources, et lui-même, craignant que le bruit de sa détresse ne se répandît dans Marseille, lorsqu'on le verrait recourir à de pareilles extrémités, avait fait un voyage à la foire de Beaucaire pour vendre quelques bijoux appartenant à sa femme et à sa fille, et une partie de son argenterie. Moyennant ce sacrifice, tout s'était encore cette fois passé au plus grand honneur de la maison Morrel; mais la caisse était demeurée complétement vide. Le crédit, effrayé par le bruit qui courait, s'était retiré avec son égoïsme habituel, et, pour faire face aux cent mille francs à rembourser le 15 du présent mois à M. de Boville, et aux autres cent mille francs qui allaient échoir le 15 du mois suivant, M. Morrel n'avait en réalité que l'espérance du retour du *Pharaon*, dont un bâtiment qui avait levé l'ancre en même temps que lui, et qui était arrivé à bon port, avait appris le départ.

Mais déjà ce bâtiment, venant comme le *Pharaon* de Calcutta, était arrivé depuis quinze jours, tandis que du *Pharaon* l'on n'avait aucune nouvelle.

C'est dans cet état de choses que, le lendemain du jour où il avait terminé avec M. de Boville l'importante affaire que nous avons dite, l'envoyé de la maison Thomson et French de Rome se présenta chez M. Morrel.

Emmanuel le reçut. Le jeune homme, que chaque nouveau visage effrayait, car chaque nouveau visage annonçait un nouveau créancier, qui, dans son inquiétude, venait questionner le chef de la maison, le jeune homme, disons-nous, voulut épargner à son patron l'ennui de cette visite : il questionna le nouveau venu ; mais le nouveau venu déclara qu'il n'avait rien à dire à M. Emmanuel, et que c'était à M. Morrel en personne qu'il voulait parler.

Emmanuel appela en soupirant Coclès. Coclès parut, et le jeune homme lui ordonna de conduire l'étranger à M. Morrel.

Coclès marcha devant et l'étranger le suivit.

Sur l'escalier on rencontra une belle jeune fille de seize à dix-sept ans, qui regarda l'étranger avec inquiétude.

Coclès ne remarqua point cette expression de visage, qui, cependant, parut n'avoir point échappé à l'étranger.

— M. Morrel est à son cabinet, n'est-ce pas, mademoiselle Julie? demanda le caissier.

— Oui, du moins je le crois, dit la jeune fille en hésitant ; voyez d'abord, Coclès, et, si mon père y est, annoncez monsieur.

— M'annoncer serait inutile, mademoiselle, répondit l'Anglais, M. Morrel ne connaît pas mon nom. Ce brave homme n'a qu'à dire seulement que je suis le premier commis de MM. Thomson et French de Rome, avec lesquels la maison de M. votre père est en relations.

La jeune fille pâlit et continua de descendre, tandis que Coclès et l'étranger continuaient de monter.

Elle entra dans le bureau où se tenait Emmanuel, et Coclès, à l'aide d'une clef dont il était possesseur, et qui annonçait ses grandes entrées près du maître, ouvrit une porte placée dans l'angle du palier du deuxième étage, introduisit l'étranger dans une antichambre, ouvrit une seconde porte, qu'il referma derrière lui, et, après avoir laissé seul un instant l'envoyé de la maison Thomson et French, reparut en lui faisant signe qu'il pouvait entrer

L'Anglais entra ; il trouva M. Morrel assis devant une table, pâlissant devant les colonnes effrayantes du registre où était inscrit son passif.

En voyant l'étranger, M. Morrel ferma le registre, se leva et avança un siége ; puis, lorsqu'il eut vu l'étranger s'asseoir, il s'assit lui-même.

Quatorze années avaient bien changé le digne négociant, qui, âgé de trente-six ans au commencement de cette histoire, était sur le point d'atteindre la cinquantaine : ses cheveux avaient blanchi, son front s'était creusé sous des rides soucieuses, enfin son regard, autrefois si ferme et si arrêté, était devenu vague et irrésolu, et semblait toujours craindre d'être forcé de s'arrêter ou sur une idée ou sur un homme.

L'Anglais le regarda avec un sentiment de curiosité évidemment mêlé d'intérêt.

— Monsieur, dit Morrel, dont cet examen semblait redoubler le malaise, vous avez désiré me parler?

— Oui, monsieur. Vous savez de quelle part je viens, n'est-ce pas?

— De la part de la maison Thomson et French, à ce que m'a dit mon caissier du moins.

— Il vous a dit la vérité, monsieur. La maison Thomson et French avait, dans le courant de ce mois et du mois prochain, trois ou quatre cent mille francs à payer en France, et, connaissant votre rigoureuse exactitude, elle a réuni tout le papier qu'elle a pu trouver portant cette signature, et m'a chargé, au fur et à mesure que ces papiers écherraient, d'en toucher les fonds chez vous et de faire emploi de ces fonds.

Morrel poussa un profond soupir, et passa la main sur son front couvert de sueur.

— Ainsi, monsieur, demanda Morrel, vous avez des traites signées par moi?

— Oui, monsieur, pour une somme assez considérable.

— Pour quelle somme? demanda Morrel d'une voix qu'il tâchait de rendre assurée.

— Mais voici d'abord, dit l'Anglais en tirant une liasse de sa poche, un transport de deux cent mille francs fait à notre maison par M. de Boville, l'inspecteur des prisons. Reconnaissez-vous devoir cette somme à M. de Boville?

— Oui, monsieur, c'est un placement qu'il a fait chez moi à quatre et demi du cent, voici bientôt cinq ans.

— Et que vous devez rembourser?

— Moitié le quinze de ce mois-ci, moitié le quinze du mois prochain.

— C'est cela ; puis voici trente-deux mille cinq cents francs, fin courant ; ce sont des traites signées de vous et passées à notre ordre par des tiers porteurs.

— Je les reconnais, dit Morrel, à qui le rouge de la honte montait à la figure en songeant que, pour

Les forces lui manquèrent, et il retomba sur son fauteuil. — PAGE 38.

la première fois de sa vie, il ne pourrait peut-être pas faire honneur à sa signature; est-ce tout?

— Non, monsieur, j'ai encore pour la fin du mois prochain ces valeurs-ci, que nous ont passées la maison Pascal et la maison Wild et Turner de Marseille, cinquante-cinq mille francs à peu près, en tout deux cent quatre-vingt-sept mille cinq cents francs.

Ce que souffrait le malheureux Morrel pendant cette énumération est impossible à décrire.

— Deux cent quatre-vingt-sept mille cinq cents francs! répéta-t-il machinalement.

— Oui, monsieur, répondit l'Anglais. Or, continua-t-il après un moment de silence, je ne vous cacherai pas, monsieur Morrel, que, tout en faisant la part de votre probité sans reproche jusqu'à présent, le bruit public de Marseille est que vous n'êtes pas en état de faire face à vos affaires.

A cette ouverture presque brutale, Morrel pâlit affreusement.

— Monsieur, dit-il, jusqu'à présent, et il y a plus de vingt-quatre ans que j'ai reçu la maison des mains de mon père, qui, lui-même, l'avait gérée trente-cinq ans, jusqu'à présent pas un billet signé Morrel et fils n'a été présenté à la caisse sans être payé.

— Oui, je sais cela, répondit l'Anglais; mais d'homme d'honneur à homme d'honneur parlez franchement, monsieur; payerez-vous ceux-ci avec la même exactitude?

Morrel tressaillit et regarda celui qui lui parlait ainsi avec plus d'assurance qu'il ne l'avait encore fait.

— Aux questions posées avec cette franchise, dit-il, il faut faire une réponse franche. Oui, monsieur, je payerai si, comme je l'espère, mon bâtiment arrive à bon port, car son arrivée me rendra le crédit que les accidents successifs dont j'ai été la victime m'ont ôté; mais si, par malheur, le *Pharaon*, cette dernière ressource sur laquelle je compte, me manquait...

Les larmes montèrent aux yeux du pauvre armateur.

— Eh bien! demanda son interlocuteur, si cette dernière ressource vous manquait?

— Eh bien! continua Morrel, monsieur, c'est cruel à dire... mais, déjà habitué au malheur, il faut que je m'habitue à la honte... eh bien! je crois que je serais forcé de suspendre mes payements.

— N'avez-vous donc point d'amis qui puissent vous aider dans cette circonstance?

Morrel sourit tristement.

— Dans les affaires, monsieur, dit-il, on n'a point d'amis, vous le savez bien : on n'a que des correspondants.

— C'est vrai, murmura l'Anglais. Ainsi vous n'avez plus qu'une espérance?

— Une seule.

— La dernière?

— La dernière.

— De sorte que si cette espérance vous manque..

— Je suis perdu, monsieur, complétement perdu.

— Comme je venais chez vous, un navire entrait dans le port.

— Je le sais, monsieur. Un jeune homme qui est resté fidèle à ma mauvaise fortune passe une partie de son temps à un belvédère situé au haut de la maison, dans l'espérance de venir m'annoncer le premier une bonne nouvelle. J'ai su par lui l'entrée de ce navire.

— Et ce n'est pas le vôtre?

— Non; c'est un navire bordelais, la *Gironde;* il vient de l'Inde aussi, mais ce n'est pas le mien.

— Peut-être a-t-il eu connaissance du *Pharaon*, et vous apporte-t-il quelque nouvelle.

— Faut-il que je vous le dise, monsieur? je crains presque autant d'apprendre des nouvelles de mon trois-mât que de rester dans l'incertitude. L'incertitude, c'est encore l'espérance.

Puis M. Morrel ajouta d'une voix sourde :

— Ce retard n'est pas naturel : le *Pharaon* est parti de Calcutta le 5 février, depuis plus d'un mois il devrait être ici.

— Qu'est cela? dit l'Anglais en prêtant l'oreille, et que veut dire ce bruit?

— Oh! mon Dieu! mon Dieu! s'écria Morrel pâlissant, qu'y a-t-il encore?

En effet, il se faisait un grand bruit dans l'escalier; on allait et on venait, on entendit même un cri de douleur.

Morrel se leva pour aller ouvrir la porte; mais les forces lui manquèrent, et il retomba sur son fauteuil.

Les deux hommes restèrent en face l'un de l'autre, Morrel tremblant de tous ses membres, l'étranger le regardant avec une expression de profonde pitié. Le bruit avait cessé, mais cependant on eût dit que Morrel attendait quelque chose; ce bruit avait une cause et devait avoir une suite.

Il sembla à l'étranger qu'on montait doucement l'escalier, et que les pas, qui étaient ceux de plusieurs personnes, s'arrêtaient sur le palier.

Une clef fut introduite dans la serrure de la première porte, et l'on entendit cette porte crier sur ses gonds.

— Il n'y a que deux personnes qui aient la clef de cette porte, murmura Morrel, Coclès et Julie.

En même temps la seconde porte s'ouvrit, et l'on vit apparaître la jeune fille pâle et les joues baignées de larmes.

Morrel se leva tout tremblant, et s'appuya au bras de son fauteuil, car il n'aurait pu se tenir debout. Sa voix voulait interroger, mais il n'avait plus de voix.

— O mon père! dit la jeune fille en joignant les mains, pardonnez à votre enfant d'être la messagère d'une mauvaise nouvelle.

Morrel pâlit affreusement; Julie vint se jeter dans ses bras.

— O mon père! mon père! dit-elle, du courage!

— Ainsi le *Pharaon* a péri? demanda Morrel d'une voix étranglée.

La jeune fille ne répondit pas, mais elle fit un signe affirmatif avec sa tête appuyée à la poitrine de son père.

— Et l'équipage? demanda Morrel.

— Sauvé, dit la jeune fille, sauvé par le navire bordelais qui vient d'entrer dans le port.

Morrel leva les deux mains au ciel avec une expression de résignation et de reconnaissance sublime.

— Merci, mon Dieu, dit Morrel, au moins vous ne frappez que moi seul!

Si flegmatique que fût l'Anglais, une larme humecta sa paupière.

— Entrez, dit Morrel, entrez, car je présume que vous êtes tous à la porte.

En effet, à peine avait-il prononcé ces mots, que madame Morrel entra en sanglotant; Emmanuel la suivait; au fond, dans l'antichambre, on voyait les rudes figures de sept ou huit marins à moitié nus.

A la vue de ces hommes, l'Anglais tressaillit; il fit un pas comme pour aller à eux, mais il se contint et s'effaça au contraire dans l'angle le plus obscur et le plus éloigné du cabinet.

Madame Morrel alla s'asseoir dans le fauteuil, prit une des mains de son mari dans les siennes, tandis que Julie demeurait appuyée à la poitrine de son père. Emmanuel était resté à mi-chemin de la chambre, et semblait servir de lien entre le groupe de la famille Morrel et les marins qui se tenaient à la porte.

— Comment cela est-il arrivé? demanda Morrel.

— Approchez, Penelon, dit le jeune homme, et racontez l'événement.

Un vieux matelot, bronzé par le soleil de l'équateur, s'avança, roulant entre ses mains les restes d'un chapeau

— Bonjour, monsieur Morrel! dit-il, comme s'il avait quitté Marseille la veille et qu'il arrivât d'Aix ou de Toulon.

— Bonjour, mon ami! l'armateur ne pouvant s'empêcher de sourire dans ses larmes; mais où est le capitaine?

— Quant à ce qui est du capitaine, monsieur Morrel, il est resté malade à Palma; mais, s'il plaît à Dieu, cela ne sera rien, et vous le verrez arriver dans quelques jours aussi bien portant que vous et moi.

— C'est bien..... Maintenant, parlez, Penelon, dit M. Morrel.

Penelon fit passer sa chique de la joue droite à la joue gauche, mit la main devant sa bouche, se détourna, lança dans l'antichambre un long jet de salive noirâtre, avança le pied, et se balançant sur ses hanches :

— Pour lors, monsieur Morrel, dit-il, nous étions quelque chose comme cela entre le cap Blanc et le cap Boyador, marchant avec une jolie brise sud-sud-ouest, après avoir bourlingué pendant huit jours de calme, quand le capitaine Gaumard s'approche de moi; il faut vous dire que j'étais au gouvernail, et me dit : — Père Penelon, que pensez-vous de ces nuages qui s'élèvent là-bas à l'horizon?

Justement je les regardais à ce moment-là.

— Ce que j'en pense, capitaine! j'en pense qu'ils montent un peu plus vite qu'ils n'en ont le droit, et qu'ils sont plus noirs qu'il ne convient à des nuages qui n'auraient pas de mauvaises intentions.

— C'est mon avis aussi, dit le capitaine, et je m'en vais toujours prendre mes précautions. Nous avons trop de voiles pour le vent qu'il va faire tout à l'heure... Holà, hé! range à serrer les cacatois et à haler bas le clin-foc.

Il était temps; l'ordre n'était pas exécuté que le vent était à nos trousses et que le bâtiment donnait de la bande.

— Bon! dit le capitaine, nous avons encore trop de toile; range à carguer la grande voile! Cinq minutes après, la grande voile était carguée, et nous marchions avec la misaine, les huniers et les perroquets.

— Eh bien! père Penelon, me dit le capitaine, qu'avez-vous donc à secouer la tête?

— J'ai qu'à votre place, voyez-vous, je ne resterais pas en si beau chemin.

— Je crois que tu as raison, vieux, dit-il, nous allons avoir un coup de vent.

— Ah! par exemple, capitaine, que je lui réponds, celui qui achèterait ce qui se passe là-bas pour un coup de vent gagnerait quelque chose dessus; c'est une belle et bonne tempête, ou je ne m'y connais pas!

C'est-à-dire qu'on voyait venir le vent comme on voit venir la poussière à Montredon; heureusement qu'il avait affaire à un homme qui le connaissait.

— Range à prendre deux ris dans les huniers! cria le capitaine, largue les boulines, brasse au vent, amène les huniers, pèse les palanquins sur les vergues!

— Ce n'était pas assez dans ces parages-là, dit l'Anglais; j'aurais pris quatre ris, et je me serais débarrassé de la misaine.

Cette voix ferme, sonore et inattendue, fit tressaillir tout le monde. Penelon mit sa main sur ses yeux et regarda celui qui contrôlait avec tant d'aplomb la manœuvre de son capitaine.

— Nous fîmes mieux que cela encore, monsieur, dit le vieux marin avec un certain respect, car nous carguâmes la brigantine et nous mîmes la barre au vent pour courir devant la tempête. Dix minutes après, nous carguions les huniers et nous nous en allions à sec de voiles.

— Le bâtiment était bien vieux pour risquer cela, dit l'Anglais.

— Eh bien! justement! c'est ce qui nous perdit. Au bout de douze heures que nous étions ballottés que le diable en aurait pris les armes, il se déclara une voie d'eau. — Penelon, me dit le capitaine, je crois que nous coulons, mon vieux; donne-moi donc la barre et descends à la cale.

Je lui donne la barre, je descends, il y avait déjà trois pieds d'eau. Je remonte en criant : Aux pompes! aux pompes! Ah! bien oui, il était déjà trop tard! On se mit à l'ouvrage; mais je crois que plus nous en tirions, plus il y en avait.

— Ah! ma foi! que je dis au bout de quatre heures de travail, puisque nous coulons, laissons-nous couler, on ne meurt qu'une fois!

— C'est comme cela que tu donnes l'exemple, maître Penelon! dit le capitaine; eh bien! attends, attends!

Il alla prendre une paire de pistolets dans sa cabine.

— Le premier qui quitte la pompe, dit-il, je lui brûle la cervelle!

— Bien! dit l'Anglais.

— Le premier qui quitte la pompe, je lui brûle la cervelle. — Page 39.

— Il n'y a rien qui donne du courage comme les bonnes raisons, continua le marin, d'autant plus que pendant ce temps-là le temps s'était éclairci et que le vent était tombé; mais il n en est pas moins vrai que l'eau montait toujours, pas de beaucoup, de deux pouces peut-être par heure, mais enfin elle montait. Deux pouces par heure, voyez-vous, ça n'a l'air de rien; mais en douze heures ça ne fait pas moins de vingt-quatre pouces, et vingt-quatre pouces font deux pieds. Deux pieds et trois que nous avions déjà, ça nous en faisait cinq. Or, quand un bâtiment a cinq pieds d'eau dans le ventre, il peut passer pour hydropique.

— Allons, dit le capitaine, c'est assez comme cela, et M. Morrel n'aura rien à nous reprocher: nous avons fait ce que nous avons pu pour sauver le bâtiment; maintenant il faut tâcher de sauver les hommes. A la chaloupe, enfants, et plus vite que cela!...

— Ecoutez, monsieur Morrel, continua Penelon, nous aimions bien le *Pharaon;* mais, si fort que le marin aime son navire, il aime encore mieux sa peau.

— C'est moi qui le pris à bras-le-corps et qui le jetai aux camarades.

Aussi nous ne nous le fîmes pas dire à deux fois; avec cela, voyez-vous, que le bâtiment se plaignait et semblait nous dire : Allez-vous-en donc, mais allez-vous-en donc! et il ne mentait pas, le pauvre *Pharaon ;* nous le sentions littéralement s'enfoncer sous nos pieds. Tant il y a, qu'en un tour de main la chaloupe était à la mer, et que nous étions tous les huit dedans.

Le capitaine descendit le dernier, ou plutôt, non, il ne descendit pas, car il ne voulait pas quitter le navire, c'est moi qui le pris à bras-le-corps et qui le jetai aux camarades, après quoi je sautai à mon tour. Il était temps. Comme je venais de sauter, le pont creva avec un bruit qu'on aurait dit la bordée d'un vaisseau de quarante-huit.

Dix minutes après, il plongea de l'avant, puis de l'arrière, puis il se mit à tourner sur lui-même comme un chien qui court après sa queue, et puis, bonsoir la compagnie, brrrrrou!... tout a été dit : plus de *Pharaon!*

Quant à nous, nous sommes restés trois jours sans boire ni manger, si bien que nous parlions déjà de tirer au sort pour savoir celui qui alimenterait les autres, quand nous aperçûmes la *Gironde :* nous lui

— Imp. de Edouard Blot, rue St-Louis, 16

fîmes des signaux, elle nous vit, mit le cap sur nous, nous envoya sa chaloupe et nous recueillit. Voilà comme ça s'est passé, monsieur Morrel, parole d'honneur! foi de marin! N'est-ce pas, les autres?

Un murmure général d'approbation indiqua que le narrateur avait réuni tous les suffrages par la vérité du fond et le pittoresque des détails.

— Bien, mes amis, dit M. Morrel, vous êtes de braves gens, et je savais d'avance que dans le malheur qui m'arrivait il n'y avait pas d'autre coupable que ma destinée. C'est la volonté de Dieu et non la faute des hommes. Adorons la volonté de Dieu. Maintenant, combien vous est-il dû de solde?

— Oh! bah! ne parlons pas de cela, monsieur Morrel.

— Au contraire, parlons-en, dit l'armateur avec un sourire triste.

— Eh bien! on nous doit trois mois... dit Penelon.

— Coclès, payez deux cents francs à chacun de ces braves gens. Dans une autre époque, mes amis, continua Morrel, j'eusse ajouté : Donnez-leur à chacun deux cents francs de gratification; mais les temps sont malheureux, mes amis, et le peu d'argent qui me reste ne m'appartient plus. Excusez-moi donc, et ne m'en aimez pas moins pour cela.

Penelon fit une grimace d'attendrissement, se retourna vers ses compagnons, échangea quelques mots avec eux et revint.

— Pour ce qui est de cela, monsieur Morrel, dit-il en passant sa chique de l'autre côté de sa bouche et en lançant dans l'antichambre un second jet de salive qui alla faire le pendant du premier, pour ce qui est de cela...

— De quoi?

— De l'argent.

— Eh bien?

— Eh bien! monsieur Morrel! les camarades disent que pour le moment ils auront assez avec cinquante francs chacun, et qu'ils attendront pour le reste.

— Merci, mes amis, merci! s'écria M. Morrel touché jusqu'au cœur : vous êtes tous de braves cœurs; mais prenez, prenez, et, si vous trouvez un bon service, entrez-y, vous êtes libres.

Cette dernière partie de la phrase produisit un effet prodigieux sur les dignes marins : ils se regardèrent les uns les autres d'un air effaré. Penelon, à qui la respiration manqua, faillit en avaler sa chique; heureusement il porta la main à temps à son gosier.

— Comment, monsieur Morrel, dit-il d'une voix étranglée, comment, vous nous renvoyez? vous êtes donc mécontent de nous?

— Non, mes enfants, dit l'armateur; non, je ne suis pas mécontent de vous, tout au contraire. Non, je ne vous renvoie pas. Mais, que voulez-vous! je n'ai plus de bâtiments, je n'ai plus besoin de marins.

— Comment, vous n'avez plus de bâtiments! dit Penelon, eh bien! vous en ferez construire d'autres, nous attendrons. Dieu Merci! nous savons ce que c'est que de bourlinguer.

— Je n'ai plus d'argent pour faire construire des bâtiments, Penelon, dit l'armateur avec un triste sourire; je ne puis donc accepter votre offre, tout obligeante qu'elle est.

— Eh bien! si vous n'avez plus d'argent, il ne faut pas nous payer alors, nous ferons comme a fait ce pauvre *Pharaon*, nous courrons à sec, voilà tout!

— Assez, assez, mes amis, dit Morrel étouffant d'émotion; allez, je vous en prie. Nous nous retrouverons dans un temps meilleur. Emmanuel, ajouta l'armateur, accompagnez-les, et veillez à ce que mes désirs soient accomplis.

— Au moins c'est au revoir, n'est-ce pas, monsieur Morrel? dit Penelon.

— Oui, mes amis, je l'espère au moins, allez.

Et il fit un signe à Coclès, qui marcha devant. Les marins suivirent le caissier, et Emmanuel suivit les marins.

— Maintenant, dit l'armateur à sa femme et sa fille, laissez-moi seul un instant : j'ai à causer avec monsieur.

Et il indiqua des yeux le mandataire de la maison Thomson et French, qui était resté debout et immobile dans son coin pendant toute cette scène, à laquelle il n'avait pris part que par les quelques mots que nous avons rapportés.

Les deux femmes levèrent les yeux sur l'étranger qu'elles avaient complétement oublié, et se retirèrent; mais, en se retirant, la jeune fille lança à cet homme un coup d'œil sublime de supplication, auquel il répondit par un sourire qu'un froid observateur eût été étonné de voir éclore sur ce visage de glace.

Les deux hommes restèrent seuls.

— Eh bien! monsieur, dit Morrel en se laissant retomber sur son fauteuil, vous avez tout vu, tout entendu, et je n'ai plus rien à vous apprendre.

— J'ai vu, monsieur, dit l'Anglais, qu'il vous était arrivé un nouveau malheur immérité comme les autres, et cela m'a confirmé dans le désir où j'étais déjà de vous être agréable.

— Oh! monsieur! dit Morrel.

— Voyons, continua l'étranger. Je suis un de vos principaux créanciers, n'est-ce pas?

— Vous êtes du moins celui qui possédez les valeurs à plus courte échéance.

— Vous désirez un délai pour me payer?

— Un délai pourrait me sauver l'honneur, dit Morrel, et par conséquent la vie.

— Combien demandez-vous?

Morrel hésita

— Deux mois, dit-il.

— Bien! dit l'étranger, je vous en donne trois.

— Mais, dit Morrel, croyez-vous que la maison Thomson et French...

— Soyez tranquille, monsieur, je prends tout sur moi. Nous sommes aujourd'hui le 5 juin.

— Oui.

— Eh bien! renouvelez-moi tous ces billets au 5 septembre, et le 5 septembre, à onze heures du matin (la pendule marquait onze heures juste en ce moment), je me présenterai chez vous.

— Je vous attendrai, monsieur, dit Morrel, et vous serez payé ou je serai mort.

Ces derniers mots furent prononcés si bas, que l'étranger ne put les entendre.

Les billets furent renouvelés, on déchira les anciens, et le pauvre armateur se trouva au moins avoir trois mois devant lui pour réunir ses dernières ressources.

L'Anglais reçut ses remercîments avec le flegme particulier à sa nation et prit congé de Morrel, qui le reconduisit, en le bénissant, jusqu'à la porte.

Sur l'escalier il rencontra Julie. La jeune fille faisait semblant de descendre, mais, en réalité, elle l'attendait.

— O monsieur! dit-elle en joignant les mains.

— Mademoiselle, dit l'étranger, vous recevrez un jour une lettre signée... Simbad le marin... faites de point en point ce que vous dira cette lettre, si étrange que vous paraisse la recommandation

— Oui, monsieur, répondit Julie.

— Me promettez-vous de le faire?

— Je vous le jure.

— Bien! Adieu, mademoiselle. Demeurez toujours une bonne et sainte fille comme vous êtes, et j'ai bon espoir que Dieu vous récompensera en vous donnant Emmanuel pour mari.

Julie poussa un petit cri, devint rouge comme une cerise, et se retint à la rampe pour ne pas tomber.

L'étranger continua son chemin en lui faisant un geste d'adieu.

Dans la cour il rencontra Penelon, qui tenait un rouleau de cent francs de chaque main, et semblait ne pouvoir se décider à les emporter.

— Venez, mon ami, lui dit-il, j'ai à vous parler.

CHAPITRE VII.

LE CINQ SEPTEMBRE.

Le délai accordé par le mandataire de la maison Thomson et French au moment où Morrel s'y attendait le moins parut au pauvre armateur un de ces retours de bonheur qui annoncent à l'homme que le sort s'est enfin lassé de s'acharner sur lui. Le même jour il raconta ce qui lui était arrivé à sa fille, à sa femme et à Emmanuel, et un peu d'espérance, sinon de tranquillité, rentra dans la famille. Mais malheureusement Morrel n'avait pas seulement affaire à la maison Thomson et French, qui s'était montrée envers lui de si bonne composition. Comme il l'avait dit, dans le commerce on a des correspondants et pas d'amis. Lorsqu'il y songeait profondément, il ne comprenait même pas cette conduite généreuse de MM. Thomson et French envers lui; il ne se l'expliquait que par cette réflexion intelligemment égoïste que cette maison aurait faite : Mieux vaut soutenir un homme qui nous doit près de trois cent mille francs, et avoir ces trois cent mille francs au bout de trois mois, que de hâter sa ruine et d'avoir six ou huit du cent du capital.

Malheureusement, soit haine, soit aveuglement, tous les correspondants de Morrel ne firent pas la même réflexion, et quelques-uns firent la même réflexion contraire. Les traites souscrites par Morrel furent donc présentées à la caisse avec une scrupuleuse rigueur, et, grâce au délai accordé par l'Anglais, furent payées par Coclès à bureau ouvert. Coclès continua donc de rester dans sa tranquillité fatidique. M. Morrel seul vit avec terreur que, s'il avait eu à rembourser, le 15, les cent mille francs de M. de Boville, et, le 30, les trente-deux mille cinq cents francs de traites pour lesquelles, ainsi que pour la créance de l'inspecteur des prisons, il avait un délai, il était dès ce mois-là un homme perdu.

L'opinion de tout le commerce de Marseille était que, sous les revers successifs qui l'accablaient, Morrel ne pouvait tenir. L'étonnement fut donc grand lorsqu'on vit sa fin de mois remplie avec son exactitude ordinaire. Cependant la confiance ne rentra point pour cela dans les esprits, et l'on remit d'une voix unanime à la fin du mois prochain la déposition du bilan du malheureux armateur.

Tout le mois se passa dans des efforts inouïs de la part de Morrel pour réunir toutes ses ressources. Autrefois son papier, à quelque date que ce fût, était pris avec confiance, et même demandé. Morrel essaya de négocier du papier à quatre-vingt-dix jours, et trouva toutes les banques fermées. Heureusement Morrel avait lui-même quelques rentrées sur lesquelles il pouvait compter; ces rentrées s'opérèrent : Morrel se trouva donc encore en mesure de faire face à ses engagements lorsque arriva la fin de juillet.

Au reste, on n'avait pas revu à Marseille le mandataire de la maison Thomson et French; le lendemain ou le surlendemain de sa visite à M. Morrel il avait disparu ; or, comme il n'avait eu à Marseille de relations qu'avec le maire, l'inspecteur des prisons et M. Morrel, son passage n'avait laissé d'autre trace que le souvenir différent qu'avaient gardé de lui ces trois personnes. Quant aux matelots du *Pharaon*, il paraît qu'ils avaient trouvé quelque engagement; car ils avaient disparu aussi.

Le capitaine Gaumard, remis de l'indisposition qui l'avait retenu à Palma, revint à son tour. Il hésitait à se présenter chez M. Morrel; mais celui-ci apprit son arrivée, et l'alla trouver lui-même. Le digne armateur savait d'avance, par le récit de Penelon, la conduite courageuse qu'avait tenue le capitaine pendant tout ce sinistre, et ce fut lui qui essaya de le consoler. Il lui apportait le montant de sa solde, que le capitaine Gaumard n'eût point osé aller toucher.

Comme il descendait l'escalier, M. Morrel rencontra Penelon qui le montait. Penelon avait, à ce qu'il paraissait, fait bon emploi de son argent, car il était tout vêtu de neuf. En apercevant son armateur, le digne timonier parut fort embarrassé; il se rangea dans l'angle le plus éloigné le palier, passa alternativement sa chique de gauche à droite et de droite à gauche, en roulant de gros yeux effarés, et ne répondit que par une pression timide à la poignée de main que lui offrit avec sa cordialité ordinaire M. Morrel. M. Morrel attribua l'embarras de Penelon à l'élégance de sa toilette : il était évident que le brave homme n'avait pas donné à son compte dans un pareil luxe; il était donc déjà engagé sans doute à bord de quelque autre bâtiment, et sa honte lui venait de ce qu'il n'avait pas, si l'on peut s'expri-

— Braves gens, puisse votre nouveau maître vous aimer comme je vous aime.

mer ainsi, porté plus longtemps le deuil du *Pharaon*. Peut-être même venait-il pour faire part au capitaine Gaumard de sa bonne fortune et pour lui faire part des offres de son nouveau maître.

— Braves gens, dit Morrel en s'éloignant, puisse votre nouveau maître vous aimer comme je vous aimais, et être plus heureux que je ne le suis!...

Août s'écoula dans des tentatives sans cesse renouvelées par Morrel de relever son ancien crédit ou de s'en ouvrir un nouveau. Le 20 août on sut à Marseille qu'il avait pris une place à la malle-poste, et l'on se dit alors que c'était pour la fin du mois courant que le bilan devait être déposé, et que Morrel était parti d'avance pour ne pas assister à cet acte cruel, délégué sans doute à son premier commis Emmanuel et à son caissier Coclès. Mais, contre toutes les prévisions, lorsque le 31 août arriva, la caisse s'ouvrit comme d'habitude. Coclès apparut derrière le grillage, calme comme le juste d'Horace, examina avec la même attention le papier qu'on lui présentait, et, depuis la première jusqu'à la dernière, paya les traites avec la même exactitude. Il vint même deux remboursements qu'avait prévus M. Morrel, et que Coclès paya avec la même ponctualité que les traites qui étaient personnelles à l'armateur. On n'y comprenait plus rien, et l'on remettait, avec la ténacité particulière aux prophètes de mauvaises nouvelles, la faillite à la fin de septembre.

Le 1er, Morrel arriva : il était attendu par toute sa famille avec une grande anxiété; de ce voyage à Paris devait surgir sa dernière voie de salut; Morrel avait pensé à Danglars, aujourd'hui millionnaire et autrefois son obligé, puisque c'était à la recommandation de Morrel que Danglars était entré au service du banquier espagnol chez lequel il avait commencé son immense fortune. Aujourd'hui Danglars, disait-on, avait six ou huit millions à lui, un crédit illimité; Danglars, sans tirer un écu de sa poche, pouvait sauver Morrel : il n'avait qu'à garantir un emprunt, et Morrel était sauvé. Morrel avait depuis longtemps pensé à Danglars; mais il y a de ces répulsions instinctives dont on n'est pas maître, et Morrel avait tardé autant qu'il lui avait été possible de recourir à ce suprême moyen. Et Morrel avait eu raison, car il était revenu brisé sous l'humiliation d'un refus.

Aussi, à son retour, Morrel n'avait-il exhalé aucune plainte, proféré aucune récrimination : il avait embrassé en pleurant sa femme et sa fille, avait tendu une main amicale à Emmanuel, s'était enfermé dans un cabinet du second, et avait demandé Coclès.

— Pour cette fois, avaient dit les deux femmes à Emmanuel, nous sommes perdus.

Puis, dans un court conciliabule tenu entre elles, il avait été convenu que Julie écrirait à son frère, en garnison à Nîmes, d'arriver à l'instant même.

Les pauvres femmes sentaient instinctivement qu'elles avaient besoin de toutes leurs forces pour soutenir le coup qui les menaçait.

D'ailleurs, Maximilien Morrel, quoique âgé de vingt deux ans à peine, avait déjà une grande influence sur son père.

C'était un jeune homme ferme et droit. Au moment où il s'était agi d'embrasser une carrière, son père n'avait point voulu lui imposer d'avance un avenir et avait consulté les goûts du jeune Maximilien. Celui-ci avait alors déclaré qu'il voulait suivre la carrière militaire; il avait fait, en conséquence, d'excellentes études, était entré par le concours à l'École polytechnique, et en était sorti sous-lieutenant au 53e de ligne. Depuis un an il occupait ce grade, et avait promesse d'être nommé lieutenant à la première occasion. Dans le régiment, Maximilien Morrel était cité comme le rigide observateur, non-seulement de toutes les obligations imposées au soldat, mais encore de tous les devoirs proposés à l'homme, et on ne l'appelait que le *stoïcien*. Il va sans dire que beaucoup de ceux qui lui donnaient cette épithète la répétaient pour l'avoir entendue, et ne savaient pas même ce qu'elle voulait dire.

C'était ce jeune homme que sa mère et sa sœur appelaient à leur aide pour les soutenir dans la circonstance grave où elles sentaient qu'elles allaient se trouver.

Elles ne s'étaient pas trompées sur la gravité de cette circonstance, car, un instant après que M. Morrel fut entré dans son cabinet avec Coclès, Julie en vit sortir ce dernier pâle, tremblant, et le visage tout bouleversé.

Elle voulut l'interroger comme il passait près d'elle; mais le brave homme, continuant de descendre l'escalier avec une précipitation qui ne lui était pas habituelle, se contenta de s'écrier en levant les bras au ciel :

— Oh! mademoiselle! mademoiselle! quel affreux malheur! et qui jamais aurait cru cela?

Un instant après, Julie le vit remonter portant deux ou trois gros registres, un portefeuille et un sac d'argent.

Morrel consulta les registres, ouvrit le portefeuille, compta l'argent.

Toutes ses ressources montaient à six ou huit mille francs, ses rentrées jusqu'au 5 à quatre ou cinq mille; ce qui faisait, en cotant au plus haut, un actif de quatorze mille francs pour faire face à une traite de deux cent quatre-vingt-sept mille cinq cents francs. Il n'y avait pas même moyen d'offrir un pareil à-compte.

Cependant, lorsque Morrel descendit pour dîner, il paraissait assez calme. Ce calme effraya plus les deux femmes que n'aurait pu le faire le plus profond abattement.

Après le dîner, Morrel avait l'habitude de sortir; il allait prendre son café au cercle des Phocéens et lire le *Sémaphore;* ce jour-là il ne sortit point et remonta dans son bureau.

Quant à Coclès, il paraissait complétement hébété. Pendant une partie de la journée il s'était tenu dans la cour, assis sur une pierre, la tête nue, par un soleil de trente degrés.

Emmanuel essayait de rassurer les femmes, mais il était mal éloquent. Le jeune homme était trop au courant des affaires de la maison pour ne pas sentir qu'une grande catastrophe pesait sur la famille Morrel.

La nuit vint : les deux femmes avaient veillé, espérant qu'en descendant de son cabinet Morrel entrerait chez elles; mais elles l'entendirent passer devant leur porte, allégeant son pas dans la crainte sans doute d'être appelé.

Elles prêtèrent l'oreille, il rentra dans sa chambre et ferma sa porte en dedans.

Madame Morrel envoya coucher sa fille; puis, une demi-heure après que Julie se fut retirée, elle se leva, ôta ses souliers et se glissa dans le corridor pour voir par la serrure ce que faisait son mari.

Dans le corridor elle aperçut une ombre qui se retirait : c'était Julie qui, inquiète elle-même, avait précédé sa mère.

La jeune fille alla à madame Morrel.

— Il écrit, dit-elle.

Les deux femmes s'étaient devinées sans se parler.

Madame Morrel s'inclina au niveau de la serrure. En effet, Morrel écrivait; mais, ce que n'avait pas remarqué sa fille, madame Morrel le remarqua, elle, c'est que son mari écrivait sur du papier marqué.

Cette idée terrible lui vint qu'il faisait son testament; elle frissonna de tous ses membres, et cependant elle eut la force de ne rien dire.

Le lendemain M. Morrel paraissait tout à fait calme, il se tint dans son bureau comme à l'ordinaire, descendit pour déjeuner comme d'habitude, seulement après son dîner il fit asseoir sa fille près de lui, prit la tête de l'enfant dans ses bras et la tint longtemps contre sa poitrine.

Le soir, Julie dit à sa mère que, quoique calme en apparence, elle avait remarqué que le cœur de son père battait violemment.

Les deux autres jours s'écoulèrent à peu près pareils. Le 4 septembre au soir, M. Morrel redemanda à sa fille la clef de son cabinet.

Julie tressaillit à cette demande, qui lui sembla sinistre. Pourquoi son père lui redemandait-il cette clef qu'elle avait toujours eue, et qu'on ne lui reprenait dans son enfance que lorsqu'on voulait la punir?

La jeune fille regarda M. Morrel.

— Qu'ai-je donc fait de mal, mon père, dit-elle, pour que vous me repreniez cette clef?

— Rien, mon enfant, répondit le malheureux Morrel, à qui cette demande si simple fit jaillir les larmes des yeux, rien, seulement j'en ai besoin.

Julie fit semblant de chercher la clef.

— Je l'aurai laissée chez moi, dit-elle.

Et elle sortit; mais, au lieu d'aller chez elle, elle descendit et courut consulter Emmanuel.

— Ne rendez pas cette clef à votre père, dit celui-ci, et, demain matin, s'il est possible, ne le quittez pas.

Elle essaya de questionner Emmanuel; mais celui-ci ne savait rien autre chose, ou ne voulait pas dire autre chose.

Pendant toute la nuit du 4 au 5 septembre, madame Morrel resta l'oreille collée contre la boiserie. Jusqu'à trois heures du matin, elle entendit son mari marcher avec agitation dans sa chambre.

A trois heures seulement il se jeta sur son lit.

Les deux femmes passèrent la nuit ensemble. Depuis la veille au soir elles attendaient Maximilien.

A huit heures, M. Morrel entra dans leur chambre. Il était calme; mais l'agitation de la nuit se lisait sur son visage pâle et défait.

Les femmes n'osèrent lui demander s'il avait bien dormi.

Morrel fut meilleur pour sa femme et plus paternel pour sa fille qu'il n'avait jamais été. Il ne pouvait se rassasier de regarder et d'embrasser la pauvre enfant.

Julie se rappela la recommandation d'Emmanuel et voulut suivre son père lorsqu'il sortit; mais celui-ci la repoussant avec douceur :

— Reste près de ta mère, lui dit-il

Julie voulait insister.

— Je le veux, dit Morrel.

C'était la première fois que Morrel disait à sa fille : Je le veux; mais il le disait avec un accent empreint d'une si paternelle douceur, que Julie n'osa faire un pas en avant.

Elle resta à la même place, debout, muette et immobile. Un instant après, la porte se rouvrit, elle sentit deux bras qui l'entouraient, et une bouche qui se collait à son front.

Elle leva les yeux et poussa une exclamation de joie.

— Maximilien, mon frère! s'écria-t-elle.

A ce cri, madame Morrel accourut et se jeta dans les bras de son fils.

— Ma mère! dit le jeune homme en regardant alternativement madame Morrel et sa fille, qu'il y a-t-il donc et que se passe-t-il? votre lettre m'a épouvanté et j'accours.

— Julie, dit madame Morrel en faisant signe au jeune homme, va dire à ton père que Maximilien vient d'arriver.

La jeune fille se lança hors de l'appartement; mais, sur la première marche de l'escalier, elle trouva un homme tenant une lettre à la main.

— N'êtes-vous pas mademoiselle Julie Morrel? dit cet homme avec un accent italien des plus prononcés.

— Oui, monsieur, répondit Julie toute balbutiante, mais que me voulez-vous? je ne vous connais pas.

— Lisez cette lettre, dit l'homme en lui tendant un billet.

Julie hésitait.

— Il y va du salut de votre père, dit le messager.

La jeune fille lui arracha le billet des mains.

Puis elle l'ouvrit vivement et lut :

« Rendez-vous à l'instant même aux Allées de Meilhan, entrez dans la maison n° 15, demandez à la concierge la clef de la chambre du cinquième, entrez dans cette chambre, prenez sur le coin de la cheminée une bourse en filet de soie rouge, et apportez cette bourse à votre père.

« Il est important qu'il l'ait avant onze heures.

« Vous avez promis de m'obéir aveuglément, je vous rappelle votre promesse.

« Simbad le Marin. »

La jeune fille poussa un cri de joie, leva les yeux, chercha, pour l'interroger, l'homme qui lui avait remis ce billet, mais il avait disparu.

Elle reporta alors les yeux sur le billet pour le lire une seconde fois.

Elle reporta alors les yeux sur le billet pour le lire une seconde fois, et s'aperçut qu'il avait un *post-scriptum.*

Elle lut :

« Il est important que vous remplissiez cette mission en personne et seule; si vous veniez accompagnée ou qu'une autre que vous se présentât, le concierge répondrait qu'il ne sait pas ce qu'on veut dire. »

Ce *post-scriptum* fut une puissante correction à la joie de la jeune fille. N'avait-elle rien à craindre, n'était-ce pas quelque piége qu'on lui tendait? Son innocence lui laissait ignorer quels étaient les dangers que pouvait courir une jeune fille de son âge, mais on n'a pas besoin de connaître le danger pour craindre; il y a même une chose à remarquer, c'est que ce sont justement les dangers inconnus qui inspirent les plus grandes terreurs.

Julie hésitait, elle résolut de demander conseil.

Mais, par un sentiment étrange, ce ne fut ni à sa mère ni à son frère qu'elle eut recours, ce fut à Emmanuel.

Coclès.

Elle descendit, lui raconta ce qui lui était arrivé le jour où le mandataire de la maison Thomson et French était venu chez son père; elle lui dit la scène de l'escalier, lui répéta la promesse qu'elle avait faite et lui montra la lettre.

— Il faut y aller, mademoiselle, dit Emmanuel.

— Y aller? murmura Julie.

— Oui, je vous y accompagnerai.

— Mais vous n'avez pas vu que je dois être seule? dit Julie.

— Vous serez seule aussi, répondit le jeune homme; moi, je vous attendrai au coin de la rue du Musée; et, si vous tardez de façon à me donner quelque inquiétude, alors j'irai vous rejoindre, et, je vous en réponds, malheur à ceux dont vous me diriez que vous auriez eu à vous plaindre!

— Ainsi, Emmanuel, reprit en hésitant la jeune fille, votre avis est donc que je me rende à cette invitation?

— Oui. Le messager ne vous a-t-il pas dit qu'il y allait du salut de votre père?

— Mais enfin, Emmanuel, quel danger court-il donc? demanda la jeune fille.

Emmanuel hésita un instant, mais le désir de décider la jeune fille d'un seul coup et sans retard l'emporta.

— Écoutez, lui dit-il, c'est aujourd'hui le 5 septembre, n'est-ce pas?

— Oui.

— Aujourd'hui, à onze heures, votre père a près de trois cent mille francs à payer.

— Oui, nous le savons.

— Eh bien! dit Emmanuel, il n'en a pas quinze mille en caisse.

— Alors, que va-t-il donc arriver?

— Il va arriver que si aujourd'hui, avant onze heures, votre père n'a pas trouvé quelqu'un qui lui vienne en aide, à midi votre père sera obligé de se déclarer en banqueroute.

— Oh! venez! venez! s'écria la jeune fille en entraînant le jeune homme avec elle.

Pendant ce temps, madame Morrel avait tout dit à son fils.

Le jeune homme savait bien qu'à la suite des malheurs successifs qui étaient arrivés à son père, de grandes réformes avaient été faites dans les dépenses de la maison; mais il ignorait que les choses en fussent arrivées à ce point.

Il demeura anéanti.

Puis tout à coup il s'élança hors de l'appartement, monta rapidement l'escalier, car il croyait son père à son cabinet, mais il frappa vainement.

Comme il était à la porte de ce cabinet, il entendit celle de l'appartement s'ouvrir; il se retourna et vit son père. Au lieu de remonter droit à son cabinet, M. Morrel était rentré dans sa chambre et en sortait seulement maintenant

M. Morrel poussa un cri de surprise en apercevant Maximilien; il ignorait l'arrivée du jeune homme. Il demeura immobile à la même place, serrant avec son bras gauche un objet qu'il tenait caché sous sa redingote.

Maximilien descendit vivement l'escalier et se jeta au cou de son père; mais tout à coup il se recula, laissant sa main droite seulement appuyée sur la poitrine de Morrel.

— Mon père! dit-il en devenant pâle comme la mort, pourquoi avez-vous donc une paire de pistolets sous votre redingote?

— Oh! voilà ce que je craignais! dit Morrel.

— Mon père! mon père! au nom du ciel! s'écria le jeune homme, pourquoi ces armes?

— Maximilien, répondit Morrel en regardant fixement son fils, tu es un homme, et un homme d'honneur; viens, je vais te le dire.

Et Morrel monta d'un pas assuré à son cabinet, tandis que Maximilien le suivait en chancelant.

Morrel ouvrit la porte et la referma derrière son fils, puis il traversa l'antichambre, s'approcha du bureau, déposa ses pistolets sur le coin de la table, et montra du bout du doigt à son fils un registre ouvert.

Sur ce registre était consigné l'état exact de la situation.

Morrel avait à payer dans une demi-heure deux cent quatre-vingt-sept mille cinq cents francs.

— Lis, dit Morrel.

Le jeune homme lut et resta un moment comme écrasé.

Morrel ne disait pas une parole : qu'aurait-il pu dire qui ajoutât à l'inexorable arrêt des chiffres?

— Et vous avez tout fait, mon père, dit au bout d'un instant le jeune homme, pour aller au-devant de ce malheur!

— Oui, répondit Morrel.

— Vous ne comptez sur aucune rentrée?

— Sur aucune.

— Vous avez épuisé toutes vos ressources?

— Toutes.

— Et dans une demi-heure, dit Maximilien d'une voix sombre, notre nom est déshonoré!

— Le sang lave le déshonneur, dit Morrel.

— Vous avez raison, mon père, et je vous comprends.

Puis étendant la main vers les pistolets :

— Il y en a un pour vous et un pour moi, dit-il; merci!

Morrel lui arrêta la main.

— Et ta mère... et ta sœur... qui les nourrira?

Un frisson courut par tout le corps du jeune homme.

— Mon père! dit-il, songez-vous que vous me dites de vivre?

— Oui, je te le dis, reprit Morrel, car c'est ton devoir; tu as l'esprit calme et fort, Maximilien... Maximilien, tu n'es pas un homme ordinaire; je ne te commande rien, je ne t'ordonne rien; seulement, je te dis : — Examine la situation comme si tu y étais étranger, et juge-la toi-même.

Le jeune homme réfléchit un instant, puis une expression de résignation sublime passa dans ses yeux; seulement il ôta d'un mouvement lent et triste son épaulette et sa contre-épaulette, insignes de son grade

— C'est bien, dit-il en tendant la main à Morrel, mourez en paix, mon père! je vivrai.

Morrel fit un mouvement pour se jeter aux genoux de son fils. Maximilien l'attira à lui, et ces deux nobles cœurs battirent un instant l'un contre l'autre.

— Tu sais qu'il n'y a pas de ma faute? dit Morrel.

Maximilien sourit.

— Je sais, mon père, que vous êtes le plus honnête homme que j'aie jamais connu.

— C'est bien, tout est dit; maintenant, retourne près de ta mère et de ta sœur.

— Mon père, dit le jeune homme en fléchissant le genou, bénissez moi!

Morrel saisit la tête de son fils entre ses deux

mains, l'approcha de lui, et y imprimant plusieurs fois ses lèvres :

— Oh! oui! oui! dit-il, je te bénis en mon nom et au nom de trois générations d'hommes irréprochables; écoute donc ce qu'ils te disent par ma voix : — L'édifice que le malheur a détruit, la Providence peut le rebâtir. En me voyant mort d'une pareille mort, les plus inexorables auront pitié de toi; à toi peut-être on donnera le temps qu'on m'aurait refusé; alors tâche que le mot *infâme* ne soit pas prononcé; mets-toi à l'œuvre, travaille, jeune homme, lutte ardemment et courageusement; vis, toi, ta mère et ta sœur, du strict nécessaire, afin que, jour par jour, le bien de ceux à qui je dois s'augmente et fructifie entre tes mains. Songe que ce sera un beau jour, un grand jour, un jour solennel, que celui de la réhabilitation, le jour où, dans ce même bureau, tu diras : — Mon père est mort, parce qu'il ne pouvait pas faire ce que je fais aujourd'hui; mais il est mort tranquille et calme, parce qu'il savait en mourant que je le ferais.

— Oh! mon père! mon père! s'écria le jeune homme, si cependant vous pouviez vivre!

— Si je vis, tout change; si je vis, l'intérêt se change en doute, la pitié en acharnement; si je vis, je ne suis plus qu'un homme qui a manqué à sa parole, qui a failli à ses engagements; je ne suis plus qu'un banqueroutier enfin. Si je meurs, au contraire, songes-y, Maximilien, mon cadavre n'est plus que celui d'un honnête homme malheureux. Vivant, mes meilleurs amis évitent ma maison; mort, Marseille tout entier me suit jusqu'à ma dernière demeure; vivant, tu as honte de mon nom; mort, tu lèves haut la tête, et tu dis :

— Je suis le fils de celui qui s'est tué, parce que, pour la première fois, il a été forcé de manquer à sa parole.

Le jeune homme poussa un gémissement, mais il parut résigné. C'était la seconde fois que la conviction rentrait non pas dans son cœur, mais dans son esprit.

— Et maintenant, dit Morrel, laisse-moi seul et tâche d'éloigner les femmes.

— Ne voulez-vous pas revoir ma sœur? demanda Maximilien.

Un dernier et sourd espoir était caché pour le jeune homme dans cette entrevue; voilà pourquoi il la proposait.

M. Morrel secoua la tête.

— Je l'ai vue ce matin, dit-il, et je lui ai dit adieu.

— N'avez-vous pas quelque recommandation particulière à me faire, mon père? demanda Maximilien d'une voix altérée.

— Si fait, mon fils, une recommandation sacrée.

— Dites, mon père.

— La maison Thomson et French est la seule qui par humanité, par égoïsme peut-être, mais ce n'est pas à moi à lire dans le cœur des hommes, a eu pitié de moi. Son mandataire, celui qui, dans dix minutes, se présentera pour toucher le montant d'une traite de deux cent quatre-vingt sept mille cinq cents francs, je ne dirai pas m'a accordé, mais m'a offert trois mois. Que cette maison soit remboursée la première, mon fils, que cet homme te soit sacré.

— Oui, mon père, dit Maximilien.

— Et maintenant encore une fois adieu, dit Morrel, va, va, j'ai besoin d'être seul; tu trouveras mon testament dans le secrétaire de ma chambre à coucher.

Le jeune homme resta debout et inerte, n'ayant qu'une force de volonté, mais pas d'exécution.

— Écoute, Maximilien, dit son père, suppose que je sois soldat comme toi, que j'aie reçu l'ordre d'emporter une redoute, et que tu saches que je doive être tué en l'emportant, ne me dirais-tu pas ce que tu me disais tout à l'heure : — Allez, mon père, car vous vous déshonorez en restant, et mieux vaut la mort que la honte!

— Oui! oui! dit le jeune homme, oui. Et, serrant convulsivement Morrel dans ses bras :

— Allez, mon père, dit-il.

Et il s'élança hors du cabinet.

Quand son fils fut sorti, Morrel resta un instant debout et les yeux fixés sur la porte; puis il allongea la main, trouva le cordon d'une sonnette et sonna.

Au bout d'un instant, Coclès parut.

Ce n'était plus le même homme, ces trois jours de conviction l'avaient brisé. Cette pensée : — La maison Morrel va cesser ses payements, le courbait vers la terre plus que ne l'eussent fait vingt autres années sur sa tête.

— Mon bon Coclès! dit Morrel avec un accent dont il serait impossible de rendre l'expression, tu vas rester dans l'antichambre. Quand ce monsieur, qui est déjà venu il y a trois mois, tu le sais, le mandataire de la maison Thomson et French va venir, tu l'annonceras.

Coclès ne répondit point; il fit un signe de tête, alla s'asseoir dans l'antichambre, et attendit.

Morrel retomba sur sa chaise; ses yeux se portèrent vers la pendule : il lui restait sept minutes, voilà tout; l'aiguille marchait avec une rapidité incroyable; il lui semblait qu'il la voyait aller.

Ce qui se passa alors, et dans ce moment suprême, dans l'esprit de cet homme, qui, jeune encore, à la suite d'un raisonnement faux peut-être, mais spécieux du moins, allait se séparer de tout ce qu'il aimait au monde et quitter la vie, qui avait pour lui toutes les douceurs de la famille, est impossible à exprimer; il eût fallu voir, pour en prendre une idée, son front couvert de sueur et cependant résigné, ses yeux mouillés de larmes et cependant levés au ciel.

L'aiguille marchait toujours, les pistolets étaient

tout chargés; il allongea la main, en prit un, et murmura le nom de sa fille.

Puis il posa l'arme mortelle, prit la plume et écrivit quelques mots.

Il lui semblait alors qu'il n'avait pas assez dit adieu à son enfant chérie.

Puis il se retourna vers la pendule; il ne comptait plus par minutes, mais par secondes.

Il reprit l'arme, la bouche entr'ouverte et les yeux fixés sur l'aiguille; puis il tressaillit au bruit qu'il faisait lui-même en armant le chien.

En ce moment, une sueur plus froide lui passa sur le front, une angoisse plus mortelle lui serra le cœur.

Il entendit la porte de l'escalier crier sur ses gonds.

Puis s'ouvrir celle de son cabinet.

La pendule allait sonner onze heures.

Morrel ne se retourna point; il attendait ces mots de Coclès :

« Le mandataire de la maison Thomson et French. »

Et il approchait l'arme de sa bouche.

Tout à coup il entendit un cri... c'était la voix de sa fille...

Il se retourna et aperçut Julie; le pistolet lui échappa des mains.

— Mon père! s'écria la jeune fille hors d'haleine et presque mourante de joie, sauvé! vous êtes sauvé!

Et elle se jeta dans ses bras en élevant à la main une bourse rouge en filet de soie.

— Sauvé, mon enfant! dit Morrel; que veux-tu dire?

— Oui, sauvé! voyez, voyez, dit la jeune fille.

Morrel prit la bourse et tressaillit, car un vague souvenir lui rappela cet objet pour lui avoir appartenu.

D'un côté était la traite de deux cent quatre-vingt-sept mille cinq cents francs.

La traite était acquittée.

De l'autre était un diamant de la grosseur d'une noisette, avec ces trois mots écrits sur un petit morceau de parchemin :

« Dot de Julie. »

Morrel passa sa main sur son front : il croyait rêver.

En ce moment la pendule sonna onze heures.

Le timbre vibrait pour lui comme si chaque coup du marteau d'acier vibrait sur son propre cœur.

— Voyons, mon enfant, dit-il, explique-toi. Où as-tu trouvé cette bourse?

— Dans une maison des Allées de Meilhan, au n° 15, sur le coin de la cheminée d'une pauvre petite chambre, au cinquième étage.

— Mais, s'écria Morrel, cette bourse n'est pas à toi!

Julie tendit à son père la lettre qu'elle avait reçue le matin.

— Et tu as été seule dans cette maison? dit Morrel après avoir lu.

— Emmanuel m'accompagnait, mon père. Il devait m'attendre au coin de la rue du Musée; mais, chose étrange, à mon retour il n'y était plus.

— Monsieur Morrel! s'écria une voix dans l'escalier, monsieur Morrel!

— C'est sa voix, dit Julie.

En même temps, Emmanuel entra, le visage bouleversé de joie et d'émotion.

— Le *Pharaon!* s'écria-t-il; le *Pharaon!*

— Eh bien! quoi? le *Pharaon!* êtes-vous fou, Emmanuel? Vous savez bien qu'il est perdu.

— Le *Pharaon!* monsieur, on signale le *Pharaon!* le *Pharaon* entre dans le port.

Morrel retomba sur sa chaise, les forces lui manquaient; son intelligence se refusait à classer cette suite d'événements incroyables, inouïs, fabuleux.

Mais son fils entra à son tour :

— Mon père! s'écria Maximilien, que disiez-vous donc que le *Pharaon* était perdu? La vigie l'a signalé, et il entre, dit-on, dans le port.

— Mes amis, dit Morrel, si cela était, il faudrait croire à un miracle de Dieu! Impossible! impossible!

Mais ce qui était réel et non moins incroyable, c'était cette bourse qu'il tenait dans ses mains, c'était cette lettre de change acquittée, c'était ce magnifique diamant.

— Ah! monsieur, dit Coclès à son tour, qu'est-ce que cela veut dire, le *Pharaon?*

— Allons! mes enfants, dit Morrel en se soulevant, allons voir, et que Dieu ait pitié de nous, si c'est une fausse nouvelle.

Ils descendirent; au milieu de l'escalier attendait madame Morrel : la pauvre femme n'avait pas osé monter.

En un instant ils furent à la Cannebière.

Il y avait foule sur le port.

Toute cette foule s'ouvrit devant Morrel.

— Le *Pharaon!* le *Pharaon!* disaient toutes ces voix.

En effet, chose merveilleuse, inouïe, en face de la tour Saint-Jean un bâtiment, portant sur sa poupe ces mots écrits en lettres blanches : — le *Pharaon;* Morrel et fils de Marseille, — absolument de la contenance de l'autre *Pharaon*, et chargé comme l'autre de cochenille et d'indigo, jetait à l'ancre et carguait ses voiles; sur le pont, le capitaine Gaumard donnait ses ordres, et maître Penelon faisait des signes à M. Morrel.

Il n'y avait plus à en douter : le témoignage des sens était là, et dix mille personnes venaient en aide à ce témoignage.

Comme Morrel et son fils s'embrassaient sur la jetée aux applaudissements de toute la ville témoin de ce prodige, un homme, dont le visage était à moitié couvert par une barbe noire, et qui, caché derrière

— Sois heureux, noble cœur; sois béni pour tout le bien que tu as fait et que tu feras encore.

la guérite d'un factionnaire, contemplait cette scène avec attendrissement, murmura ces mots :

— Sois heureux, noble cœur; sois béni pour tout le bien que tu as fait et que tu feras encore, et que ma reconnaissance reste dans l'ombre comme ton bienfait.

Et, avec un sourire où la joie et le bonheur se révélaient, il quitta l'abri où il était caché, et, sans que personne fît attention à lui, tant chacun était préoccupé de l'événement du jour, il descendit un de ces petits escaliers qui servent de débarcadère, et héla trois fois :

— Jacopo! Jacopo! Jacopo!

Alors une chaloupe vint à lui, le reçut à bord, et le conduisit à un yacht richement gréé, sur le pont duquel il s'élança avec la légèreté d'un marin; de là, il regarda encore une fois Morrel, qui, pleurant de joie, distribuait de cordiales poignées de main à toute cette foule, et remerciait d'un vague regard ce bienfaiteur inconnu qu'il semblait chercher au ciel.

— Et maintenant, dit l'homme inconnu, adieu bonté, humanité, reconnaissance... Adieu à tous les sentiments qui épanouissent le cœur! Je me suis substitué à la Providence pour récompenser les bons... maintenant, que le Dieu vengeur me cède sa place pour punir les méchants!

A ces mots, il fit un signal; et, comme s'il n'eût attendu que ce signal pour partir, le yacht prit aussitôt la mer.

CHAPITRE VIII.

ITALIE. — SIMBAD LE MARIN.

Vers le commencement de l'année 1838 se trouvaient à Florence deux jeunes gens appartenant à la plus élégante société de Paris, l'un le vicomte Albert de Morcerf, l'autre le baron Franz d'Épinay. Il avait été convenu entre eux qu'ils iraient passer le carnaval de la même année à Rome, où Franz, qui depuis près de quatre ans habitait l'Italie, servirait de cicérone à Albert.

Or, comme ce n'est pas une petite affaire que d'aller passer le carnaval à Rome, surtout quand on tient à ne pas coucher place du Peuple ou dans le Campo-Vaccino, ils écrivirent à maître Pastrini, propriétaire de l'hôtel de Londres, place d'Espagne, pour le prier de leur retenir un appartement confortable.

Maître Pastrini répondit qu'il n'avait plus à leur disposition que deux chambres et un cabinet situés *al secundo piano,* et qu'il offrait moyennant la modique rétribution d'un louis par jour. Les deux jeunes gens acceptèrent; puis, voulant mettre à profit le temps qui lui restait, Albert partit pour Naples. Quant à Franz, il resta à Florence.

Quand il eut joui quelque temps de la vie que donne la ville des Médicis, quand il se fut bien promené dans cet Éden qu'on nomme les Casines, quand il eut été reçu chez ces hôtes magnifiques qui font les honneurs de Florence, il lui prit fantaisie, ayant déjà vu la Corse, ce berceau de Bonaparte, d'aller voir l'île d'Elbe, ce grand relais de Napoléon.

Un soir donc, il détacha une barchetta de l'anneau de fer qui la scellait au port de Livourne, se coucha au fond dans son manteau, en disant aux mariniers ces seules paroles : — « A l'île d'Elbe! »

La barque quitta le port comme l'oiseau de mer quitte son nid, et le lendemain elle débarquait Franz à Porto-Ferrajo.

Franz traversa l'île impériale après avoir suivi toutes les traces que les pas du géant y ont laissées, et alla s'embarquer à Marciana.

Deux heures après avoir quitté la terre, il la reprit pour descendre à la Pianosa, où l'attendaient, assurait-on, des vols infinis de perdrix rouges.

La chasse fut mauvaise. Franz tua à grand'peine quelques perdrix maigres, et, comme tout chasseur qui s'est fatigué pour rien, il remonta dans sa barque d'assez mauvaise humeur.

— Ah! si Votre Excellence voulait, lui dit le patron, elle ferait une belle chasse!

— Et où cela?

— Voyez-vous cette île? continua le patron en étendant le doigt vers le midi et en montrant une masse conique qui sortait du milieu de la mer teintée du plus bel indigo.

— Eh bien! qu'est-ce que cette île? demanda Franz.

— L'île de Monte-Christo, répondit le Livournais.

— Mais je n'ai pas de permission pour chasser dans cette île.

— Votre Excellence n'en a pas besoin, l'île est déserte.

— Ah! pardieu! dit le jeune homme, une île déserte au milieu de la Méditerranée, c'est chose curieuse!

— Et chose naturelle, Excellence. Cette île est un banc de rochers, et, dans toute son étendue, il n'y a peut-être pas un arpent de terre labourable.

— Et à qui appartient cette île?

— A la Toscane.

— Quel gibier y trouverai-je?

— Des milliers de chèvres sauvages.

— Qui vivent en léchant les pierres? dit Franz avec un sourire d'incrédulité.

— Non, mais en broutant les bruyères, les myrtes, les lentisques, qui poussent dans leurs intervalles.

— Mais où coucherai-je?

A terre dans les grottes, ou à bord dans votre manteau. D'ailleurs, si Son Excellence veut, nous pourrons partir aussitôt après la chasse; elle sait que nous faisons aussi bien voile la nuit que le jour, et qu'à défaut de la voile nous avons les rames.

Comme il restait encore assez de temps à Franz pour rejoindre son compagnon, et qu'il n'avait plus à s'inquiéter de son logement à Rome, il accepta cette proposition de se dédommager de sa première chasse.

Sur sa réponse affirmative, les matelots échangèrent entre eux quelques paroles à voix basse.

— Eh bien! demanda t-il, qu'avons-nous de nouveau? serait-il survenu quelque impossibilité?

— Non, reprit le patron; mais nous devons prévenir Votre Excellence que l'île est en contumace.

— Qu'est-ce que cela veut dire?

— Cela veut dire que, comme Monte-Christo est inhabitée, et sert parfois de relâche à des contrebandiers et à des pirates qui viennent de Corse, de Sardaigne ou d'Afrique, si un signe quelconque dénonce notre séjour dans l'île, nous serons forcés, à notre retour à Livourne, de faire une quarantaine de six jours.

— Diable! voilà qui change la thèse! six jours! Juste autant qu'il en a fallu à Dieu pour créer le monde. C'est un peu long, mes enfants.

— Mais qui dira que Son Excellence a été à Monte-Christo?

— Oh! ce n'est pas moi! s'écria Franz.

— Ni nous non plus, firent les matelots.

— En ce cas, va pour Monte-Christo.

Le patron commanda la manœuvre; on mit le cap sur l'île, et la barque commença de voguer dans sa direction.

Franz laissa l'opération s'achever, et, quand on eut pris la nouvelle route, quand la voile se fut gonflée par la brise, et que les quatre mariniers eurent repris leurs places, trois à l'avant, un au gouvernail, il renoua la conversation.

— Mon cher Gaetano, dit-il au patron, vous venez de me dire, je crois, que l'île de Monte-Christo servait de refuge à des pirates, ce qui me paraît un bien autre gibier que des chèvres.

— Oui, Excellence, et c'est la vérité.

— Je savais bien l'existence des contrebandiers, mais je pensais que, depuis la prise d'Alger et la destruction de la régence, les pirates n'existaient plus que dans les romans de Cooper et du capitaine Marryat.

— Eh bien! Votre Excellence se trompait; il en est des pirates comme des bandits qui sont censés exterminés par le pape Léon XII, et qui cependant arrêtent tous les jours les voyageurs jusqu'aux portes de Rome. N'avez-vous pas entendu dire qu'il y a six mois à peine le chargé d'affaires de France près le saint-siége avait été dévalisé à cinq cents pas de Velletri?

— Si fait.

— Eh bien! si, comme nous, Votre Excellence habitait Livourne, elle entendrait dire de temps en temps qu'un petit bâtiment chargé de marchandises ou qu'un joli yacht anglais qu'on attendait à Bastia, à Porto-Ferrajo ou à Civita-Vecchia, n'est point arrivé, qu'on ne sait ce qu'il est devenu, et que, sans doute, il se sera brisé contre quelque rocher. Eh

G .etano.

bien! ce rocher qu'il a rencontré, c est une barque basse et étroite, montée de six ou huit hommes, qui l'ont surpris ou pillé, par une nuit sombre et orageuse, au détour de quelque îlot sauvage et inhabité, comme des bandits arrêtent et pillent une chaise de poste au coin d'un bois.

— Mais enfin, reprit Franz toujours étendu dans sa barque, comment ceux à qui pareil accident arrive ne se plaignent-ils pas, comment n'appellent-ils pas sur ces pirates la vengeance du gouvernement français, sarde ou toscan?

— Pourquoi? dit Gaetano avec un sourire.

— Oui, pourquoi?

— Parce que, d'abord, on transporte du bâtiment ou du yacht sur la barque tout ce qui est bon à prendre; puis on lie les pieds et les mains à l'équipage, on attache au cou de chaque homme un boulet de 24, on fait un trou de la grandeur d'une barrique dans la quille du bâtiment capturé, on remonte sur le pont, on ferme les écoutilles et l'on passe sur la barque. Au bout de dix minutes, le bâtiment commence à se plaindre et à gémir, peu à peu il s'enfonce. D'abord un des côtés plonge, puis l'autre; puis il se relève, puis il replonge encore,

Franz d'Epinay.

s'enfonçant toujours davantage. Tout à coup un bruit pareil à un coup de canon retentit : c'est l'air qui brise le pont. Alors le bâtiment s'agite comme un noyé qui se débat, s'alourdissant à chaque mouvement. Bientôt l'eau, trop pressée dans les cavités, s'élance des ouvertures, pareille aux colonnes liquides que jetterait par ses évents quelque cachalot gigantesque. Enfin il pousse un dernier râle, fait un dernier tour sur lui-même, et s'engouffre en creusant dans l'abîme un vaste entonnoir qui tournoie un instant, se comble peu à peu et finit par s'effacer tout à fait, si bien qu'au bout de cinq minutes il faut l'œil de Dieu lui-même pour aller chercher au fond de cette mer calme le bâtiment disparu.

Comprenez-vous maintenant, ajouta le patron en souriant, comment le bâtiment ne rentre pas dans le port, et pourquoi l'équipage ne porte pas plainte?

Si Gaetano eût raconté la chose avant de proposer l'expédition, il est probable que Franz eût regardé à deux fois avant de l'entreprendre ; mais ils étaient partis, et il lui sembla qu'il y aurait lâcheté à reculer. C'était un de ces hommes qui ne courent pas à une occasion périlleuse, mais qui, si cette occasion vient au-devant d'eux, restent d'un sang-froid inaltérable pour la combattre : c'était un de ces hommes à la volonté calme, qui ne regardent un danger dans la vie que comme un adversaire dans un duel, qui calculent ses mouvements, qui étudient sa force, qui rompent assez pour reprendre haleine, pas assez pour paraître lâches, qui, comprenant d'un seul regard tous leurs avantages, tuent d'un seul coup.

— Bah! reprit-il, j'ai traversé la Sicile et la Calabre, j'ai navigué deux mois dans l'Archipel, et je n'ai jamais vu l'ombre d'un bandit ni d'un forban.

— Aussi n'ai-je pas dit cela à Son Excellence, fit Gaetano, pour la faire renoncer à son projet; elle m'a interrogé, et je lui ai répondu, voilà tout.

— Oui, mon cher Gaetano, et votre conversation est des plus intéressantes; aussi, comme je veux en jouir le plus longtemps possible, va pour Monte-Christo.

Cependant on approchait rapidement du terme du voyage, il ventait bon frais, et la barque faisait six à sept milles à l'heure. A mesure qu'on approchait, l'île semblait sortir grandissante du sein de la mer; et, à travers l'atmosphère limpide des derniers rayons du jour, on distinguait, comme les boulets dans un arsenal, cet amoncellement de rochers empilés les uns sur les autres, et dans les interstices desquels on voyait rougir les bruyères et verdir les arbres. Quant aux matelots, quoiqu'ils parussent parfaitement tranquilles, il était évident que leur vigilance était éveillée, et que leur regard interrogeait le vaste miroir sur lequel ils glissaient, et dont quelques barques de pêcheurs, avec leurs voiles blanches, peuplaient seules l'horizon, se balançant comme des mouettes au bout des flots.

Ils n'étaient plus guère qu'à une quinzaine de milles de Monte-Christo lorsque le soleil commença de se coucher derrière la Corse, dont les montagnes apparaissaient à droite, découpant sur le ciel leur sombre dentelure; cette masse de pierres, pareille au géant Adamastor, se dressait menaçante devant la barque, à laquelle elle dérobait le soleil dont la partie supérieure se dorait; peu à peu l'ombre monta de la mer et sembla chasser devant elle ce dernier reflet du jour qui allait s'éteindre; enfin le rayon lumineux fut repoussé jusqu'à la cime du cône, où il s'arrêta un instant comme le panache enflammé d'un volcan; enfin l'ombre, toujours ascendante, envahit progressivement le sommet comme elle avait envahi la base, et l'île n'apparut plus que comme une montagne grise qui allait toujours se rembrunissant. Une demi-heure après, il faisait nuit noire.

Heureusement que les mariniers étaient dans leurs parages habituels, et qu'ils connaissaient jusqu'au moindre rocher de l'archipel toscan; car, au milieu de l'obscurité profonde qui enveloppait la barque, Franz n'eût pas été tout à fait sans inquiétude. La Corse avait entièrement disparu, l'île de Monte-Christo était elle-même devenue invisible; mais les matelots semblaient avoir, comme le lynx, la faculté de voir dans les ténèbres, et le pilote, qui se tenait au gouvernail, ne marquait pas la moindre hésitation.

Une heure à peu près s'était écoulée depuis le coucher du soleil lorsque Franz crut apercevoir à un quart de mille à la gauche une masse sombre; mais il était si impossible de distinguer ce que c'était, que, craignant d'exciter l'hilarité de ses matelots en prenant quelques nuages flottants pour la terre ferme, il garda le silence. Mais tout à coup une grande lueur apparut sur la rive; la terre pouvait ressembler à un nuage, mais le feu n'était pas un météore.

— Qu'est-ce que cette lumière? demanda-t-il.

— Chut! dit le patron, c'est un feu.

— Mais vous disiez que l'île était inhabitée?

— Je disais qu'elle n'avait pas de population fixe, mais j'ai dit aussi qu'elle est un lieu de relâche pour les contrebandiers.

— Et pour les pirates?

— Et pour les pirates, dit Gaetano, répétant les paroles de Franz; c'est pour cela que j'ai donné l'ordre de passer l'île, car, ainsi que vous le voyez, le feu est derrière nous.

— Mais ce feu, continua Franz, me semble plutôt un motif de sécurité que d'inquiétude; des gens qui craindraient d'être vus n'auraient pas allumé ce feu.

— Oh! cela ne veut rien dire, fit Gaetano; si vous pouviez juger, au milieu de l'obscurité, de la position de l'île, vous verriez que, placé comme il l'est, ce feu ne peut être aperçu ni de la côte, ni de la Pianosa, mais seulement de la pleine mer.

— Ainsi vous craignez que ce feu ne nous annonce mauvaise compagnie?

— C'est ce dont il faudra s'assurer, reprit Gaetano, les yeux toujours fixés sur cette étoile terrestre.

— Et comment s'en assurer?

— Vous allez voir.

A ces mots, Gaetano tint conseil avec ses compagnons, et, au bout de cinq minutes de discussion, on exécuta en silence une manœuvre à l'aide de laquelle en un instant on eut viré de bord; alors on reprit la route qu'on venait de faire, et, quelques secondes après ce changement de direction, le feu disparut, caché par quelque mouvement de terrain.

Alors le pilote imprima par le gouvernail une nouvelle direction au petit bâtiment, qui se rapprocha visiblement de l'île, et qui bientôt ne s'en trouva plus éloigné que d'une cinquantaine de pas.

Gaetano abattit la voile, et la barque resta stationnaire.

Tout cela avait été fait dans le plus grand silence, et d'ailleurs, depuis le changement de route, pas une parole n'avait été prononcée à bord.

Gaetano, qui avait proposé l'expédition, en avait

pris toute la responsabilité sur lui. Les quatre matelots ne le quittaient pas des yeux, tout en préparant les avirons et en se tenant évidemment prêts à faire force de rames; ce qui, grâce à l'obscurité, n'était pas difficile.

Quant à Franz, il visitait ses armes avec ce sang-froid que nous lui connaissons; il avait deux fusils à deux coups et une carabine, il les chargea, s'assura des batteries, et attendit.

Pendant ce temps le patron avait jeté bas son caban et sa chemise, assuré son pantalon autour de ses reins, et, comme il était pieds nus, il n'avait eu ni souliers ni bas à défaire. Une fois dans son costume ou hors de son costume, il mit un doigt sur ses lèvres pour faire signe de garder le plus profond silence, et, se laissant couler dans la mer, il nagea vers le rivage avec tant de précaution, qu'il était impossible d'entendre le moindre bruit. Seulement, au sillon phosphorescent que dégageaient ses mouvements on pouvait suivre sa trace.

Bientôt ce sillon même disparut : il était évident que Gaetano avait touché terre.

Tout le monde sur le petit bâtiment resta immobile pendant une demi-heure, au bout de laquelle on vit reparaître près du rivage et s'approcher de la barque le même sillon lumineux. Au bout d'un instant et en deux brassées Gaetano avait atteint la barque.

— Eh bien? firent ensemble Franz et les quatre matelots.

— Eh bien! dit-il, ce sont des contrebandiers espagnols; ils ont seulement avec eux deux bandits corses.

— Et que font ces deux bandits corses avec des contrebandiers espagnols?

— Eh! mon Dieu! Excellence, reprit Gaetano d'un ton de profonde charité chrétienne, il faut bien s'aider les uns les autres. Souvent les bandits se trouvent un peu pressés sur terre par les gendarmes ou les carabiniers; eh bien! ils trouvent là une barque, et dans cette barque de bons garçons comme nous Ils viennent nous demander l'hospitalité dans notre maison flottante. Le moyen de refuser secours à un pauvre diable qu'on poursuit! Nous le recevons, et, pour plus grande sécurité, nous gagnons le large. Cela ne nous coûte rien et sauve la vie, ou tout au moins la liberté à un de nos semblables qui, dans l'occasion, reconnaît le service que nous lui avons rendu en nous indiquant un bon endroit où nous puissions débarquer nos marchandises sans être dérangés par les curieux.

— Ah çà! dit Franz, vous êtes donc un peu contrebandier vous-même, mon cher Gaetano?

— Eh! que voulez-vous, Excellence! dit-il avec un sourire impossible à décrire, on fait un peu de tout; il faut bien vivre.

— Alors vous êtes en pays de connaissance avec les gens qui habitent Monte-Christo à cette heure?

— A peu près. Nous autres mariniers, nous sommes comme les francs-maçons, nous nous reconnaissons à certains signes.

— Et vous croyez que nous n'aurions rien à craindre en débarquant à notre tour?

— Absolument rien, les contrebandiers ne sont pas des voleurs.

— Mais ces deux bandits corses... reprit Franz, calculant d'avance toutes les chances de danger.

— Eh! mon Dieu! dit Gaetano, ce n'est pas leur faute s'ils sont bandits, c'est celle de l'autorité.

— Comment cela?

— Sans doute : on les poursuit pour avoir fait une *peau*, pas autre chose; comme s'il n'était pas dans la nature du Corse de se venger!

— Qu'entendez-vous par avoir fait une *peau?* Avoir assassiné un homme? dit Franz continuant ses investigations.

— J'entends avoir tué un ennemi, reprit le patron, ce qui est bien différent.

— Eh bien! fit le jeune homme, allons demander l'hospitalité aux contrebandiers et aux bandits. Croyez-vous qu'ils nous l'accordent?

— Sans aucun doute.

— Combien sont-ils?

— Quatre, Excellence, et les deux bandits ça fait six.

— Eh bien! c'est juste notre chiffre! nous sommes même, dans le cas où ces messieurs montreraient de mauvaises dispositions, en force égale, et par conséquent en mesure de les contenir. Ainsi, une dernière fois, va pour Monte-Christo.

— Oui, Excellence; mais vous nous permettrez bien encore de prendre quelques précautions?

— Comment donc, mon cher! soyez sage comme Nestor et prudent comme Ulysse. Je fais plus que de vous le permettre, je vous y exhorte.

— Eh bien! alors, silence! fit Gaetano.

Tout le monde se tut.

Pour un homme envisageant, comme Franz, toute chose sous son véritable point de vue, la situation, sans être dangereuse, ne manquait pas d'une certaine gravité. Il se trouvait dans l'obscurité la plus profonde, isolé, au milieu de la mer, avec des mariniers qui ne le connaissaient pas et qui n'avaient aucun motif de lui être dévoués, qui savaient qu'il avait dans sa ceinture quelques milliers de francs, et qui avaient dix fois, sinon avec envie, du moins avec curiosité, examiné ses armes, qui étaient fort belles. D'un autre côté, il allait aborder, sans autre escorte que ces hommes, dans une île qui portait un nom fort religieux, mais qui ne semblait pas promettre à Franz une autre hospitalité que celle du Calvaire au Christ, grâce à ses contrebandiers et à ses bandits. Puis cette histoire de bâtiments coulés à fond, qu'il avait crue exagérée le jour, lui semblait plus vraisemblable la nuit. Aussi, placé qu'il était entre ce double danger peut-être imaginaire, il ne quittait pas ces hommes des yeux et son fusil de la main

Cependant les mariniers avaient de nouveau hissé leurs voiles et avaient repris leur sillon déjà creusé en allant et en revenant. A travers l'obscurité, Franz, déjà un peu habitué aux ténèbres, distinguait le géant de granit que la barque côtoyait; puis enfin, en dépassant de nouveau l'angle d'un rocher, il aperçut le feu, qui brillait plus éclatant que jamais, et, autour de ce feu, cinq ou six personnes assises.

La réverbération du foyer s'étendait d'une centaine de pas en mer, Gaetano côtoya la lumière, en faisant toutefois rester la barque dans la partie non éclairée; puis, lorsqu'elle fut tout à fait en face du foyer, il mit le cap sur lui et entra bravement dans le cercle lumineux en entonnant une chanson de pêcheurs dont il soutenait le chant à lui seul, et dont ses compagnons reprenaient le refrain en chœur.

Au premier mot de la chanson, les hommes assis autour du foyer s'étaient levés et s'étaient approchés du débarcadère, les yeux fixés sur la barque, dont ils s'efforçaient visiblement de juger la force et de deviner les intentions. Bientôt ils parurent avoir fait un examen suffisant, et allèrent, à l'exception d'un seul, qui resta debout sur le rivage, se rasseoir autour du feu, devant lequel rôtissait un chevreau tout entier.

Lorsque le bateau fut arrivé à une vingtaine de pas de la terre, l'homme qui était sur le rivage fit machinalement, avec sa carabine, le geste d'une sentinelle qui attend une patrouille et cria : *Qui vive?* en patois sarde.

Franz arma froidement ses deux coups.

Gaetano échangea alors avec cet homme quelques paroles auxquelles le voyageur ne comprit rien, mais qui le concernaient évidemment.

— Son Excellence, demanda le patron, veut-elle se nommer ou garder l'incognito?

— Mon nom doit être parfaitement inconnu; dites-leur donc simplement, reprit Franz, que je suis un Français voyageant pour ses plaisirs.

Lorsque Gaetano eut transmis cette réponse, la sentinelle donna un ordre à l'un des hommes assis devant le feu, lequel se leva aussitôt, et disparut dans les rochers.

Il se fit un silence. Chacun semblait préoccupé de ses affaires : Franz de son débarquement, les matelots de leurs voiles, les contrebandiers de leur chevreau; mais, au milieu de cette insouciance apparente, on s'observait mutuellement.

L'homme qui s'était éloigné reparut tout à coup du côté opposé de celui par lequel il avait disparu. Il fit un signe de la tête à la sentinelle, qui se retourna du côté de la barque et se contenta de prononcer ces seules paroles : *S'accommodi.*

Le *s'accommodi* italien est intraduisible; il veut dire à la fois, venez, entrez, soyez le bienvenu, faites comme chez vous, vous êtes le maître. C'est comme cette phrase turque de Molière, qui étonnait si fort le bourgeois gentilhomme par la quantité de choses qu'elle contenait.

Les matelots ne se le firent pas dire deux fois : en quatre coups de rame, la barque toucha la terre. Gaetano sauta sur la grève, échangea encore quelques mots à voix basse avec la sentinelle; ses compagnons descendirent l'un après l'autre; puis enfin vint le tour de Franz.

Il avait un de ses fusils en bandoulière, Gaetano avait l'autre, un des matelots tenait sa carabine. Son costume tenait à la fois de l'artiste et du dandy; ce qui n'inspira aux hôtes aucun soupçon, et par conséquent aucune inquiétude.

On amarra la barque au rivage, on fit quelques pas pour chercher un bivac commode; mais sans doute le point vers lequel on s'acheminait n'était pas dans la convenance du contrebandier qui remplissait le poste de surveillant, car il cria à Gaetano :

— Non point par là, s'il vous plaît.

Gaetano balbutia une excuse, et, sans insister davantage, s'avança du côté opposé, tandis que deux matelots, pour éclairer la route, allaient allumer des torches au foyer.

On fit trente pas à peu près et l'on s'arrêta sur une petite esplanade tout entourée de rochers dans lesquels on avait creusé des espèces de siéges, à peu près pareils à de petites guérites où l'on monterait la garde assis. Alentour poussaient, dans des veines de terre végétale, quelques chênes nains et des touffes épaisses de myrtes. Franz abaissa une torche et reconnut, à un amas de cendres, qu'il n'était pas le premier à s'apercevoir du comfortable de cette localité, et que ce devait être une des stations habituelles des visiteurs nomades de l'île de Monte-Christo.

Quant à son attente d'événements, elle avait cessé: une fois le pied sur la terre ferme, une fois qu'il eut vu les dispositions, sinon amicales, du moins indifférentes de ses hôtes, toute sa préoccupation avait disparu, et, à l'odeur du chevreau qui rôtissait au bivac voisin, la préoccupation s'était changée en appétit.

Il toucha deux mots de ce nouvel accident à Gaetano, qui lui répondit qu'il n'y avait rien de plus simple qu'un souper quand on avait comme eux dans leur barque du pain, du vin, six perdrix et un bon feu pour les faire rôtir.

— D'ailleurs, ajouta-t-il, si Votre Excellence trouve si tentante l'odeur de ce chevreau, je puis aller offrir à nos voisins deux de nos oiseaux pour une tranche de leur quadrupède.

— Faites, Gaetano, faites, dit Franz; vous êtes véritablement né avec le génie de la négociation.

Pendant ce temps, les matelots avaient arraché des brassées de bruyères, fait des fagots de myrtes

Sans lui dire une seule parole on lui banda les yeux.

et de chênes verts, auxquels ils avaient mis le feu, ce qui présentait un foyer assez respectable.

Franz attendait donc avec impatience, humant toujours l'odeur du chevreau, le retour du patron, lorsque celui-ci reparut et vint à lui d'un air fort préoccupé.

— Eh bien ! demanda-t-il, quoi de nouveau? on repousse notre offre?

— Au contraire, fit Gaetano. Le chef, à qui l'on a dit que vous étiez un jeune homme français, vous invite à souper avec lui.

— Eh bien ! mais, dit Franz, c'est un homme fort civilisé que ce chef, et je ne vois pas pourquoi je refuserais, d'autant plus que j'apporte ma part du souper.

— Oh ! ce n'est pas cela : il a de quoi souper, et au delà; mais c'est qu'il met à votre présentation chez lui une singulière condition.

— Chez lui ! reprit le jeune homme; il a donc fait bâtir une maison?

— Non; mais il n'en a pas moins un chez lui fort comfortable, à ce qu'on assure du moins.

— Vous connaissez donc ce chef?

— J'en ai entendu parler.

— En bien ou en mal?

— Des deux façons.

— Diable! et quelle est cette condition?

— C'est de vous laisser bander les yeux et de n'ôter le bandeau que lorsqu'il vous y invitera lui-même.

Franz sonda autant que possible le regard de Gaetano pour savoir ce que cachait cette proposition.

— Ah! dame, reprit celui-ci, répondant à la pensée de Franz, je le sais bien, la chose mérite réflexion.

— Que feriez-vous à ma place? fit le jeune homme.

— Moi, qui n'ai rien à perdre, j'irais.

— Vous accepteriez?

— Oui, ne fût-ce que par curiosité.

— Il y a donc quelque chose de curieux à voir chez ce chef?

— Ecoutez, dit Gaetano en baissant la voix, je ne sais pas si ce qu'on dit est vrai...

Il s'arrêta en regardant si aucun étranger ne l'écoutait.

— Et que dit-on?

— On dit que ce chef habite un souterrain auprès duquel le palais Pitti est bien peu de chose.

— Quel rêve! dit Franz en se rasseyant.

— Oh! ce n'est pas un rêve, continua le patron, c'est une réalité! Cama, le pilote du *Saint-Ferdinand*, y est entré un jour, et il en est sorti tout émerveillé, en disant qu'il n'y a de pareils trésors que dans les contes de fées.

— Ah çà! mais savez-vous, dit Franz, qu'avec de pareilles paroles vous me feriez descendre dans la caverne d'Ali-Baba!

— Je vous dis ce qu'on m'a dit, Excellence.

— Alors vous me conseillez d'accepter?

— Oh! je ne dis pas cela. Votre Excellence fera selon son bon plaisir. Je ne voudrais pas lui donner un conseil dans une semblable occasion.

Franz réfléchit quelques instants, comprit que cet homme si riche ne pouvait lui en vouloir, à lui qui portait seulement quelques mille francs, et comme il n'entrevoyait dans tout cela qu'un excellent souper, il accepta.

Gaetano alla porter sa réponse.

Cependant, nous l'avons dit, Franz était prudent; aussi voulut-il avoir le plus de détails possibles sur son hôte étrange et mystérieux. Il se retourna donc du côté du matelot qui, pendant ce dialogue, avait plumé les perdrix avec la gravité d'un homme fier de ses fonctions, et lui demanda dans quoi ces hommes avaient pu aborder, puisqu'on ne voyait ni barques, ni speronares, ni tartanes.

— Je ne suis point inquiet de cela, dit le matelot, et je connais le bâtiment qu'ils montent.

— Est-ce un joli bâtiment?

— J'en souhaite un pareil à Votre Excellence pour faire le tour du monde.

— De quelle force est-il?

— Mais de cent tonneaux à peu près. C'est, du reste, un bâtiment de fantaisie, un yacht, comme disent les Anglais, mais confectionné, voyez-vous, de façon à tenir la mer par tous les temps.

— Et où a-t-il été construit?

— Je l'ignore. Cependant je le crois génois.

— Et comment un chef de contrebandiers, continua Franz, ose-t-il faire construire un yacht destiné à son commerce dans le port de Gênes?

— Je n'ai pas dit, fit le matelot, que le propriétaire de ce yacht fût un contrebandier.

— Non; mais Gaetano l'a dit, ce me semble.

— Gaetano avait vu l'équipage de loin, mais il n'avait encore parlé à personne.

— Mais, si cet homme n'est pas un chef de contrebandiers, quel est-il donc?

— Un riche seigneur qui voyage pour son plaisir.

— Allons, pensa Franz, le personnage n'en est que plus mystérieux, puisque les versions sont différentes.

— Et comment s'appelle-t-il?

— Lorsqu'on le lui demande, il répond qu'il se nomme Simbad le Marin. Mais je doute que ce soit son véritable nom.

— Simbad le Marin?

— Oui.

— Et où habite ce seigneur?

— Sur la mer.

— De quel pays est-il?

— Je ne sais pas.

— L'avez-vous vu?

— Quelquefois.

— Quel homme est-ce?

— Votre Excellence en jugera elle-même.

— Et où va-t-il me recevoir?

— Sans doute dans ce palais souterrain dont vous a parlé Gaetano.

— Et vous n'avez jamais eu la curiosité, quand vous avez relâché ici, et que vous avez trouvé l'île déserte, de chercher à pénétrer dans ce palais enchanté?

— Oh! si fait, Excellence! reprit le matelot, et plus d'une fois même; mais toujours nos recherches ont été inutiles. Nous avons fouillé la grotte de tous côtés et nous n'avons pas trouvé le plus petit passage. Au reste, on dit que la porte ne s'ouvre pas avec une clef, mais avec un mot magique.

— Allons, décidément, murmura Franz, me voilà embarqué dans un conte des *Mille et une Nuits*.

— Son Excellence vous attend, dit derrière lui une voix qu'il reconnut pour celle de la sentinelle.

Le nouveau venu était accompagné de deux hommes de l'équipage du yacht.

Pour toute réponse, Franz tira son mouchoir et le présenta à celui qui lui avait adressé la parole.

Sans dire une seule parole, on lui banda les yeux avec un soin qui indiquait la crainte qu'il ne commît quelque indiscrétion; après quoi on lui fit jurer qu'il n'essayerait en aucune façon d'ôter son bandeau.

Il jura.

Alors les deux hommes le prirent chacun par un bras, et il marcha guidé par eux et précédé de la sentinelle.

Après une trentaine de pas, il sentit, à l'odeur de plus en plus appétissante du chevreau, qu'il repassait devant le bivac ; puis on lui fit continuer sa route pendant une cinquantaine de pas encore, en avançant évidemment du côté où l'on n'avait pas voulu laisser pénétrer Gaetano : défense qui s'expliquait maintenant. Bientôt, au changement d'atmosphère, il comprit qu'il entrait dans un souterrain ; au bout de quelques secondes de marche, il entendit un craquement, et il lui sembla que l'atmosphère changeait encore de nature et devenait tiède et parfumée ; enfin il sentit que ses pieds posaient sur un tapis épais et moelleux ; ses guides l'abandonnèrent. Il se fit un instant de silence, et une voix dit en bon français, quoique avec un accent étranger :

— Vous êtes le bienvenu chez moi, monsieur, et vous pouvez ôter votre mouchoir.

Comme on le pense bien, Franz ne se fit pas répéter deux fois cette invitation; il leva son mouchoir, et se trouva en face d'un homme de trente-huit à quarante ans, portant un costume tunisien, c'est-à-dire une calotte rouge avec un long gland de soie bleue, une veste de drap noir toute brodée d'or, des pantalons sang-de-bœuf larges et bouffants, des guêtres de même couleur brodées d'or comme la veste, et des babouches jaunes; un magnifique cachemire lui serrait la taille, et un petit cangiar aigu et recourbé était passé dans cette ceinture.

Quoique d'une pâleur presque livide, cet homme avait une figure remarquablement belle; ses yeux étaient vifs et perçants; son nez, droit et presque de niveau avec le front, indiquait le type grec dans toute sa pureté, et ses dents, blanches comme des perles, ressortaient admirablement sous la moustache noire qui les encadrait.

Seulement cette pâleur était étrange; on eût dit un homme enfermé depuis longtemps dans un tombeau, et qui n'eût pas pu reprendre la carnation des vivants.

Sans être d'une grande taille, il était bien fait du reste, et, comme les hommes du Midi, avait les mains et les pieds petits.

Mais, ce qui étonna Franz, qui avait traité de rêve le récit de Gaetano, ce fut la somptuosité de l'ameublement.

Toute la chambre était tendue d'étoffes turques de couleur cramoisie et brochée de fleurs d'or. Dans un enfoncement était une espèce de divan surmonté d'un trophée d'armes arabes à fourreaux de vermeil et à poignées resplendissantes de pierreries; au plafond pendait une lampe en verre de Venise, d'une forme et d'une couleur charmantes, et les pieds reposaient sur un tapis de Turquie dans lequel ils enfonçaient jusqu'à la cheville ; des portières pendaient devant la porte par laquelle Franz était entré, et devant une autre porte donnant passage dans une seconde chambre qui paraissait splendidement éclairée.

L'hôte laissa un instant Franz tout à sa surprise, et d'ailleurs il lui rendait examen pour examen, et ne le quittait pas des yeux.

— Monsieur, lui dit-il enfin, mille fois pardon des précautions que l'on a exigées de vous pour vous introduire chez moi ; mais, comme la plupart du temps cette île est déserte, si le secret de cette demeure était connu, je trouverais sans doute, en revenant, mon pied-à-terre en assez mauvais état, ce qui me serait fort désagréable, non pas pour la perte que cela me causerait, mais parce que je n'aurais pas la certitude de pouvoir, quand je le veux, me séparer du reste de la terre. Maintenant je vais tâcher de vous faire oublier ce petit désagrément en vous offrant ce que vous n'espériez certes pas trouver ici, c'est-à-dire un souper passable et d'assez bons lits.

— Ma foi, mon cher hôte, répondit Franz, il ne faut pas vous excuser pour cela. J'ai toujours vu que l'on bandait les yeux aux gens qui pénétraient dans les palais enchantés : voyez plutôt Raoul dans les *Huguenots*, et, véritablement, je n'ai pas à me plaindre, car ce que vous me montrez fait suite aux merveilles des *Mille et une Nuits*.

— Hélas ! je vous dirai comme Lucullus : Si j'avais su avoir l'honneur de votre visite, je m'y serais préparé. Mais enfin, tel qu'est mon ermitage, je le mets à votre disposition; tel qu'il est, mon souper vous est offert. Ali, sommes-nous servis?

Presque au même instant la portière se souleva, et un nègre nubien, noir comme l'ébène et vêtu d'une simple tunique blanche, fit signe à son maître qu'il pouvait passer dans la salle à manger.

— Maintenant, dit l'inconnu à Franz, je ne sais si vous êtes de mon avis, mais je trouve que rien n'est gênant comme de rester deux ou trois heures en tête à tête sans savoir de quel nom ou de quel titre s'appeler. Remarquez que je respecte trop les lois de l'hospitalité pour vous demander ou votre nom ou votre titre; je vous prie seulement de me désigner une appellation quelconque, à l'aide de laquelle je puisse vous adresser la parole. Quant à moi, pour vous mettre à votre aise, je vous dirai que l'on a l'habitude de m'appeler Simbad le Marin.

— Et moi, reprit Franz, je vous dirai que, comme il ne me manque, pour être dans la situation d'Aladin, que la fameuse lampe merveilleuse, je ne vois aucune difficulté à ce que, pour le moment, vous m'appeliez Aladin. Cela ne nous sortira pas de l'Orient, où je suis tenté de croire que j'ai été transporté par la puissance de quelque bon génie.

— Eh bien! seigneur Aladin, fit l'étrange amphi-

Franz marchait d'enchantements en enchantements.

tryon, vous avez entendu que nous étions servis, n'est-ce pas? veuillez donc prendre la peine d'entrer dans la salle à manger; votre très-humble serviteur passe devant vous pour vous montrer le chemin.

Et à ces mots, soulevant la portière, Simbad passa effectivement devant Franz.

Franz marchait d'enchantements en enchantements : la table était splendidement servie. Une fois convaincu de ce point important, il porta les yeux autour de lui. La salle à manger était moins splendide que le boudoir qu'il venait de quitter; elle était tout en marbre avec des bas-reliefs antiques du plus grand prix, et aux deux extrémités de cette salle, qui était oblongue, deux magnifiques statues portaient des corbeilles sur leurs têtes. Ces corbeilles contenaient deux pyramides de fruits magnifiques; c'étaient des ananas de Sicile, des grenades de Malaga; des oranges des îles Baléares, des pêches de France et des dattes de Tunis.

Quant au souper, il se composait d'un faisan rôti entouré de merles de Corse, d'un jambon de san-

Ali s'approcha de son maître, lui prit la main et la baisa.

glier à la gelée, d'un quartier de chevreau à la tartare, d'un turbot magnifique, et d'une gigantesque langouste.

Les intervalles des grands plats étaient remplis par de petits plats contenant les entremets.

Les plats étaient en argent, les assiettes en porcelaine du Japon.

Franz se frotta les yeux pour s'assurer qu'il ne rêvait pas.

Ali seul était admis à faire le service et s'en acquittait fort bien. Le convive en fit compliment à son hôte

— Oui, reprit celui-ci tout en faisant les honneurs de son souper avec la plus grande aisance, oui, c'est un pauvre diable qui m'est fort dévoué et qui fait de son mieux. Il se souvient que je lui ai sauvé la vie, et, comme il tenait à sa tête, à ce qu'il paraît, il m'a gardé quelque reconnaissance de la lui avoir conservée.

Ali s'approcha de son maître, lui prit la main et la baisa.

— Et serait-ce trop indiscret, seigneur Simbad, dit Franz, de vous demander en quelle circonstance vous avez fait cette belle action?

— Oh! mon Dieu, c'est bien simple, répondit l'hôte. Il paraît que le drôle avait rôdé plus près du sérail du bey de Tunis qu'il n'était convenable de le faire à un gaillard de sa couleur; de sorte qu'il avait été condamné par le bey à avoir la langue, la main et la tête tranchées : la langue le premier jour, la main le second, et la tête le troisième. J'avais toujours eu envie d'avoir un muet à mon service; j'attendis qu'il eût la langue coupée, et j'allai proposer au bey de me le donner pour un magnifique fusil à deux coups qui, la veille, m'avait paru éveiller les désirs de Sa Hautesse. Il balança un instant, tant il tenait à en finir avec ce pauvre diable. Mais j'ajoutai à ce fusil un couteau de chasse anglais avec lequel j'avais haché le yatagan de Sa Hautesse; de sorte que le bey se décida à lui faire grâce de la main et de la tête, mais à condition qu'il ne remettrait jamais le pied à Tunis. La recommandation était inutile. Du plus loin que le mécréant aperçoit les côtes d'Afrique il se sauve à fond de cale, et l'on ne peut le faire sortir de là que lorsqu'on est hors de vue de la troisième partie du monde.

Franz resta un instant muet et pensif, cherchant ce qu'il devait penser de la bonhomie cruelle avec laquelle son hôte venait de lui faire ce récit.

— Et comme l'honorable marin dont vous avez pris le nom, dit-il en changeant la conversation, vous passez votre vie à voyager?

— Oui; c'est un vœu que j'ai fait dans un temps où je ne pensais guère pouvoir l'accomplir, dit l'inconnu en souriant. J'en ai fait quelques-uns comme cela, et qui, je l'espère, s'accompliront tous à leur tour.

Quoique Simbad eût prononcé ces mots avec le plus grand sang-froid, ses yeux avaient lancé un regard de férocité étrange.

— Vous avez beaucoup souffert, monsieur? lui dit Franz.

Simbad tressaillit et le regarda fixement.

— A quoi voyez-vous cela? demanda-t-il.

— A tout, reprit Franz; à votre voix, à votre regard, à votre pâleur, et à la vie même que vous menez.

— Moi! je mène la vie la plus heureuse que je connaisse; une véritable vie de pacha; je suis le roi de la création: je me plais dans un endroit, j'y reste; je m'ennuie, je pars; je suis libre comme l'oiseau, j'ai des ailes comme lui; les gens qui m'entourent m'obéissent sur un signe. De temps en temps je m'amuse à railler la justice humaine en lui enlevant un bandit qu'elle cherche, un criminel qu'elle poursuit. Puis, j'ai ma justice à moi, basse et haute, sans sursis et sans appel, qui condamne ou qui absout, et à laquelle personne n'a rien à voir. Ah! si vous aviez goûté de ma vie, vous n'en voudriez plus d'autre, et vous ne rentreriez jamais dans le monde, à moins que vous n'eussiez quelque grand projet à y accomplir.

— Une vengeance, par exemple, dit Franz.

L'inconnu fixa sur le jeune homme un de ces regards qui plongent au plus profond du cœur et de la pensée.

— Et pourquoi une vengeance? demanda-t-il.

— Parce que, reprit Franz, vous m'avez l'air d'un homme qui, persécuté par la société, a un compte terrible à régler avec elle.

— Eh bien! fit Simbad en riant de son rire étrange qui montrait ses dents blanches et aiguës, vous n'y êtes pas; tel que vous me voyez, je suis une espèce de philanthrope, et peut-être un jour irai-je à Paris pour faire concurrence à M. Appert et à l'homme au petit manteau bleu.

— Et ce sera la première fois que vous ferez ce voyage?

— Oh! mon Dieu oui. J'ai l'air d'être bien peu curieux, n'est-ce pas? mais je vous assure qu'il n'y pas de ma faute si j'ai tant tardé, cela viendra un jour ou l'autre.

— Et comptez-vous faire bientôt ce voyage?

— Je ne sais encore, il dépend de circonstances soumises à des combinaisons incertaines.

— Je voudrais y être à l'époque où vous y viendrez, je tâcherais de vous rendre, en tant qu'il serait en mon pouvoir, l'hospitalité que vous me donnez si largement à Monte-Christo.

— J'accepterais votre offre avec un grand plaisir, reprit l'hôte; mais malheureusement, si j'y vais, ce sera peut-être incognito.

Cependant le souper s'avançait et paraissait avoir été servi à la seule intention de Franz; car à peine si l'inconnu avait touché du bout des dents à un ou deux plats du splendide festin qu'il lui avait offert, et auquel son convive inattendu avait fait si largement honneur. Enfin, Ali apporta le dessert, ou plutôt prit les corbeilles des mains des statues et les posa sur la table.

Entre les deux corbeilles il plaça une petite coupe de vermeil fermée par un couvercle de même métal.

Le respect avec lequel Ali avait apporté cette coupe piqua la curiosité de Franz. Il leva le couvercle et vit une espèce de pâte verdâtre qui ressemblait à des confitures d'angélique, mais qui lui était parfaitement inconnue.

Il replaça le couvercle, aussi ignorant de ce que la coupe contenait après avoir remis le couvercle qu'avant de l'avoir levé, et, en reportant les yeux sur son hôte, il le vit sourire de son désappointement.

— Vous ne pouvez pas deviner, lui dit celui-ci, quelle espèce de comestible contient ce petit vase, et cela vous intrigue, n'est-ce pas?

— Je l'avoue.

— Eh bien! cette sorte de confiture verte n'est ni plus ni moins que l'ambroisie que Hébé servait à la table de Jupiter.

— Mais cette ambroisie, dit Franz, a sans doute, en passant par la main des hommes, perdu son nom céleste pour prendre un nom humain ; en langue vulgaire, comment cet ingrédient, pour lequel, au reste, je ne me sens pas une grande sympathie, s'appelle-t-il?

— Eh! voilà justement ce qui révèle notre origine matérielle! s'écria Simbad ; souvent nous passons ainsi auprès du bonheur sans le voir, sans le regarder, ou, si nous l'avons vu et regardé, sans le reconnaître. Êtes-vous un homme positif et l'or est-il votre dieu, goûtez à ceci, et les mines du Pérou, de Guzurate et de Golconde vous seront ouvertes. Êtes-vous un homme d'imagination, êtes-vous poëte, goûtez encore à ceci, et les barrières du possible disparaîtront; les champs de l'infini vont s'ouvrir, vous vous promènerez, libre de cœur, libre d'esprit, dans le domaine sans bornes de la rêverie. Êtes-vous ambitieux, courez-vous après les grandeurs de la terre, goûtez de ceci toujours, et dans une heure vous serez roi, non pas d'un petit royaume caché dans un coin de l'Europe, comme la France, l'Espagne ou l'Angleterre, mais roi du monde, roi de l'univers, roi de la création. Votre trône sera dressé sur la montagne où Satan emporta Jésus; et, sans avoir besoin de lui faire hommage, sans être forcé de lui baiser la griffe, vous serez le souverain maître de tous les royaumes de la terre. N'est-ce pas tentant, ce que je vous offre là, dites, et n'est-ce pas une chose bien facile, puisqu'il n'y a que cela à faire? regardez.

A ces mots, il découvrit à son tour la petite coupe de vermeil qui contenait la substance tant louée, prit une cuillerée à café des confitures magiques, la porta à sa bouche et la savoura lentement les yeux à moitié fermés et la tête renversée en arrière.

Franz lui laissa tout le temps d'absorber son mets favori ; puis, lorsqu'il le vit un peu revenu à lui :

— Mais, enfin, dit-il, qu'est-ce que ce mets si précieux?

— Avez-vous entendu parler du Vieux de la Montagne, lui demanda son hôte, le même qui voulut faire assassiner Philippe-Auguste?

— Sans doute.

— Eh bien! vous savez qu'il régnait sur une riche vallée qui dominait la montagne d'où il avait pris son nom pittoresque. Dans cette vallée étaient de magnifiques jardins plantés par Hassen-ben-Sabah, et dans ces jardins des pavillons isolés. C'est dans ces pavillons qu'il faisait entrer ses élus, et là il leur faisait manger, dit Marco Paulo, une certaine herbe qui les transportait dans le Paradis, au milieu de plantes toujours fleuries, de fruits toujours mûrs, de femmes toujours vierges. Or, ce que ces jeunes gens bienheureux prenaient pour la réalité, c'était un rêve; mais un rêve si doux, si enivrant, si voluptueux, qu'ils se vendaient corps et âme à celui qui le leur avait donné, et qu'obéissant à ces ordres comme à ceux de Dieu, ils allaient frapper au bout du monde la victime indiquée, mourant dans les tortures sans se plaindre, à la seule idée que la mort qu'ils subissaient n'était qu'une transition à cette vie de délices dont cette herbe sainte, servie devant vous, leur avait donné un avant-goût.

— Alors, s'écria Franz, c'est du hatchis, oui! je connais cela, de nom du moins.

— Justement, vous avez dit le mot, seigneur Aladin, c'est du hatchis; tout ce qui se fait de meilleur et de plus pur en hatchis à Alexandrie, du hatchis d'Abougor, le grand faiseur, l'homme unique, l'homme à qui l'on devrait bâtir un palais avec cette inscription : *Au marchand du bonheur le monde reconnaissant.*

— Savez-vous, dit Franz, que j'ai bien envie de juger par moi-même de la vérité ou de l'exagération de vos éloges?

— Jugez par vous-même, mon hôte, jugez, mais ne vous en tenez pas à une première expérience. Comme, en toute chose, il faut habituer les sens à une impression nouvelle, douce ou violente, triste ou joyeuse, il y a une lutte de la nature contre cette divine substance, de la nature, qui n'est pas faite pour la joie et qui se cramponne à la douleur. Il faut que la nature vaincue succombe dans le combat, il faut que la réalité succède au rêve; et alors le rêve règne en maître, alors c'est le rêve qui devient la vie et la vie qui devient le rêve ; mais quelle différence dans cette transfiguration! c'est-à-dire qu'en comparant les douleurs de l'existence réelle aux jouissances de l'existence factice, vous ne voudrez plus vivre jamais, et que vous voudrez rêver toujours. Quand vous quitterez votre monde à vous pour le monde des autres, il vous semblera passer d'un printemps napolitain à un hiver lapon, il vous semblera quitter le paradis pour la terre, le ciel pour l'enfer. Goûtez du hatchis, mon hôte! goûtez-en!

Pour toute réponse, Franz prit une cuillerée de cette pâte merveilleuse, mesurée sur celle qu'avait prise son amphitryon, et la porta à sa bouche.

— Diable! fit-il après avoir avalé ces confitures divines, je ne sais pas encore si le résultat sera aussi agréable que vous le dites, mais la chose ne me paraît pas aussi succulente que vous l'affirmez.

— Parce que les houppes de votre palais ne sont pas encore faites à la sublimité de la substance qu'elles dégustent. Dites-moi, est-ce que dès la première fois vous avez aimé les huîtres, le thé, le porter, les truffes, toutes choses que vous avez adorées par la suite? est-ce que vous comprenez les Romains qui assaisonnaient les faisans avec de l'assa fœtida, et les Chinois qui mangent des nids d'hirondelles? eh! mon Dieu, non. Eh bien! il en est de même du hatchis : mangez-en huit jours de suite seulement : nulle nourriture au monde ne vous paraîtra atteindre à la finesse de ce goût qui vous paraît peut-être aujourd'hui fade et nauséabond. D'ailleurs passons dans la chambre à côté, c'est-à-dire dans votre chambre, et Ali va nous servir le café et nous donner des pipes.

Tous deux se levèrent, et, pendant que celui qui s'était donné le nom de Simbad, et que nous avons ainsi nommé de temps en temps, de façon à pouvoir, comme son convive, lui donner une dénomination quelconque, donnait quelques ordres à son domestique, Franz entra dans la chambre attenante.

Celle-ci était d'un ameublement plus simple quoique non moins riche. Elle était de forme ronde, et un grand divan régnait tout alentour. Mais divan, murailles, plafonds et parquets étaient tout tendus de peaux magnifiques, douces et moelleuses comme les plus moelleux tapis; c'étaient des peaux de lions de l'Atlas aux puissantes crinières, c'étaient des peaux de tigres du Bengale aux chaudes rayures, des peaux de panthères du Cap tachetées joyeusement comme celle qui apparaît au Dante, enfin des peaux d'ours de Sibérie, des renards de Norwége, et toutes ces peaux étaient jetées en profusion les unes sur les autres, de façon qu'on eût cru marcher sur le gazon le plus épais et reposer sur le lit le plus soyeux.

Tous deux se couchèrent sur le divan; des chibouques aux tuyaux de jasmin et aux bouquins d'ambre étaient à la portée de la main, et toutes préparées pour qu'on n'eût pas besoin de fumer deux fois dans la même. Ils en prirent chacun une. Ali les alluma, et sortit pour aller chercher le café.

Il y eut un moment de silence pendant lequel Simbad se laissa aller aux pensées qui semblaient l'occuper sans cesse, même au milieu de sa conversation. Et Franz s'abandonna à cette rêverie muette dans laquelle on tombe presque toujours en fumant d'excellent tabac qui semble emporter avec la fumée toutes les peines de l'esprit et rendre en échange au fumeur tous les rêves de l'âme.

Ali apporta le café.

— Comment le prendrez-vous? dit l'inconnu : à la française ou à la turque, fort ou léger, sucré ou non sucré, passé ou bouilli? à votre choix : il y en a de préparé de toutes les façons.

— Je le prendrai à la turque, répondit Franz.

— Et vous avez raison, s'écria son hôte; cela prouve que vous avez des dispositions pour la vie orientale. Ah! les Orientaux, voyez-vous, ce sont les seuls hommes qui sachent vivre! Quant à moi, ajouta-t-il avec un de ces singuliers sourires qui n'échappaient pas au jeune homme, quand j'aurai fini mes affaires à Paris, j'irai mourir en Orient; et, si vous voulez me retrouver alors, il faudra venir me chercher au Caire, à Bagdad, ou à Ispahan.

— Ma foi, dit Franz, ce sera la chose du monde la plus facile, car je crois qu'il me pousse des ailes d'aigle, et, avec ces ailes, je ferais le tour du monde en vingt-quatre heures.

— Ah! ah! c'est le hatchis qui opère; eh bien! ouvrez vos ailes et envolez-vous dans les régions surhumaines; ne craignez rien, on veille sur vous, et si, comme celles d'Icare, vos ailes fondent au soleil, nous sommes là pour vous recevoir.

Alors il dit quelques mots arabes à Ali, qui fit un geste d'obéissance et se retira, mais sans s'éloigner.

Quant à Franz, une étrange transformation s'opérait en lui. Toute la fatigue physique de la journée, toute la préoccupation d'esprit qu'avaient fait naître les événements du soir, disparaissaient comme dans ce premier moment de repos où l'on vit encore assez pour sentir venir le sommeil. Son corps semblait acquérir une légèreté immatérielle, son esprit s'éclaircissait d'une façon inouïe, ses sens semblaient doubler leurs facultés; l'horizon allait toujours s'élargissant, mais non plus cet horizon sombre sur lequel planait une vague terreur et qu'il avait vu avant son sommeil, mais un horizon bleu, transparent, vaste, avec tout ce que la mer a d'azur, avec tout ce que le soleil a de paillettes, avec tout ce que la brise a de parfums; puis, au milieu des chants de ses matelots, chants si limpides et si clairs qu'on en eût fait une harmonie divine si l'on eût pu les noter, il voyait apparaître l'île de Monte-Christo, non plus comme un écueil menaçant sur les vagues, mais comme une oasis perdue dans le désert; puis, à mesure que la barque approchait, les chants devenaient plus nombreux, car une harmonie enchanteresse et mystérieuse montait de cette île à Dieu, comme si quelque fée, comme Lorelay, ou quelque enchanteur, comme Amphion, eût voulu y attirer une âme ou y bâtir une ville.

Enfin la barque toucha la rive, mais sans effort, sans secousse, comme les lèvres touchent les lèvres, et il entra dans la grotte sans que cette musique charmante cessât. Il descendit ou plutôt il lui sembla descendre quelques marches, respirant cet air frais et embaumé comme celui qui devait régner autour de la grotte de Circé, fait de tels parfums qu'ils font rêver l'esprit, de telles ardeurs qu'ils font brûler les sens, et il revit tout ce qu'il avait vu avant son sommeil, depuis Simbad, l'hôte fantastique, jusqu'à Ali, le serviteur muet; puis tout sembla s'effacer et se confondre sous ses yeux comme les dernières ombres d'une lanterne magique qu'on éteint, et il se retrouva dans la chambre aux statues éclairée seulement d'une de ces lampes antiques et pâles qui veillent au milieu de la nuit sur le sommeil ou la volupté.

C'étaient bien les mêmes statues riches de formes, de luxure et de poésie, aux yeux magnétiques, aux sourires lascifs, aux chevelures opulentes. C'étaient Phryné, Cléopâtre, Messaline, ces trois grandes courtisanes; puis au milieu de ces ombres impudiques se glissait, comme un rayon pur, comme un ange chrétien au milieu de l'Olympe, une de ces vi-

Alors il lui parut que ces trois statues s'approchaient du lit.

sions douces qui semblait voiler son front virginal sous toutes ces impuretés de marbre.

Alors il lui parut que ces trois statues avaient réuni leurs trois amours pour un seul homme, et que cet homme c'était lui, qu'elles s'approchaient du lit où il rêvait un second sommeil, les pieds perdus dans leurs longues tuniques blanches, la gorge nue, les cheveux se déroulant comme une onde, avec une de ces poses auxquelles succombaient les dieux, mais auxquelles résistaient les saints, avec un de ces regards inflexibles et ardents comme celui du serpent sur l'oiseau, et qu'il s'abandonnait à ces regards douloureux comme une étreinte, voluptueux comme un baiser.

Il sembla à Franz qu'il fermait les yeux, et qu'à travers le dernier regard qu'il jetait autour de lui il entrevoyait la statue pudique qui se voilait entièrement ; puis, ses yeux fermés aux choses réelles, ses sens s'ouvrirent aux impressions impossibles.

Alors ce fut une volupté sans trêve, un amour sans repos comme celui que promettait le prophète à ses élus. Alors toutes ces bouches de pierre se firent vivantes, toutes ces poitrines se firent chaudes, au point que, pour Franz, subissant pour la première fois l'empire du hatchis, cet amour était presque une douleur, cette volupté presque une torture, lorsqu'il sentait passer sur sa bouche altérée les lèvres de ces statues, souples et froides comme les anneaux d'une couleuvre. Mais plus ses bras tentaient de repousser cet amour inconnu, plus ses sens subissaient le charme de ce songe mystérieux, si bien qu'après une lutte pour laquelle on eût donné son âme, il s'abandonna sans réserve et finit par retomber haletant, brûlé de fatigue, épuisé de volupté, sous les baisers de ces maîtresses de marbre et sous les enchantements de ce rêve inouï.

CHAPITRE IX.

RÉVEIL.

Lorsque Franz revint à lui, les objets extérieurs semblaient une seconde partie de son rêve ; il se crut dans un sépulcre où pénétrait à peine, comme un regard de pitié, un rayon de soleil; il étendit la main et sentit de la pierre ; il se mit sur son séant : il était couché dans son burnous sur un lit de bruyères sèches fort doux et fort odoriférant.

Toute vision avait disparu, et, comme si les statues n'eussent été que des ombres sorties de leurs tombeaux pendant son rêve, elles s'étaient enfuies à son réveil.

Il fit quelques pas vers le point d'où venait le jour ; à toute l'agitation du songe succédait le calme de la réalité. Il se vit dans une grotte, s'avança du côté de l'ouverture, et à travers la porte cintrée aperçut un ciel bleu et une mer d'azur. L'air et l'eau resplendissaient aux rayons du soleil du matin; sur le rivage, les matelots étaient assis causant et riant : à dix pas en mer la barque se balançait gracieusement sur son ancre.

Alors il savoura quelque temps cette brise fraîche qui lui passait sur le front ; il écouta le bruit affaibli de la vague qui se mourait sur le bord et laissait sur les roches une dentelle d'écume blanche comme de l'argent; il se laissa aller sans réfléchir, sans penser à ce charme divin qu'il y a dans les choses de la nature, surtout lorsqu'on sort d'un rêve fantastique ; puis peu à peu cette vie du dehors, si calme, si pure, si grande, lui rappela l'invraisemblance de son sommeil, et les souvenirs commencèrent à rentrer dans sa mémoire.

Il se souvint de son arrivée dans l'île, de sa présentation à un chef de contrebandiers, d'un palais souterrain plein de splendeurs, d'un souper excellent et d'une cuillerée de hatchis.

Seulement, en face de cette réalité de plein jour, il lui semblait qu'il y avait au moins un an que toutes ces choses s'étaient passées, tant le rêve qu'il avait fait était vivant dans sa pensée et prenait d'importance dans son esprit. Aussi de temps en temps son imagination faisait asseoir au milieu des matelots, ou traverser un rocher, ou se balancer sur la barque, une de ces ombres qui avaient étoilé sa nuit de leurs regards et de leurs baisers. Du reste, il avait la tête parfaitement libre et le corps parfaitement reposé, aucune lourdeur dans le cerveau ; mais, au contraire, un certain bien-être général, une faculté d'absorber l'air et le soleil plus grande que jamais.

Il s'approcha donc gaiement de ses matelots.

Dès qu'ils le revirent ils se levèrent, et le patron s'approcha de lui.

— Le seigneur Simbad, lui dit-il, nous a chargés de tous ses compliments pour Votre Excellence, et nous a dit de lui exprimer le regret qu'il a de ne pouvoir prendre congé d'elle; mais il espère que vous l'excuserez quand vous saurez qu'une affaire très pressante l'appelle à Malaga.

— Ah çà ! mon cher Gaetano, dit Franz, tout cela est donc véritablement une réalité? il existe un homme qui m'a reçu dans cette île, qui m'y a donné une hospitalité royale, et qui est parti pendant mon sommeil?

— Il existe si bien, que voilà son petit yacht qui s'éloigne, toutes voiles dehors, et que, si vous voulez prendre votre lunette d'approche, vous reconnaîtrez, selon toute probabilité, votre hôte au milieu de son équipage.

Et, en disant ces paroles, Gaetano étendait le bras dans la direction d'un petit bâtiment qui faisait voile vers la pointe méridionale de la Corse.

Franz tira sa lunette, la mit à son point de vue, et la dirigea vers l'endroit indiqué.

Gaetano ne se trompait pas. Sur l'arrière du bâtiment, le mystérieux étranger se tenait debout tourné de son côté, et tenant comme lui une lunette à la main; il avait en tout point le costume sous lequel il était apparu la veille à son convive, et agitait un mouchoir en signe d'adieu.

Franz lui rendit son salut en tirant à son tour son mouchoir et en l'agitant comme il agitait le sien.

Au bout d'une seconde, un léger nuage de fumée se dessina à la poupe du bâtiment, se détacha gracieusement de l'arrière, et monta lentement vers le ciel, puis une faible détonation arriva jusqu'à Franz.

— Tenez, entendez-vous? dit Gaetano, le voilà qui vous dit adieu !

Le jeune homme prit sa carabine et la déchargea en l'air, mais sans espérance que le bruit pût franchir la distance qui séparait le yacht de la côte.

— Qu'ordonne Votre Excellence? dit Gaetano.

— D'abord que vous m'allumiez une torche.

— Ah ! oui, je comprends, reprit le patron, pour chercher l'entrée de l'appartement enchanté. Bien du plaisir, Excellence, si la chose vous amuse, et je vais vous donner la torche demandée. Mais, moi aussi, j'ai été possédé de l'idée qui vous tient, et je m'en suis passé la fantaisie trois ou quatre fois; mais j'ai fini par y renoncer. Giovanni, ajouta-t-il, allume une torche, et apporte-la à Son Excellence.

Giovanni obéit. Franz prit la torche et entra dans le souterrain suivi de Gaetano.

Il reconnut la place où il s'était réveillé à son lit de bruyères encore tout froissé; mais il eut beau promener sa torche sur toute la surface extérieure de la grotte, il ne vit rien, si ce n'est, à des traces de fumée, que d'autres avant lui avaient déjà tenté inutilement la même investigation.

Cependant il ne laissa pas un pied de cette muraille granitique, impénétrable comme l'avenir, sans l'examiner; il ne vit pas une gerçure qu'il n'y introduisît la lame de son couteau de chasse ; il ne remarqua pas un point saillant qu'il n'appuyât dessus, dans l'espoir qu'il céderait ; mais tout fut inutile, et il perdit, sans aucun résultat, deux heures à cette recherche.

Au bout de ce temps il y renonça. Gaetano était triomphant.

Quand Franz revint sur la plage, le yacht n'apparaissait plus que comme un petit point blanc à l'horizon ; il eut recours à sa lunette, mais même avec l'instrument il était impossible de rien distinguer.

Gaetano lui rappela qu'il était venu pour chasser des chèvres, ce qu'il avait complétement oublié. Il prit son fusil et se mit à parcourir l'île de l'air d'un homme qui accomplit un devoir plutôt qu'il ne prend un plaisir, et au bout d'un quart d'heure il avait tué une chèvre et deux chevreaux. Mais ces chèvres, quoique sauvages et alertes comme des chamois, avaient une trop grande ressemblance avec nos chèvres domestiques, et Franz ne les regardait pas comme un gibier.

Puis des idées bien autrement puissantes préoccupaient son esprit. Depuis la veille il était véritablement le héros d'un conte des *Mille et une Nuits*, et invinciblement il était ramené vers la grotte.

Alors, malgré l'inutilité de sa première perquisi-

Ali.

tion, il en recommença une seconde, après avoir dit à Gaetano de faire rôtir un des deux chevreaux. Cette seconde visite dura assez longtemps, car lorsqu'il revint le chevreau était rôti et le déjeuner était prêt.

Franz s'assit à l'endroit où la veille on était venu l'inviter à souper de la part de cet hôte mystérieux, et il aperçut encore, comme une mouette bercée au sommet d'une vague, le petit yacht qui continuait de s'avancer vers la Corse.

— Mais, dit-il à Gaetano, vous m'avez annoncé que le seigneur Simbad faisait voile pour Malaga, tandis qu'il me semble à moi qu'il se dirige directement vers Porto-Vecchio.

— Ne vous rappelez-vous plus, reprit le patron, que parmi les gens de son équipage je vous ai dit qu'il y avait pour le moment deux bandits corses?

— C'est vrai! et il va les jeter sur la côte? fit Franz.

— Justement. Ah! c'est un individu, s'écria Gaetano, qui ne craint ni Dieu ni diable, à ce qu'on dit, et qui se dérangera de cinquante lieues de sa route pour rendre service à un pauvre homme.

— Mais ce genre de service pourrait bien le

Albert de Morcerf.

brouiller avec les autorités du pays où il exerce ce genre de philanthropie, dit Franz.

— Ah bien! dit Gaetano en riant, qu'est-ce que ça lui fait à lui, les autorités! il s'en moque pas mal! On n'a qu'à essayer de le poursuivre! D'abord son yacht n'est pas un navire, c'est un oiseau, et il rendrait trois nœuds sur douze à une frégate; et puis il n'a qu'à se jeter lui-même à la côte, est-ce qu'il ne trouvera pas partout des amis?

Ce qu'il y avait de plus clair dans tout cela, c'est que le seigneur Simbad, l'hôte de Franz, avait l'honneur d'être en relation avec les contrebandiers et les bandits de toutes les côtes de la Méditerranée; ce qui ne laissait pas que d'établir pour lui une position assez étrange.

Quant à Franz, rien ne le retenait plus à Monte-Christo; il avait perdu tout espoir de trouver le secret de la grotte; il se hâta donc de déjeuner en ordonnant à ses hommes de tenir leur barque prête pour le moment où il aurait fini.

Une demi-heure après il était à bord.

Il jeta un dernier regard sur le yacht: il était prêt à disparaître dans le golfe de Porto-Vecchio.

Il donna le signal du départ.

 Paris. — Imp. de Edouard Blot, rue Saint-Louis, 46.

Au moment où la barque se mettait en mouvement le yacht disparaissait.

Avec lui s'effaçait la dernière réalité de la nuit précédente : aussi souper, Simbad, hatchis et statues, tout commençait pour Franz à se fondre dans le même rêve.

La barque marcha toute la journée et toute la nuit; et le lendemain, quand le soleil se leva, c'était l'île de Monte-Christo qui avait disparu à son tour.

Une fois que Franz eut touché terre, il oublia, momentanément du moins, les événements qui venaient de se passer pour terminer ses affaires de plaisir et de politesse à Florence, et ne s'occuper que de rejoindre son compagnon qui l'attendait à Rome.

Il partit donc, et le samedi soir il arriva à la place de la Douane par la malle-poste.

L'appartement, comme nous l'avons dit, était retenu d'avance, il n'y avait donc plus qu'à rejoindre l'hôtel de maître Pastrini : ce qui n'était pas chose très-facile; car la foule encombrait les rues, et Rome était déjà en proie à cette rumeur sourde et fébrile qui précède les événements. Or, à Rome, il y a quatre grands événements par an : le carnaval, la semaine sainte, la Fête-Dieu et la Saint-Pierre.

Tout le reste de l'année, la ville retombe dans sa morne apathie, état intermédiaire entre la vie et la mort, qui la rend semblable à une espèce de station entre ce monde et l'autre; station sublime, halte pleine de poésie et de caractère que Franz avait déjà faite cinq ou six fois, et qu'à chaque fois il avait trouvée plus merveilleuse et plus fantastique encore.

Enfin, il traversa cette foule toujours plus grossissante et plus agitée, et atteignit l'hôtel. Sur sa première demande, il lui fut répondu, avec cette impertinence particulière aux cochers de fiacre retenus et aux aubergistes au complet, qu'il n'y avait plus de place pour lui à l'hôtel de Londres. Alors il envoya sa carte à maître Pastrini; il se fit réclamer d'Albert de Morcerf. Le moyen réussit, et maître Pastrini accourut lui-même, s'excusant d'avoir fait attendre Son Excellence, grondant ses garçons, prenant le bougeoir de la main du cicérone qui s'était déjà emparé du voyageur, et se préparant à le mener près d'Albert, quand celui-ci vint à sa rencontre.

L'appartement retenu se composait de deux petites chambres et d'un cabinet. Les deux chambres donnaient sur la rue, circonstance que maître Pastrini fit valoir comme y ajoutant un mérite inappréciable. Le reste de l'étage était loué à un personnage fort riche, que l'on croyait Sicilien ou Maltais; mais l'hôtelier ne put pas dire au juste à laquelle de ces deux nations appartenait ce voyageur.

— C'est fort bien, maître Pastrini, dit Franz, mais il nous faudrait tout de suite un souper quelconque pour ce soir, et une calèche pour demain et les jours suivants.

— Quant au souper, répondit l'aubergiste, vous allez être servis à l'instant même; mais quant à la calèche...

— Comment! quant à la calèche! s'écria Albert. Un instant! un instant! ne plaisantons pas, maître Pastrini! il nous faut une calèche.

— Monsieur, dit l'aubergiste, on fera tout ce qu'on pourra pour en avoir une. Voilà tout ce que je puis vous dire.

— Et quand aurons-nous la réponse? demanda Franz.

— Demain matin, répondit l'aubergiste.

— Que diable! dit Albert, on la payera plus cher, voilà tout : on sait ce que c'est, chez Drake et Aaron, vingt-cinq francs pour les jours ordinaires, et trente ou trente-cinq francs pour les dimanches et fêtes, mettez cinq francs par jour de courtage, cela fera quarante, et n'en parlons plus.

— J'ai bien peur que ces messieurs, même en offrant le double, ne puissent pas s'en procurer.

— Alors, qu'on fasse mettre des chevaux à la mienne; elle est un peu écornée par le voyage, mais n'importe.

— On ne trouvera pas de chevaux.

Albert regarda Franz en homme auquel on fait une réponse qui lui paraît incompréhensible.

— Comprenez-vous cela, Franz? pas de chevaux, dit-il; mais des chevaux de poste, ne pourrait-on pas en avoir?

— Ils sont tous loués depuis quinze jours, et il ne reste maintenant que ceux absolument nécessaires au service.

— Que dites-vous de cela? demanda Franz.

— Je dis que, lorsqu'une chose passe mon intelligence, j'ai l'habitude de ne pas m'appesantir sur cette chose et de passer à une autre. Le souper est-il prêt, maître Pastrini?

— Oui, Excellence.

— Eh bien! soupons d'abord.

— Mais la calèche et les chevaux? dit Franz.

— Soyez tranquille, cher ami, ils viendront tout seuls, il ne s'agira que d'y mettre le prix.

Et Morcerf, avec cette admirable philosophie qui ne croit rien impossible tant qu'elle sent sa bourse ronde ou son portefeuille garni, soupa, se coucha, s'endormit sur les deux oreilles et rêva qu'il courait le carnaval dans une calèche à six chevaux.

CHAPITRE X.

BANDITS ROMAINS.

e lendemain, Franz se réveilla le premier, et, aussitôt réveillé, sonna.

Le tintement de la clochette vibrait encore lorsque maître Pastrini entra en personne.

— Eh bien! dit l'hôte triomphant, et sans même attendre que Franz l'interrogeât, je m'en doutais bien hier, Excellence, quand je ne voulais rien vous promettre! vous vous y êtes pris trop tard, et il n'y a plus une seule calèche à Rome... pour les trois derniers jours s'entend.

— Oui, reprit Franz, c'est-à-dire pour ceux où elle est absolument nécessaire.

— Qu'y a-t-il? demanda Albert en entrant : pas de calèche?

— Justement, mon cher ami, répondit Franz, et vous avez deviné du premier coup.

— Eh bien! voilà une jolie ville que votre ville éternelle!

— C'est-à-dire, Excellence, reprit maître Pastrini, qui désirait maintenir la capitale du monde chrétien dans une certaine dignité à l'égard de ses voyageurs, c'est à-dire qu'il n'y a plus de calèche à partir de dimanche matin jusqu'à mardi soir; mais, d'ici là, vous en trouverez cinquante si vous voulez.

— Ah! c'est déjà quelque chose, dit Albert; nous sommes aujourd'hui jeudi, qui sait, d'ici à dimanche, ce qui peut arriver!

— Il arrivera dix à douze mille voyageurs, répondit Franz, lesquels rendront la difficulté plus grande encore

— Mon ami, dit Morcerf, jouissons du présent et n'assombrissons pas l'avenir.

—Au moins, demanda Franz, nous pourrons avoir une fenêtre?

— Sur quoi?

— Sur la rue du Cours, parbleu!

— Ah bien oui! une fenêtre! s'exclama maître Pastrini; impossible, de toute impossibilité; il en restait une au cinquième étage du palais Doria, et elle a été louée à un prince russe pour vingt sequins par jour.

Les deux jeunes gens se regardèrent d'un air stupéfa'

— Eh bien! mon cher, dit Franz à Albert, savez-vous ce qu'il y a de mieux à faire? c'est de nous en aller passer le carnaval à Venise; au moins là, si nous ne trouvons pas de voiture, nous trouverons des gondoles.

— Ah! ma foi non! s'écria Albert, j'ai décidé que je verrais le carnaval à Rome, et je l'y verrai, fût-ce sur des échasses.

— Tiens! s'écria Franz, c'est une idée triomphante, surtout pour éteindre les moccoletti; nous nous déguiserons en polichinelles-vampires ou en habitants des Landes, et nous aurons un succès fou.

— Leurs Excellences désirent-elles toujours une voiture jusqu'à dimanche?

— Parbleu! dit Albert, est-ce que vous croyez que nous allons courir les rues de Rome à pied comme des clercs d'huissiers?

— Je vais m'empresser d'exécuter les ordres de Leurs Excellences, dit maître Pastrini, seulement je les préviens que la voiture leur coûtera six piastres par jour.

— Et moi, mon cher monsieur Pastrini, dit Franz, moi qui ne suis pas notre voisin le millionnaire, je vous préviens à mon tour qu'attendu que c'est la quatrième fois que je viens à Rome, je sais le prix des calèches, jours ordinaires, dimanches et fêtes; nous vous donnerons douze piastres pour aujourd'hui, demain et après-demain, et vous aurez encore un fort joli bénéfice.

— Cependant, Excellence... dit maître Pastrini, essayant de se rebeller.

— Allez, mon cher hôte, allez, dit Franz, ou je vais moi-même faire mon prix avec votre *affettatore*, qui est le mien aussi; c'est un vieil ami à moi, qui ne m'a déjà pas mal volé d'argent dans sa vie, et qui, dans l'espérance de m'en voler encore, en passera par un prix moindre que celui que je vous offre : vous perdrez donc la différence, et ce sera votre faute.

— Ne prenez pas cette peine, Excellence, dit maître Pastrini avec ce sourire de spéculateur italien qui s'avoue vaincu, je ferai de mon mieux et j'espère que vous serez content.

— A merveille! voilà ce qui s'appelle parler.

— Quand voulez-vous la voiture?

— Dans une heure.

— Dans une heure elle sera à la porte.

Une heure après, effectivement, la voiture attendait les deux jeunes gens : c'était un modeste fiacre, que, vu la solennité de la circonstance, on avait élevé au rang de calèche; mais, quelque médiocre apparence qu'il eût, les deux jeunes gens se fussent trouvés bien heureux d'avoir un pareil véhicule pour les trois derniers jours.

— Excellence! cria le cicerone en voyant Franz mettre le nez à la fenêtre, faut-il faire approcher le carrosse du palais?

Si habitué que fût Franz à l'emphase italienne, son premier mouvement fut de regarder autour de lui; mais c'était bien à lui-même que ces paroles s'adressaient.

Franz était l'Excellence, le carrosse c'était le fiacre, le palais c'était l'hôtel de Londres.

Tout le génie laudatif de la nation était dans cette seule phrase.

Franz et Albert descendirent. Le carrosse s'approcha du palais. Leurs Excellences allongèrent leurs jambes sur les banquettes, le cicerone sauta sur le siége de derrière.

— Où Leurs Excellences veulent-elles qu'on les conduise?

— Mais à Saint-Pierre d'abord, et au Colysée ensuite, dit Albert en véritable Parisien.

Mais Albert ne savait pas une chose : c'est qu'il faut un jour pour voir Saint-Pierre et un mois pour l'étudier; la journée se passa donc rien qu'à voir Saint-Pierre.

Tout à coup les deux amis s'aperçurent que le jour baissait.

Franz tira sa montre, il était quatre heures et demie.

On reprit aussitôt le chemin de l'hôtel. A la porte, Franz donna l'ordre au cocher de se tenir prêt à huit heures. Il voulait faire voir à Albert le Colysée au clair de la lune, comme il lui avait fait voir Saint-Pierre au grand jour. Lorsqu'on fait voir à un ami une ville qu'on a déjà vue, on y met la même coquetterie qu'à montrer une femme dont on a été l'amant.

En conséquence, Franz traça au cocher son itinéraire : il devait sortir par la porte del Popolo, longer la muraille extérieure et rentrer par la porte San Giovanni. Ainsi, le Colysée leur apparaissait sans préparation aucune, et sans que le Capitole, le Forum, l'arc de Septime-Sévère, le temple d'Antonin et Faustine et la Via Sacra, eussent servi de degrés placés sur sa route pour le rapetisser

On se mit à table : maître Pastrini avait promis à ses hôtes un festin excellent; il leur donna un dîner passable, il n'y avait rien à dire.

A la fin du dîner, il entra lui-même : Franz crut d'abord que c'était pour recevoir ses compliments, et s'apprêtait à les lui faire lorsqu'aux premiers mots il l'interrompit.

— Excellence, dit-il, je suis flatté de votre approbation; mais ce n'était pas pour cela que j'étais monté chez vous.

— Était-ce pour nous dire que vous aviez trouvé une voiture? demanda Albert en allumant son cigare.

— Encore moins, et même, Excellences, vous ferez bien de n'y plus penser et d'en prendre votre parti. A Rome, les choses se peuvent ou ne se peuvent pas. Quand on vous a dit qu'elles ne se peuvent pas, c'est fini.

— A Paris, c'est bien plus commode . quand cela ne se peut pas, on paye le double, et l'on a à l'instant même ce que l'on demande.

— J'entends dire cela à tous les Français, dit maître Pastrini un peu piqué, ce qui fait que je ne comprends pas comment ils voyagent.

— Mais aussi, dit Albert en poussant flegmatiquement sa fumée au plafond et en se renversant balancé sur les deux pieds de derrière de son fauteuil, ce sont les fous et les niais comme nous qui voyagent, les gens sensés ne quittent pas leur hôtel de la rue du Helder, le boulevard de Gand et le café de Paris.

Il va sans dire qu'Albert demeurait dans la rue susdite, faisait tous les jours sa promenade fashionable, et dînait quotidiennement dans le seul café où l'on dîne, quand toutefois on est en bons termes avec les garçons.

Maître Pastrini resta un instant silencieux; il est évident qu'il méditait la réponse, qui sans doute ne lui paraissait pas parfaitement claire.

— Mais enfin, dit Franz à son tour interrompant les réflexions géographiques de son hôte, vous étiez venu dans un but quelconque, voulez-vous nous exposer l'objet de votre visite?

— Ah! c'est juste; le voici : vous avez commandé la calèche pour huit heures?

— Parfaitement.

— Vous avez l'intention de visiter il Colosseo?

— C'est-à-dire le Colysée?

— C'est exactement la même chose.

— Soit. Vous avez dit à votre cocher de sortir par la porte del Popolo, de faire le tour des murs et de rentrer par la porte Giovanni?

— Ce sont mes propres paroles.

— Eh bien! cet itinéraire est impossible.

— Impossible!

— Ou du moins fort dangereux.

— Dangereux! et pourquoi?

— A cause du fameux Luigi Vampa.

— D'abord, mon cher hôte, qu'est-ce que le fa-

— Attention, Albert! voilà donc enfin un bandit!

meux Luigi Vampa? demanda Albert; il peut être très-fameux à Rome, mais je vous préviens qu'il est fort ignoré à Paris.

— Comment! vous ne le connaissez pas?

— Je n'ai pas cet honneur.

— Vous n'avez jamais entendu prononcer son nom?

— Jamais.

— Eh bien! c'est un bandit près duquel les Decesaris et les Gasparone sont des espèces d'enfants de chœur.

— Attention, Albert! s'écria Franz, voilà donc enfin un bandit!

— Je vous préviens, mon cher hôte, que je ne croirai pas un mot de ce que vous allez nous dire. Ce point arrêté entre nous, parlez tant que vous voudrez, je vous écoute. « Il y avait une fois... »

— Eh bien! allez donc!

Maître Pastrini se retourna du côté de Franz, qui lui paraissait le plus raisonnable des deux jeunes gens. Il faut rendre justice au brave homme : il avait logé bien des Français dans sa vie, mais jamais il n'avait compris certain côté de leur esprit.

— Excellence, dit-il fort gravement, s'adressant, comme nous l'avons dit, à Franz, si vous me regardez comme un menteur, il est inutile que je vous dise ce que je voulais vous dire; je puis cependant vous affirmer que c'était dans l'intérêt de Vos Excellences.

— Albert ne vous dit pas que vous êtes un menteur, mon cher monsieur Pastrini, reprit Franz, il vous dit qu'il ne vous croira pas, voilà tout. Mais moi, je vous croirai; soyez tranquille, parlez donc.

— Cependant, Excellence, vous comprenez bien que si l'on met en doute ma véracité...

— Mon cher, reprit Franz, vous êtes plus susceptible que Cassandre, qui cependant était prophétesse, et que personne n'écoutait; tandis que vous, au moins, vous êtes sûr de la moitié de votre auditoire. Voyons, asseyez-vous, et dites-nous ce que c'est que M. Vampa.

— Je vous l'ai dit, Excellence, c'est un bandit comme nous n'en avons pas encore vu depuis le fameux Mastrilla.

— Eh bien! quel rapport a ce bandit avec l'ordre que j'ai donné à mon cocher de sortir par la porte del Popolo et de rentrer par la porte San Giovanni?

— Il y a, répondit maître Pastrini, que vous pourrez bien sortir par l'une, mais que je doute que vous rentriez par l'autre.

— Pourquoi cela? demanda Franz.

— Parce que, la nuit venue, on n'est plus en sûreté à cinquante pas des portes.

— D'honneur? s'écria Albert.

— Monsieur le comte, dit maître Pastrini toujours blessé jusqu'au fond du cœur du doute émis par Albert sur sa véracité, ce que je dis n'est pas pour vous, c'est pour votre compagnon de voyage, qui connaît Rome, lui, et qui sait qu'on ne badine pas avec ces choses-là

— Mon cher, dit Albert s'adressant à Franz, voici une aventure admirable toute trouvée : nous bourrons notre calèche de pistolets, de tromblons et de fusils à deux coups. Luigi Vampa vient pour nous arrêter, nous l'arrêtons. Nous le ramenons à Rome ; nous en faisons hommage à Sa Sainteté, qui nous demande ce qu'elle peut faire pour reconnaître un si grand service. Alors nous réclamons purement et simplement un carrosse et deux chevaux de ses écuries et nous voyons le carnaval en voiture; sans compter que, probablement, le peuple romain reconnaissant nous couronne au Capitole et nous proclame, comme Curtius et Horatius Coclès, les sauveurs de la patrie.

Pendant qu'Albert déduisait cette proposition, maître Pastrini faisait une figure qu'on essayerait vainement de décrire.

— Et d'abord, demanda Franz à Albert, où prendrez-vous ces pistolets, ces tromblons, ces fusils à deux coups dont vous voul[illegible] farcir notre voiture?

— Le fait est que ce ne sera pas dans mon arsenal, dit-il ; car, à la Terracine, on m'a pris jusqu'à mon couteau-poignard ; et à vous?

— A moi, on m'en a fait autant à Aquependente.

— Ah çà ! mon cher hôte, dit Albert en allumant son second cigare au reste de son premier, savez-vous que c'est très-commode pour les voleurs, cette mesure-là, et qu'elle m'a tout l'air d'avoir été prise de compte à demi avec eux?

Sans doute maître Pastrini trouva la plaisanterie compromettante, car il n'y répondit qu'à moitié, et encore en adressant la parole à Franz, comme au seul être raisonnable avec lequel il pût convenablement s'entendre.

— Son Excellence sait que ce n'est pas l'habitude de se défendre quand on est attaqué par des bandits.

— Comment! s'écria Albert, dont le courage se révoltait à l'idée de se laisser dévaliser sans rien dire; comment! ce n'est pas l'habitude?

— Non, car toute défense serait inutile. Que voulez-vous faire contre une douzaine de bandits qui sortent d'un fossé, d'une masure ou d'un aqueduc, et qui vous couchent en joue tous à la fois?

— Eh! sacrebleu! je veux me faire tuer! s'écria Albert.

L'aubergiste se retourna vers Franz d'un air qui voulait dire : Décidément, Excellence, votre camarade est fou.

— Mon cher Albert, reprit Franz, votre réponse est sublime, et vaut le *qu'il mourût* du vieux Corneille ; seulement, quand Horace répondait cela, il s'agissait du salut de Rome, et la chose en valait la peine. Mais quant à nous, remarquez qu'il s'agit simplement d'un caprice à satisfaire, et qu'il serait ridicule, pour un caprice, de risquer notre vie.

— Ah ! per Bacco ! s'écria maître Pastrini, à la bonne heure, voilà qui s'appelle parler !

Albert se versa un verre de *lacryma-Christi*, qu'il but à petits coups en grommelant des paroles inintelligibles.

— Eh bien ! maître Pastrini, reprit Franz, maintenant que voilà mon compagnon calmé et que vous avez pu apprécier mes dispositions pacifiques, maintenant, voyons, qu'est-ce que le seigneur Luigi Vampa? Est-il berger ou patricien? est-il jeune ou vieux? est-il petit ou grand? Dépeignez-nous-le, afin que, si nous le rencontrions par hasard dans le monde, comme Jean Sbogar ou Lara, nous puissions au moins le reconnaître.

Vous ne pouvez pas mieux vous adresser qu'à moi, Excellence, pour avoir des détails exacts, car j'ai connu Luigi Vampa tout enfant, et, un jour que j'étais tombé moi-même dans ses mains, en allant de Ferentino à Alatri, il se souvint, heureusement pour moi, de notre ancienne connaissance; il me laissa aller, non-seulement sans me faire payer de rançon, mais encore après m'avoir fait cadeau d'une fort belle montre et m'avoir raconté son histoire.

— Voyons la montre, dit Albert.

Maître Pastrini tira de son gousset une magnifique Breguet portant le nom de son auteur, le timbre de Paris et une couronne de comte.

— Voilà ! dit-il.

— Peste ! fit Albert, je vous en fais mon compliment ; j'ai la pareille à peu près — il tira sa montre de la poche de son gilet — et elle m'a coûté trois mille francs.

— Voyons l'histoire, dit Franz à son tour en tirant un fauteuil et en faisant signe à maître Pastrini de s'asseoir.

— Leurs Excellences permettent ? dit l'hôte.

— Pardieu ! dit Albert, vous n'êtes pas un prédicateur, mon cher, pour parler debout.

L'hôtelier s'assit après avoir fait à chacun de ses futurs auditeurs un salut respectueux, lequel avait pour but d'indiquer qu'il était prêt à leur donner sur Luigi Vampa les renseignements qu'ils demandaient.

— Ah çà ! fit Franz arrêtant maître Pastrini au moment où il ouvrait la bouche, vous dites que vous avez connu Luigi Vampa tout enfant ; c'est donc encore un jeune homme ?

— Comment, un jeune homme ! je crois bien ; il a vingt-deux ans à peine ! Oh ! c'est un gaillard qui ira loin, soyez tranquille !

— Que dites-vous de cela, Albert ? c'est beau, à vingt-deux ans, de s'être déjà fait une réputation, dit Franz.

— Oui, certes, et, à son âge, Alexandre, César et Napoléon, qui depuis ont fait un certain bruit dans le monde, n'étaient pas si avancés que lui.

— Ainsi, reprit Franz en s'adressant à son hôte, le héros dont nous allons entendre l'histoire n'a que vingt-deux ans ?

— A peine, comme j'ai eu l'honneur de vous le dire.

— Est-il grand ou petit ?

— De taille moyenne : à peu près comme Son Excellence, dit l'hôte en montrant Albert.

— Merci de la comparaison, dit celui-ci en s'inclinant.

— Allez toujours, maître Pastrini ! reprit Franz souriant de la susceptibilité de son ami. Et à quelle classe de la société appartenait-il ?

— C'était un simple petit pâtre attaché à la ferme du comte de San-Felice, située entre Palestrina et le lac de Gabri. Il était né à Pampinara, et était entré, à l'âge de cinq ans, au service du comte. Son père, berger lui-même à Anagni, avait un petit troupeau à lui, et vivait de la laine de ses moutons et de la récolte faite avec le lait de ses brebis, qu'il venait vendre à Rome.

Tout enfant, le petit Vampa avait un caractère étrange. Un jour, à l'âge sept ans, il était venu trouver le curé de Palestrina, et l'avait prié de lui apprendre à lire. C'était chose difficile, car le jeune pâtre ne pouvait quitter son troupeau. Mais le bon curé allait tous les jours dire la messe à un pauvre petit bourg trop peu considérable pour payer un prêtre, et qui, n'ayant pas même de nom, était connu sous celui del Borgo. Il offrit à Luigi de se trouver sur son chemin à l'heure de son retour et de lui donner ainsi sa leçon, le prévenant que cette leçon serait courte et qu'il eût, par conséquent, à en profiter.

L'enfant accepta avec joie.

Tous les jours Luigi menait paître son troupeau sur la route de Palestrina au Borgo ; tous les jours, à neuf heures du matin, le curé passait, le prêtre et l'enfant s'asseyaient sur le revers d'un fossé, et le petit pâtre prenait sa leçon dans le bréviaire du curé.

Au bout de trois mois, il savait lire.

Ce n'était pas tout : il lui fallait maintenant apprendre à écrire.

Le prêtre fit faire, par un professeur d'écriture de Rome, trois alphabets : un en gros, un en moyen, et un en fin, et il lui montra qu'en suivant cet alphabet sur une ardoise il pouvait, à l'aide d'une pointe de fer, apprendre à écrire.

Le même soir, lorsque le troupeau fut rentré à la ferme, le petit Vampa courut chez le serrurier de Palestrina, prit un gros clou, le forgea, le martela, l'arrondit, et en fit une espèce de stylet antique.

Le lendemain, il avait réuni une provision d'ardoises et se mettait à l'œuvre.

Au bout de trois mois, il savait écrire.

Le curé, étonné de cette profonde intelligence, et touché de cette aptitude, lui fit cadeau de plusieurs cahiers de papier, d'un paquet de plumes et d'un canif.

Ce fut une nouvelle étude à faire, mais étude qui n'était rien auprès de la première. Huit jours après, il maniait la plume comme il maniait le stylet.

Le curé raconta cette anecdote au comte de San-Felice, qui voulut voir le petit pâtre, le fit lire et écrire devant lui, ordonna à son intendant de le faire manger avec les domestiques et lui donna deux piastres par mois.

Avec cet argent, Luigi acheta des livres et des crayons.

En effet, il avait appliqué à tous les objets cette faculté d'imitation qu'il avait, et, comme Giotto enfant, il dessinait sur ses ardoises ses brebis, les arbres, les maisons.

Puis, avec la pointe de son canif, il commença à tailler le bois et à lui donner toutes sortes de formes. C'est ainsi que Pinelli, le sculpteur populaire, avait commencé.

Une jeune fille de six ou sept ans, c'est-à-dire un peu plus jeune que Vampa, gardait, de son côté, les brebis dans une ferme voisine de Palestrina ; elle

Les deux enfants se rencontraient, et laissaient leurs troupeaux se mêler et paître ensemble.

était orpheline, née à Valmontone, et s'appelait Teresa.

Les deux enfants se rencontraient, s'asseyaient l'un près de l'autre, laissaient leurs troupeaux se mêler et paître ensemble, causaient, riaient et jouaient ; puis, le soir, on démêlait les moutons du comte de San Felice de ceux du baron de Cervetri, et les enfants se quittaient pour revenir à leur ferme respective en se promettant de se retrouver le lendemain matin.

Le lendemain, ils tenaient parole, et grandissaient ainsi côte à côte.

Vampa atteignit douze ans, et la petite Teresa onze.

Cependant leurs instincts naturels se développaient.

A côté du goût des arts que Luigi avait poussé aussi loin qu'il le pouvait faire dans l'isolement, il était triste par boutade, ardent par secousse, colère par caprice, railleur toujours. Aucun des jeunes garçons de Pampinara, de Palestrina ou de Valmontone n'avait pu non-seulement prendre aucune influence sur lui, mais encore devenir son compagnon. Son tempérament volontaire, toujours disposé à

n° 11 1860

Cucumetto.

exiger sans jamais vouloir se plier à aucune concession, écartait de lui tout mouvement amical, toute démonstration sympathique. Teresa seule commandait d'un mot, d'un regard, d'un geste, à ce caractère entier, qui pliait sous la main d'une femme, et qui, sous celle de quelque homme que ce fût, se serait roidi jusqu'à rompre.

Teresa était, au contraire, vive, alerte et gaie, mais coquette à l'excès; les deux piastres que donnait à Luigi l'intendant du comte de San-Felice, le prix de tous les petits ouvrages sculptés qu'il vendait aux marchands de joujoux de Rome, passaient en boucles d'oreilles de perles, en colliers de verre, en aiguilles d'or. Aussi, grâce à cette prodigalité de son jeune ami, Teresa était-elle la plus belle et la plus élégante paysanne des environs de Rome.

Les deux enfants continuèrent à grandir, passant toutes leurs journées ensemble, et se livrant sans combat aux instincts de leur nature primitive. Aussi, dans leurs conversations, dans leurs souhaits, dans leurs rêves, Vampa se voyait toujours capitaine de vaisseau, général d'armée ou gouverneur d'une province; Teresa se voyait riche, vêtue des plus belles robes et suivie de domestiques en livrée;

puis, quand ils avaient passé toute la journée à broder leur avenir de ces folles et brillantes arabesques, ils se séparaient pour ramener chacun leurs moutons dans leur étable, et redescendre, de la hauteur de leurs songes, à l'humilité de leur position réelle.

Un jour, le jeune berger dit à l'intendant du comte qu'il avait vu un loup sortir des montagnes de la Sabine et rôder autour de son troupeau. L'intendant lui donna un fusil; c'est ce que voulait Vampa.

Ce fusil se trouva par hasard être un excellent canon de Brescia, portant la balle comme une carabine anglaise; seulement un jour, le comte, en assommant un renard blessé, en avait cassé la crosse, et l'on avait jeté le fusil au rebut.

Cela n'était pas une difficulté pour un sculpteur comme Vampa Il examina la couche primitive, calcula ce qu'il fallait y changer pour la mettre à son coup d'œil, et fit une autre crosse chargée d'ornements si merveilleux, que, s'il eût voulu aller vendre à la ville le bois seul, il en eût certainement tiré quinze ou vingt piastres.

Mais il n'avait garde d'agir ainsi : un fusil avait longtemps été le rêve du jeune homme. Dans tous les pays où l'indépendance est substituée à la liberté, le premier besoin qu'éprouve tout cœur fort, toute organisation puissante, est celui d'une arme qui assure en même temps l'attaque et la défense, et qui, faisant celui qui la porte terrible, le fait souvent redouté.

A partir de ce moment, Vampa donna tous les instants qui lui restèrent à l'exercice du fusil; il acheta de la poudre et des balles, et tout lui devint un but : le tronc de l'olivier, triste, chétif et gris, qui pousse au versant des montagnes de la Sabine; le renard qui le soir sortait de son terrier pour commencer sa chasse nocturne, et l'aigle qui planait dans l'air. Bientôt il devint si adroit, que Teresa surmonta la crainte qu'elle avait éprouvée d'abord en entendant la détonation, et s'amusa à voir son jeune compagnon placer la balle de son fusil où il voulait la mettre, avec autant de justesse que s'il l'eût poussée avec la main.

Un soir, un loup sortit effectivement d'un bois de sapins près duquel les deux jeunes gens avaient l'habitude de demeurer : le loup n'avait pas fait dix pas en plaine qu'il était mort.

Vampa, tout fier de ce beau coup, le chargea sur ses épaules et le rapporta à la ferme.

Tous ces détails donnaient à Luigi une certaine réputation aux alentours de la ferme; l'homme supérieur, partout où il se trouve, se crée une clientèle d'admirateurs. On parlait dans les environs de ce jeune pâtre comme du plus adroit, du plus fort et du plus brave contadino qui fût à dix lieues à la ronde; et, quoique, de son côté, Teresa, dans un cercle plus étendu encore, passât pour une des plus jolies filles de la Sabine, personne ne s'avisait de lui dire un mot d'amour, car on la savait aimée par Vampa.

Et cependant les deux jeunes gens ne s'étaient jamais dit qu'ils s'aimaient, ils avaient poussé l'un à côté de l'autre, comme deux arbres qui mêlent leurs racines sous le sol, leurs branches dans l'air, leur parfum dans le ciel; seulement leur désir de se voir était le même, ce désir était devenu un besoin, et ils comprenaient plutôt la mort qu'une séparation d'un seul jour.

Teresa avait seize ans et Vampa dix-sept.

Vers ce temps, on commença de parler beaucoup d'une bande de brigands qui s'organisait dans les monts Lepini. Le brigandage n'a jamais été sérieusement extirpé dans le voisinage de Rome. Il manque de chefs parfois; mais, quand un chef se présente, il est rare qu'il lui manque une bande.

Le célèbre Cucumetto, traqué dans les Abruzzes, chassé du royaume de Naples, où il avait soutenu une véritable guerre, avait traversé le Garigliano comme Manfred, et était venu entre Sonnino et Juperno se réfugier sur les bords de l'Amasine.

C'était lui qui s'occupait à réorganiser une troupe, et qui marchait sur les traces de Decesaris et de Gasparone, qu'il espérait bientôt surpasser. Plusieurs jeunes gens de Palestrina, de Frascati et de Pampinara disparurent. On s'inquiéta d'eux d'abord, puis bientôt on sut qu'ils étaient allés rejoindre la bande de Cucumetto.

Au bout de quelque temps, Cucumetto devint l'objet de l'attention générale. On citait de ce chef de bandits des traits d'audace extraordinaire et de brutalité révoltante.

Un jour il enleva une jeune fille : c'était la fille de l'arpenteur de Frosinone. Les lois des bandits sont positives : une jeune fille est à celui qui l'enlève d'abord, puis les autres la tirent au sort, et la malheureuse sert aux plaisirs de toute la troupe jusqu'à ce que les bandits l'abandonnent ou qu'elle meure.

Lorsque les parents sont assez riches pour la racheter, on envoie un messager qui traite de la rançon; la tête du prisonnier répond de la sécurité de l'émissaire. Si la rançon est refusée, le prisonnier est condamné irrévocablement.

La jeune fille avait son amant dans la troupe de Cucumetto; il s'appelait Carlini.

En reconnaissant le jeune homme, elle tendit les bras vers lui et se crut sauvée. Mais le pauvre Carlini, en la reconnaissant, lui, sentit son cœur se briser; car il se doutait bien du sort qui attendait sa maîtresse.

Cependant, comme il était le favori de Cucumetto, comme il avait partagé ses dangers depuis trois ans, comme il lui avait sauvé la vie en abattant d'un coup de pistolet un carabinier qui avait déjà le sabre levé sur sa tête, il espéra que Cucumetto aurait quelque pitié de lui.

Il prit donc le chef à part, tandis que la jeune fille, assise contre le tronc d'un grand pin qui s'élevait au milieu d'une clairière de la forêt, s'était fait un voile de la coiffure pittoresque des paysannes romaines, et cachait son visage aux regards luxurieux des bandits.

Là, il lui raconta tout, ses amours avec la prisonnière, leurs serments de fidélité, et comment chaque nuit, depuis qu'ils étaient dans les environs, ils se donnaient rendez-vous dans une ruine.

Ce soir-là justement Cucumetto avait envoyé Carlini dans un village voisin; il n'avait pu se trouver au rendez-vous, mais Cucumetto s'y était trouvé par hasard, disait-il, et c'est alors qu'il avait enlevé la jeune fille.

Carlini supplia son chef de faire une exception en sa faveur et de respecter Rita, lui disant que le père était riche et qu'il payerait une bonne rançon.

Cucumetto parut se rendre aux prières de son ami, et le chargea de trouver un berger qu'on pût envoyer chez le père de Rita à Frosinone.

Alors Carlini s'approcha tout joyeux de la jeune fille, lui dit qu'elle était sauvée, et l'invita à écrire à son père une lettre dans laquelle elle raconterait ce qui lui était arrivé, et lui annoncerait que sa rançon était fixée à trois cents piastres.

On donnait pour tout délai au père douze heures, c'est-à-dire jusqu'au lendemain neuf heures du matin.

La lettre écrite, Carlini s'en empara aussitôt et courut dans la plaine pour chercher un messager.

Il trouva un jeune pâtre qui parquait son troupeau. Les messagers naturels des bandits sont les bergers, qui vivent entre la ville et la montagne, entre la vie sauvage et la vie civilisée.

Le jeune berger partit aussitôt, promettant d'être avant une heure à Frosinone.

Carlini revint tout joyeux pour rejoindre sa maîtresse et lui annoncer cette bonne nouvelle.

Il trouva la troupe dans la clairière, où elle soupait joyeusement des provisions que les bandits levaient sur les paysans comme un tribut seulement; au milieu de ces gais convives il chercha vainement Cucumetto et Rita.

Il demanda où ils étaient; les bandits répondirent par un grand éclat de rire. Une sueur froide coula sur le front de Carlini, et il sentit l'angoisse qui le prenait aux cheveux.

Il renouvela sa question. Un des convives remplit un verre de vin d'Orvietto et le lui tendit en disant :

— A la santé du brave Cucumetto et de la belle Rita!

En ce moment, Carlini crut entendre un cri de femme. Il devina tout. Il prit le verre, le brisa sur la face de celui qui le lui présentait, et s'élança dans la direction du cri.

Au bout de cent pas, au détour d'un buisson, il trouva Rita évanouie entre les bras de Cucumetto.

En apercevant Carlini, Cucumetto se releva tenant un pistolet de chaque main.

Les deux bandits se regardèrent un instant : l'un le sourire de la luxure sur les lèvres, l'autre la pâleur de la mort sur le front.

On eût cru qu'il allait se passer entre ces deux hommes quelque chose de terrible. Mais peu à peu les traits de Carlini se détendirent; sa main, qu'il avait portée à un des pistolets de sa ceinture, retomba près de lui pendante à son côté.

Rita était couchée entre eux deux.

La lune éclairait cette scène.

— Eh bien! lui dit Cucumetto, as-tu fait la commission dont tu t'étais chargé?

— Oui, capitaine, répondit Carlini, et demain, avant neuf heures, le père de Rita sera ici avec l'argent.

— A merveille! En attendant, nous allons passer une joyeuse nuit. Cette jeune fille est charmante, et tu as, en vérité, bon goût, maître Carlini. Aussi, comme je ne suis pas égoïste, nous allons retourner auprès des camarades et tirer au sort à qui elle appartiendra maintenant.

— Ainsi, vous êtes décidé à l'abandonner à la loi commune? demanda Carlini.

— Et pourquoi ferait-on exception en sa faveur?

— J'avais cru qu'à ma prière...

— Et qu'es-tu de plus que les autres?

— C'est juste.

— Mais, sois tranquille, reprit Cucumetto en riant, un peu plus tôt, un peu plus tard, ton tour viendra.

Les dents de Carlini se serraient à se briser.

— Allons! dit Cucumetto en faisant un pas vers les convives, viens-tu?

— Je vous suis...

Cucumetto s'éloigna sans perdre de vue Carlini, car sans doute il craignait qu'il ne le frappât par derrière Mais rien dans le bandit ne dénonçait une intention hostile.

Il était debout, les bras croisés, près de Rita, toujours évanouie.

Un instant, l'idée de Cucumetto fut que le jeune homme allait la prendre dans ses bras et fuir avec elle. Mais peu lui importait maintenant, il avait eu de Rita ce qu'il voulait; et, quant à l'argent, trois cents piastres réparties à la troupe faisaient une si pauvre somme, qu'il s'en souciait médiocrement.

Il continua donc sa route vers la clairière; mais, à son grand étonnement, Carlini y arriva presque aussitôt que lui.

— Le tirage au sort! le tirage au sort! crièrent tous les bandits en apercevant le chef.

Et les yeux de tous ces hommes brillèrent d'ivresse et de lasciveté, tandis que la flamme du foyer jetait sur toute leur personne une lueur rougeâtre qui les faisait ressembler à des démons.

Ce qu'ils demandaient était juste; aussi le chef fit-il de la tête un signe annonçant qu'il acquiesçait à leur demande.

On mit tous les noms dans un chapeau, celui de Carlini comme ceux des autres, et le plus jeune de la bande tira de l'urne improvisée un bulletin.

Ce bulletin portait le nom de Diavolaccio.

C'était celui-là même qui avait proposé à Carlini la santé du chef, et à qui Carlini avait répondu en lui brisant le verre sur la figure.

Une large blessure, ouverte de la tempe à la bouche, laissait couler le sang à flots.

Diavolaccio, se voyant ainsi favorisé de la fortune, poussa un éclat de rire.

— Capitaine, dit-il, tout à l'heure Carlini n'a pas voulu boire à votre santé, proposez-lui de boire à la mienne; il aura peut-être plus de condescendance pour vous que pour moi.

Chacun s'attendait à une explosion de la part de Carlini; mais, au grand étonnement de tous, il prit un verre d'une main, un fiasco de l'autre, puis, remplissant le verre :

— A ta santé! Diavolaccio, dit-il d'une voix parfaitement calme; et il avala le contenu du verre sans que sa main tremblât.

Puis, s'asseyant près du feu :

— Ma part de souper, dit-il; la course que je viens de faire m'a donné de l'appétit.

— Vive Carlini! s'écrièrent les brigands.

— A la bonne heure! voilà ce qui s'appelle prendre la chose en bon compagnon. Et tous reformèrent le cercle autour du foyer, tandis que Diavolaccio s'éloignait.

Carlini mangeait et buvait comme si rien ne s'était passé.

Les bandits le regardaient avec étonnement, ne comprenant rien à cette impassibilité, lorsqu'ils entendirent derrière eux retentir sur le sol un pas alourdi.

Ils se retournèrent et aperçurent Diavolaccio tenant la jeune fille entre ses bras.

Elle avait la tête renversée, et ses longs cheveux pendaient jusqu'à terre.

A mesure qu'ils entraient dans le cercle de la lumière projetée par le foyer, on s'apercevait de la pâleur de la jeune fille et de la pâleur du bandit.

Cette apparition avait quelque chose de si étrange et de si solennel, que chacun se leva, excepté Carlini, qui resta assis, et continua de boire et de manger comme si rien ne se passait autour de lui.

Diavolaccio continuait de s'avancer au milieu du plus profond silence, et déposa Rita aux pieds du capitaine.

Alors tout le monde put reconnaître la cause de cette pâleur de la jeune fille et de cette pâleur du bandit.

Rita avait un couteau enfoncé jusqu'au manche au-dessous de la mamelle gauche.

Tous les yeux se portèrent sur Carlini : la gaîne était vide à sa ceinture.

— Ah! ah! dit le chef, je comprends maintenant pourquoi Carlini était resté en arrière.

Toute nature sauvage est apte à apprécier une action forte; quoique peut-être aucun des bandits n'eût fait ce que venait de faire Carlini, tous comprirent ce qu'il avait fait.

— Eh bien! dit Carlini en se levant à son tour et en s'approchant du cadavre la main sur la crosse d'un de ses pistolets, y a-t-il encore quelqu'un qui me dispute cette femme?

— Non! dit le chef, elle est à toi!

Alors Carlini la prit à son tour dans ses bras, et l'emporta hors du cercle de lumière que projetait la flamme du foyer.

Cucumetto disposait les sentinelles comme d'habitude, et les bandits se couchèrent enveloppés dans leurs manteaux autour du foyer.

A minuit la sentinelle donna l'éveil, et en un instant le chef et ses compagnons furent sur pied.

C'était le père de Rita, qui arrivait lui-même portant la rançon de sa fille.

— Tiens, dit-il à Cucumetto en lui tendant un sac d'argent, voici trois cents piastres, rends-moi mon enfant.

Mais le chef, sans prendre l'argent, lui fit signe de le suivre.

Le vieillard obéit; tous deux s'éloignèrent sous les arbres, à travers les branches desquels filtraient les rayons de la lune. Enfin Cucumetto s'arrêta étendant la main et montrant au vieillard deux personnes groupées au pied d'un arbre :

— Tiens, lui dit-il, demande ta fille à Carlini, c'est lui qui t'en rendra compte.

Et il s'en retourna vers ses compagnons.

Le vieillard resta immobile et les yeux fixes. Il sentait que quelque malheur inconnu, immense, inouï, planait sur sa tête.

Enfin il fit quelques pas vers le groupe informe dont il ne pouvait se rendre compte.

Au bruit qu'il faisait en s'avançant vers lui, Carlini releva la tête, et les formes des deux personnages commencèrent à apparaître plus distinctes aux yeux du vieillard.

Une femme était couchée à terre, la tête posée sur les genoux d'un homme assis et qui se tenait penché vers elle; c'était en se relevant que cet homme avait découvert le visage de la femme qu'il tenait serrée contre sa poitrine.

— Maintenant, si j'ai eu tort, venge-la.

Le vieillard reconnut sa fille, et Carlini reconnut le vieillard.

— Je t'attendais, dit le bandit au père de Rita.

— Misérable! dit le vieillard, qu'as-tu fait?

Et il regardait avec terreur Rita, pâle, immobile, ensanglantée, avec un couteau dans la poitrine.

Un rayon de la lune frappait sur elle et l'éclairait de sa lueur blafarde.

— Cucumetto avait violé ta fille, dit le bandit, et, comme je l'aimais, je l'ai tuée; car, après lui, elle allait servir de jouet à toute la bande.

Le vieillard ne prononça point une parole, seulement il devint pâle comme un spectre.

— Maintenant, dit Carlini, si j'ai eu tort, venge-la.

Et il arracha le couteau du sein de la jeune fille, et, se levant, il l'alla offrir d'une main au vieillard, tandis que de l'autre il écartait sa veste et lui présentait sa poitrine nue.

— Tu as bien fait, lui dit le vieillard d'une voix sourde. Embrasse-moi, mon fils.

Carlini se jeta en sanglotant dans les bras du

père de sa maîtresse. C'étaient les premières larmes que versait cet homme de sang

— Maintenant, dit le vieillard à Carlini, aide-moi à enterrer ma fille

Carlini alla chercher deux pioches, et le père et l'amant se mirent à creuser la terre au pied d'un chêne dont les branches touffues devaient recouvrir la tombe de la jeune fille.

Quand la tombe fut creusée, le père l'embrassa le premier, l'amant ensuite; puis, l'un la prenant par les pieds, l'autre par-dessous les épaules, ils la descendirent dans la fosse.

Puis ils s'agenouillèrent des deux côtés et dirent les prières des morts.

Puis, lorsqu'ils eurent fini, ils repoussèrent la terre sur le cadavre jusqu'à ce que la fosse fût comblée.

Alors, lui tendant la main :

— Je te remercie, mon fils! dit le vieillard à Carlini; maintenant, laisse-moi seul.

— Mais cependant... dit celui-ci.

— Laisse-moi, je te l'ordonne.

Carlini obéit, alla rejoindre ses camarades, s'enveloppa dans son manteau, et bientôt parut aussi profondément endormi que les autres.

Il avait été décidé la veille que l'on changerait de campement.

Une heure avant le jour, Cucumetto éveilla ses hommes, et l'ordre fut donné de partir.

Mais Carlini ne voulut pas quitter la forêt sans savoir ce qu'était devenu le père de Rita.

Il se dirigea vers l'endroit où il l'avait laissé.

Il trouva le vieillard pendu à une des branches du chêne qui ombrageait la tombe de sa fille.

Il fit alors sur le cadavre de l'un et sur la fosse de l'autre le serment de les venger tous deux.

Mais il ne put tenir ce serment; car, deux jours après, dans une rencontre avec les carabiniers romains, Carlini fut tué.

Seulement on s'étonna que, faisant face à l'ennemi, il eût reçu une balle entre les deux épaules.

L'étonnement cessa quand un des bandits eut fait remarquer à ses camarades que Cucumetto était placé dix pas en arrière de Carlini lorsque Carlini était tombé.

Le matin du départ de la forêt de Frosinone, il avait suivi Carlini dans l'obscurité, avait entendu le serment qu'il avait fait, et, en homme de précaution, il avait pris l'avance.

On racontait encore sur ce terrible chef de bande dix autres histoires non moins curieuses que celle-ci.

Ainsi, de Fondi à Pérouse, tout le monde tremblait au seul nom de Cucumetto

Ces histoires avaient souvent été l'objet des conversations de Luigi et de Teresa.

La jeune fille tremblait fort à tous ces récits; mais Vampa la rassurait avec un sourire, frappant son bon fusil qui portait si bien la balle; puis, si elle n'était pas rassurée il lui montrait à cent pas quelque corbeau perché sur une branche morte, le mettait en joue, lâchait la détente, et l'animal frappé tombait au pied de l'arbre.

Néanmoins, le temps s'écoulait; les deux jeunes gens avaient arrêté qu'ils se marieraient lorsqu'ils auraient Vampa vingt ans et Teresa dix-neuf. Ils étaient orphelins tous deux, ils n'avaient de permission à demander qu'à leur maître; ils l'avaient demandée et obtenue.

Un jour qu'ils causaient de leur projet d'avenir, ils entendirent deux ou trois coups de feu; puis tout à coup un homme sortit du bois près duquel les deux jeunes gens avaient l'habitude de faire paître leurs troupeaux, et accourut vers eux.

Arrivé à la portée de la voix :

— Je suis poursuivi, leur cria-t-il; pouvez-vous me cacher?

Les deux jeunes gens reconnurent bien que le fugitif devait être quelque bandit; mais il y a entre le paysan et le bandit romain une sympathie innée qui fait que le premier est toujours prêt à rendre service au second.

Vampa sans rien dire, courut donc à la pierre qui bouchait l'entrée de leur grotte, démasqua cette entrée en tirant la pierre à lui, fit signe au fugitif de se réfugier dans cet asile inconnu de tous, repoussa la pierre sur lui et revint s'asseoir près de Teresa.

Presque aussitôt quatre carabiniers à cheval apparurent à la lisière du bois; trois paraissaient être à la recherche du fugitif, le quatrième traînait par le cou un bandit prisonnier.

Les trois carabiniers explorèrent le pays d'un coup d'œil, aperçurent les deux jeunes gens, accoururent à eux au galop, et les interrogèrent.

Ils n'avaient rien vu.

— C'est fâcheux, dit le brigadier, car celui que nous cherchons, c'est le chef.

— Cucumetto? ne purent s'empêcher de s'écrier ensemble Luigi et Teresa.

— Oui, répondit le brigadier; et, comme sa tête est mise à prix à mille écus romains, il y en aurait eu cinq cents pour vous, si vous nous aviez aidés à le prendre.

Les deux jeunes gens échangèrent un regard. Le brigadier eut un instant d'espérance. Cinq cents écus romains font trois mille francs, et trois mille francs sont une fortune pour deux pauvres orphelins qui vont se marier.

— Oui, c'est fâcheux, dit Vampa, mais nous ne l'avons pas vu.

Alors les carabiniers battirent le pays dans des directions différentes, mais inutilement.

Puis, successivement, ils disparurent.

Alors Vampa alla tirer la pierre, et Cucumetto sortit.

Il avait vu, à travers les jours de la porte de granit, les deux jeunes gens causer avec les carabiniers; il s'était douté du sujet de leur conversation, il avait lu sur le visage de Luigi et de Teresa l'inébranlable résolution de ne point le livrer, et tira de sa poche une bourse pleine d'or et la leur offrit.

Mais Vampa releva la tête avec fierté; quant à Teresa, ses yeux brillèrent en pensant à tout ce quelle pourrait acheter de riches bijoux et de beaux habits avec cette bourse pleine d'or.

Cucumetto était un satan fort habile : il avait pris la forme d'un bandit au lieu de celle d'un serpent; il surprit ce regard, reconnut dans Teresa une digne fille d'Ève, et rentra dans la forêt en se retournant plusieurs fois sous prétexte de saluer ses libérateurs.

Plusieurs jours s'écoulèrent sans que l'on revît Cucumetto, sans qu'on entendît reparler de lui.

Le temps du carnaval approchait. Le comte de San-Felice annonça un grand bal masqué où tout ce que Rome avait de plus élégant fut invité.

Teresa avait grande envie de voir ce bal. Luigi demanda à son protecteur l'intendant la permission pour elle et pour lui d'y assister cachés parmi les serviteurs de la maison. Cette permission lui fut accordée.

Ce bal était surtout donné par le comte pour faire plaisir à sa fille Carmela, qu'il adorait.

Carmela était juste de l'âge et de la taille de Teresa, et Teresa était au moins aussi belle que Carmela.

Le soir du bal, Teresa mit sa plus belle toilette, ses plus riches aiguilles, ses plus brillantes verroteries. Elle avait le costume des femmes de Frascati.

Luigi avait l'habit si pittoresque du paysan romain les jours de fête.

Tous deux se mêlèrent, comme on l'avait permis, aux serviteurs et aux paysans.

La fête était magnifique. Non-seulement la villa était ardemment illuminée, mais des milliers de lanternes de couleur étaient suspendues aux arbres du jardin. Aussi bientôt le palais eut-il débordé sur les terrasses et les terrasses dans les allées.

A chaque carrefour il y avait un orchestre, des buffets et des rafraîchissements; les promeneurs s'arrêtaient, des quadrilles se formaient et l'on dansait là où il plaisait de danser.

Carmela était vêtue en femme de Sonino. Elle avait son bonnet tout brodé de perles, les aiguilles de ses cheveux étaient d'or et de diamants, sa ceinture était de soie turque à grandes fleurs brochées, son surtout et son jupon étaient de cachemire, son tablier était de mousseline des Indes, les boutons de son corset étaient autant de pierreries.

Deux autres de ses compagnes étaient vêtues, l'une en femme de Nettuno, l'autre en femme de la Riccia.

Quatre jeunes gens des plus riches et des plus nobles familles de Rome les accompagnaient avec cette liberté italienne qui n'a son égale dans aucun autre pays du monde : ils étaient vêtus de leur côté en paysan d'Albano, de Velletri, de Civita Castellana et de Sora.

Il va sans dire que ces costumes de paysans, comme ceux des paysannes, étaient resplendissants d'or et de pierreries.

Il vint à Carmela l'idée de faire un quadrille uniforme, seulement il manquait une femme.

Carmela regardait tout autour d'elle, pas une de ses invitées n'avaient un costume analogue au sien et à ceux de ses compagnes.

Le comte de San-Felice lui montra au milieu des paysannes Teresa appuyée au bras de Luigi.

— Est-ce que vous permettez, mon père? dit Carmela.

— Sans doute, répondit le comte, ne sommes-nous pas en carnaval?

Carmela se pencha vers un jeune homme qui l'accompagnait en causant, et lui dit quelques mots tout en lui montrant du doigt la jeune fille.

Le jeune homme suivit des yeux la jolie main qui lui servait de conductrice, fit un geste d'obéissance, et vint inviter Teresa à figurer au quadrille dirigé par la fille du comte.

Teresa sentit comme une flamme qui lui passait sur le visage. Elle interrogea du regard Luigi : il n'y avait pas moyen de refuser. Luigi laissa lentement glisser le bras de Teresa, qu'il tenait sous le sien; et Teresa, s'éloignant conduite par son élégant cavalier, vint prendre, toute tremblante, sa place au quadrille aristocratique.

Certes, aux yeux d'un artiste, l'exact et sévère costume de Teresa eût eu un bien autre caractère que celui de Carmela et de ses compagnes; mais Teresa était une jeune fille frivole et coquette; les broderies de la mousseline, les palmes de la ceinture, l'éclat du cachemire l'éblouissaient, le reflet des saphirs et des diamants la rendait folle.

De son côté, Luigi sentait naître en lui un sentiment inconnu : c'était comme une douleur sourde, qui le mordait au cœur d'abord, et de là, toute frémissante, courait par ses veines et s'emparait de tout son corps; il suivit des yeux les moindres mouvements de Teresa et de son cavalier : lorsque leurs mains se touchaient, il ressentait comme des éblouissements, ses artères battaient avec violence, et l'on eût dit que le son d'une cloche vibrait à ses oreilles. Lorsqu'ils se parlaient, quoique Teresa écoutât timide et les yeux baissés les discours de son cavalier, comme Luigi lisait dans les yeux ardents du beau jeune homme que ces discours étaient des louanges, il lui semblait que la terre tournait sous lui et que toutes les voix de l'enfer lui soufflaient des idées de meurtre et d'assassinat. Alors, craignant de se laisser emporter à sa folie, il

— Il serrait d'un mouvement convulsif le poignard au manche sculpté.

se cramponnait d'une main à la charmille contre laquelle il était debout, et de l'autre il serrait d'un mouvement convulsif le poignard au manche sculpté qui était passé dans sa ceinture, et que, sans s'en apercevoir, il tirait quelquefois presque en entier du fourreau.

Luigi était jaloux! il sentait qu'emportée par sa nature coquette et orgueilleuse Teresa pouvait lui échapper.

Et cependant la jeune paysanne, timide et presque effrayée d'abord, s'était bientôt remise. Nous avons dit que Teresa était belle. Ce n'est pas tout: Teresa était gracieuse, de cette grâce sauvage, bien autrement puissante que notre grâce minaudière et affectée. Elle eut presque les honneurs du quadrille; et, si elle fut envieuse de la fille du comte de San-Felice, nous n'oserions pas dire que Carmela ne fut pas jalouse d'elle.

Aussi fut-ce avec force compliments que son beau cavalier la reconduisit à la place où il l'avait prise et où l'attendait Luigi.

Deux ou trois fois pendant la contredanse la jeune fille avait jeté un regard sur lui, et à chaque fois elle l'avait vu pâle et les traits crispés. Une fois

Teresa.

même, la lame de son couteau, à moitié tirée de sa gaîne, avait ébloui ses yeux comme un sinistre éclair.

Ce fut donc presque en tremblant qu'elle reprit le bras de son amant.

Le quadrille avait eu le plus grand succès, et il était évident qu'il était question d'en faire une seconde édition. Carmela seule s'y opposait; mais le comte de San-Felice pria sa fille si tendrement, qu'elle finit par consentir.

Aussitôt un des cavaliers s'élança pour inviter Teresa, sans laquelle il était impossible que la contredanse eût lieu, mais la jeune fille avait déjà disparu.

En effet, Luigi ne s'était pas senti la force de supporter une seconde épreuve; et, moitié par persuasion et moitié par force, il avait entraîné Teresa vers un autre point du jardin. Teresa avait cédé bien malgré elle; mais elle avait vu à la figure bouleversée du jeune homme, elle comprenait à son silence entrecoupé de tressaillements nerveux, que quelque chose d'étrange se passait en lui. Elle-même n'était pas exempte d'une agitation intérieure; et, sans avoir cependant rien fait de mal, elle comprenait que Luigi était en droit de lui faire des reproches : sur quoi? elle l'ignorait; mais elle ne sentait pas moins que ces reproches seraient mérités.

Cependant, au grand étonnement de Teresa, Luigi demeura muet, et pas une parole n'entr'ouvrit ses lèvres pendant tout le reste de la soirée. Seulement, lorsque le froid de la nuit eut chassé les invités des jardins et que les portes de la villa se furent refermées sur eux pour une fête intérieure, il reconduisit Teresa; puis, comme elle allait rentrer chez elle :

— Teresa, dit-il, à quoi pensais-tu lorsque tu dansais en face de la jeune comtesse de San-Felice?

— Je pensais, répondit la jeune fille dans toute la franchise de son âme, que je donnerais la moitié de ma vie pour avoir un costume comme celui qu'elle portait.

— Et que te disait ton cavalier?

— Il me disait qu'il ne tiendrait qu'à moi de l'avoir, et que je n'avais qu'un mot à dire pour cela.

— Il avait raison, répondit Luigi. Le désires-tu aussi ardemment que tu le dis?

— Oui.

— Eh bien! tu l'auras!

La jeune fille étonnée leva la tête pour le questionner; mais son visage était si sombre et si terrible, que la parole se glaça sur ses lèvres.

D'ailleurs, en disant ces paroles, Luigi s'était éloigné.

Teresa le suivit des yeux dans la nuit tant qu'elle put l'apercevoir. Puis, lorsqu'il eut disparu, elle rentra chez elle en soupirant.

Cette même nuit, il arriva un grand événement par l'imprudence sans doute de quelque domestique qui avait négligé d'éteindre les lumières : le feu prit à la villa San-Felice, juste dans les dépendances de l'appartement de la belle Carmela. Réveillée au milieu de la nuit par la lueur des flammes, elle avait sauté en bas de son lit, s'était enveloppée de sa robe de chambre, et avait essayé de fuir par la porte; mais le corridor par lequel il fallait passer était déjà en proie à l'incendie. Alors elle était rentrée dans sa chambre appelant à grands cris au secours, quand tout à coup sa fenêtre, située à vingt pieds du sol, s'était ouverte; un jeune paysan s'était élancé dans l'appartement, l'avait prise dans ses bras, et, avec une force et une adresse surhumaines, l'avait transportée sur le gazon de la pelouse, où elle s'était évanouie. Lorsqu'elle avait repris ses sens, son père était devant elle. Tous les serviteurs l'entouraient, lui portant des secours. Une aile tout entière de la villa était brûlée; mais qu'importait, puisque Carmela était saine et sauve!

On chercha partout son libérateur, mais son libérateur ne reparut point; on le demanda à tout le monde, mais personne ne l'avait vu. Quant à Carmela, elle était si troublée, qu'elle ne l'avait point reconnu.

Au reste, comme le comte était immensément riche, à part le danger qu'avait couru Carmela, et qui lui parut, par la manière miraculeuse dont elle y avait échappé, plutôt une nouvelle faveur de la Providence qu'un malheur réel, la perte occasionnée par les flammes fut peu de chose pour lui.

Le lendemain, à l'heure habituelle, les deux jeunes gens se retrouvèrent à la lisière de la forêt. Luigi était arrivé le premier. Il vint au-devant de la jeune fille avec une grande gaieté; il semblait avoir complétement oublié la scène de la veille. Teresa était visiblement pensive; mais, en voyant Luigi ainsi disposé, elle affecta de son côté l'insouciance rieuse qui était le fond de son caractère quand quelque passion ne le venait pas troubler.

Luigi prit le bras de Teresa sous le sien, et la conduisit jusqu'à la porte de la grotte. Là il s'arrêta. la jeune fille, comprenant qu'il y avait quelque chose d'extraordinaire, le regarda fixement.

— Teresa, dit Luigi, hier au soir tu m'as dit que tu donnerais tout au monde pour avoir un costume pareil à celui de la fille du comte.

— Oui, dit Teresa avec étonnement, mais j'étais folle de faire un pareil souhait.

— Et moi je t'ai répondu : — C'est bien! tu l'auras.

— Oui, reprit la jeune fille, dont l'étonnement croissait à chaque parole de Luigi; mais tu as répondu cela sans doute pour me faire plaisir.

— Je ne t'ai jamais rien promis que je ne te l'aie bientôt donné, Teresa, dit orgueilleusement Luigi; entre dans la grotte et habille-toi.

A ces mots, il tira la pierre et montra à Teresa la grotte éclairée par deux bougies qui brûlaient de chaque côté d'un magnifique miroir; sur la table rustique. faite par Luigi, étaient étalés le collier de perles et les épingles de diamants, sur une chaise à côté était déposé le reste du costume.

Teresa poussa un cri de joie, et, sans s'informer d'où venait ce costume, sans prendre le temps de remercier Luigi, elle s'élança dans la grotte transformée en cabinet de toilette.

Derrière elle Luigi repoussa la pierre, car il venait d'apercevoir sur la crête d'une petite colline, qui empêchait que de la place où il était on ne vit Palestrina, un voyageur à cheval, qui s'arrêta un instant comme incertain de sa route, se dessinant sur l'azur du ciel avec cette netteté de contour particulière aux lointains des pays méridionaux.

En apercevant Luigi, le voyageur mit son cheval au galop, et vint à lui.

Luigi ne s'était pas trompé; le voyageur, qui allait de Palestrina à Tivoli, était dans le doute de son chemin.

Le jeune homme le lui indiqua; mais, comme à un

quart de mille de là la route se divisait en trois sentiers, et qu'arrivé à ces trois sentiers le voyageur pouvait de nouveau s'égarer, il pria Luigi de lui servir de guide.

Luigi détacha son manteau et le déposa à terre, jeta sur son épaule sa carabine, et, dégagé ainsi du lourd vêtement, marcha devant le voyageur de ce pas rapide du montagnard que le pas d'un cheval a peine à suivre.

En dix minutes, Luigi et le voyageur furent à l'espèce de carrefour indiqué par le jeune pâtre.

Arrivés là, d'un geste majestueux comme celui d'un empereur, il étendit la main vers celle des trois routes que le voyageur devait suivre :

— Voilà votre chemin, dit-il, Excellence, vous n'avez plus à vous tromper maintenant.

— Et toi, voici ta récompense, dit le voyageur en offrant au jeune pâtre quelques pièces de menue monnaie.

— Merci, dit Luigi en retirant sa main; je rends un service, je ne le vends pas

— Mais, dit le voyageur, qui paraissait du reste habitué à cette différence entre la servilité de l'homme des villes et l'orgueil du campagnard, si tu refuses un salaire, tu acceptes au moins un cadeau

— Ah! oui, c'est autre chose.

— Eh bien! dit le voyageur, prends ces deux sequins de Venise, et donne-les à ta fiancée pour en faire une paire de boucles d'oreilles.

— Et vous, alors, prenez ce poignard, dit le jeune pâtre, vous n'en trouveriez pas un dont la poignée fût mieux sculptée d'Albano à Civita-Castellane.

— J'accepte, dit le voyageur; mais alors c'est moi qui suis ton obligé, car ce poignard vaut plus de deux sequins.

— Pour un marchand, peut-être; mais pour moi qui l'ai sculpté moi-même, il vaut à peine une piastre.

— Comment t'appelles-tu? demanda le voyageur.

— Luigi Vampa, répondit le pâtre du même air qu'il eût répondu : Alexandre, roi de Macédoine. Et vous?

— Moi, dit le voyageur, je m'appelle Simbad le Marin.

Franz d'Épinay jeta un cri de surprise

— Simbad le Marin! dit-il.

— Oui, reprit le narrateur, c'est le nom que le voyageur donna à Vampa comme étant le sien.

— Eh bien! mais qu'avez-vous à dire contre ce nom? interrompit Albert; c'est un fort beau nom, et les aventures du patron de ce monsieur m'ont, je dois l'avouer, fort amusé dans ma jeunesse.

Franz n'insista pas davantage. Ce nom de Simbad le Marin, comme on le comprend bien, avait réveillé en lui tout un monde de souvenirs, comme avait fait la veille celui du comte de Monte-Christo.

— Continuez, dit-il à l'hôte.

Vampa mit dédaigneusement les deux sequins dans sa poche, et reprit lentement le chemin par lequel il était venu. Arrivé à deux ou trois cents pas de la grotte, il crut entendre un cri.

Il s'arrêta, écoutant de quel côté venait ce cri.

Au bout d'une seconde, il entendit son nom prononcé distinctement.

L'appel venait du côté de la grotte.

Il bondit comme un chamois, armant son fusil tout en courant, et parvint en moins d'une minute au sommet de la petite colline opposée à celle où il avait aperçu le voyageur.

Là, les cris : — Au secours! arrivèrent à lui plus distincts.

Il jeta les yeux sur l'espace qu'il dominait : un homme enlevait Teresa, comme le centaure Nessus, Déjanire.

Cet homme, qui se dirigeait vers le bois, était déjà aux trois quarts du chemin de la grotte à la forêt.

Vampa mesura l'intervalle; cet homme avait deux cents pas d'avance au moins sur lui, il n'y avait pas de chance de le rejoindre avant qu'il eût gagné le bois.

Le jeune pâtre s'arrêta comme si ses pieds eussent pris racine. Il appuya la crosse de son fusil à son épaule, leva lentement le canon dans la direction du ravisseur, le suivit une seconde dans sa course et fit feu.

Le ravisseur s'arrêta court, ses genoux plièrent, et il tomba, entraînant Teresa dans sa chute.

Mais Teresa se releva aussitôt; quant au fugitif, il resta couché se débattant dans les convulsions de l'agonie.

Vampa s'élança aussitôt vers Teresa, car à dix pas du moribond les jambes lui avaient manqué à son tour, et elle était retombée à genoux, et le jeune homme avait cette crainte terrible que la balle qui venait d'abattre son ennemi n'eût en même temps blessé sa fiancée.

Heureusement il n'en n'était rien, c'était la terreur seule qui avait paralysé les forces de Teresa. Lorsque Luigi se fut bien assuré qu'elle était saine et sauve, il se retourna vers le blessé.

Il venait d'expirer les poings fermés, la bouche contractée par la douleur, et les cheveux hérissés sous la sueur de l'agonie.

Ses yeux étaient restés ouverts et menaçants.

Vampa s'approcha du cadavre, et reconnut Cucumetto.

Depuis le jour où le bandit avait été sauvé par les deux jeunes gens, il était devenu amoureux de Teresa et avait juré que la jeune fille serait à lui. Depuis ce jour, il l'avait épiée; et, profitant du moment où son amant l'avait laissée seule pour indiquer le chemin au voyageur, il l'avait enlevée et la croyait déjà à lui lorsque la balle de Vampa, guidée par le coup d'œil infaillible du jeune pâtre, lui avait traversé le cœur.

Vampa le regarda un instant sans que la moindre émotion se trahît sur son visage, tandis qu'au contraire Teresa, toute tremblante encore, n'osait se rapprocher du bandit mort qu'à petits pas et jetait, en hésitant, un coup d'œil sur le cadavre par-dessus l'épaule de son amant.

Au bout d'un instant, Vampa se retourna vers sa maîtresse :

— Ah! ah! dit-il, c'est bien, tu es habillée, à mon tour de faire ma toilette.

En effet, Teresa était revêtue de la tête aux pieds du costume de la fille du comte de San-Felice.

Vampa prit le corps de Cucumetto entre ses bras, l'emporta dans la grotte, tandis qu'à son tour Teresa restait dehors.

Si un second voyageur fût alors passé, il eût vu une chose étrange : c'était une bergère gardant ses brebis avec une robe de cachemire, des boucles d'oreilles et un collier de perles, des épingles de diamants et des boutons de saphirs, d'émeraudes et de rubis.

Sans doute il se fût cru revenu au temps de Florian, et eût affirmé, en revenant à Paris, qu'il avait rencontré la bergère des Alpes assise au pied des monts Sabins.

Au bout d'un quart d'heure, Vampa sortit à son tour de la grotte. Son costume n'était pas moins élégant dans son genre que celui de Teresa.

Il avait une veste de velours grenat à boutons d'or ciselés, un gilet de soie tout couvert de broderies, une écharpe romaine nouée autour du cou, une cartouchière toute piquée d'or et de soie rouge et verte, des culottes de velours bleu de ciel attachées au-dessous du genou par des boucles de diamants, des guêtres de peau de daim bariolées de mille arabesques, et un chapeau où flottaient des rubans de toutes couleurs; deux montres pendaient à sa ceinture, et un magnifique poignard était passé à sa cartouchière.

Teresa jeta un cri d'admiration. Vampa, sous cet habit, ressemblait à une peinture de Léopold Robert ou de Schnetz.

Il avait revêtu le costume complet de Cucumetto.

Le jeune homme s'aperçut de l'effet qu'il produisait sur sa fiancée, et un sourire d'orgueil passa sur sa bouche.

— Maintenant, dit-il à Teresa, es-tu prête à partager ma fortune quelle qu'elle soit?

— Oh oui! s'écria la jeune fille avec enthousiasme.

— A me suivre partout où j'irai?

— Au bout du monde.

— Alors, prends mon bras et partons, car nous n'avons pas de temps à perdre.

La jeune fille passa son bras sous celui de son amant, sans même lui demander où il la conduisait; car en ce moment il lui paraissait beau, fier et puissant comme un dieu.

Et tous deux s'avancèrent dans la forêt, dont au bout de quelques minutes ils eurent franchi la lisière.

Il va sans dire que tous les sentiers de la montagne étaient connus de Vampa; il avança donc dans la forêt sans hésiter un seul instant, quoiqu'il n'y eût aucun chemin frayé, mais seulement reconnaissant la route qu'il devait suivre à la seule inspection des arbres et des buissons : ils marchèrent ainsi une heure et demie à peu près.

Au bout de ce temps, ils étaient arrivés à l'endroit le plus touffu du bois. Un torrent dont le lit était à sec conduisait dans une gorge profonde. Vampa prit cet étrange chemin, qui, encaissé entre deux rives et rembruni par l'ombre épaisse des pins, semblait, moins la descente facile, ce sentier de l'Averne dont parle Virgile.

Teresa, redevenue craintive à l'aspect de ce lieu sauvage et désert, se serrait contre son guide sans dire une parole; mais, comme elle le voyait marcher toujours d'un pas égal, comme un calme profond rayonnait sur son visage, elle avait elle-même la force de dissimuler son émotion.

Tout à coup, à dix pas d'eux, un homme sembla se détacher d'un arbre derrière lequel il était caché, et mettant Vampa en joue :

— Pas un pas de plus! cria-t-il, ou tu es mort.

— Allons donc, dit Vampa en levant la main avec un geste de mépris, tandis que Teresa, ne dissimulant plus sa terreur, se pressait contre lui, est-ce que les loups se déchirent entre eux?

— Qui es-tu? demanda la sentinelle.

— Je suis Luigi Vampa, le berger de la ferme de San-Felice.

— Que veux-tu?

— Je veux parler à tes compagnons qui sont à la clairière de Rocca-Bianca.

— Alors, suis-moi, dit la sentinelle, ou plutôt, puisque tu sais où cela est, marche devant.

Vampa sourit d'un air de mépris à cette précaution du bandit, passa devant avec Teresa et continua son chemin du même pas ferme et tranquille qui l'avait conduit jusque-là.

Au bout de cinq minutes, le bandit leur fit signe de s'arrêter.

Les deux jeunes gens obéirent.

Le bandit imita trois fois le cri du corbeau.

Un croassement répondit à ce triple appel.

— C'est bien, dit le bandit. Maintenant tu peux continuer ta route.

Luigi et Teresa se remirent en chemin.

— Je veux dire que je m'ennuie de faire le métier de berger.

Mais, à mesure qu'ils avançaient, Teresa tremblante se serrait contre son amant; en effet, à travers les arbres on voyait apparaître des armes et étinceler des canons de fusil.

La clairière de Rocca-Bianca était au sommet d'une petite montagne qui autrefois sans doute avait été un volcan, volcan éteint avant que Rémus et Romulus n'eussent déserté Albe pour venir bâtir Rome.

Teresa et Luigi atteignirent le sommet et se trouvèrent au même instant en face d'une vingtaine de bandits.

— Voici un jeune homme qui vous cherche et qui désire vous parler, dit la sentinelle.

— Et que veut-il nous dire? demanda celui qui, en l'absence du chef, remplissait l'intérim du capitaine.

— Je veux dire que je m'ennuie de faire le métier de berger, dit Vampa.

— Ah! je comprends, dit le lieutenant, et tu viens nous demander à être admis dans nos rangs?

— Qu'il soit le bienvenu! crièrent plusieurs bandits de Ferrusino, de Pampinara et d'Anagni, qui avaient reconnu Luigi Vampa.

— Oui, seulement je viens vous demander une autre chose que d'être votre compagnon.

— Et que viens-tu nous demander? dirent les bandits avec étonnement.

— Je viens vous demander à être votre capitaine, dit le jeune homme.

Les bandits éclatèrent de rire.

— Et qu'as-tu fait pour aspirer à cet honneur? demanda le lieutenant.

— J'ai tué votre chef Cucumetto, dont voici la dépouille, dit Luigi, et j'ai mis le feu à la villa de San-Felice pour donner une robe de noce à ma fiancée.

Une heure après, Luigi Vampa était élu capitaine en remplacement de Cucumetto.

— Eh bien! mon cher Albert, dit Franz en se retournant vers son ami, que pensez-vous maintenant du citoyen Luigi Vampa?

— Je dis que c'est un mythe, répondit Albert, et qu'il n'a jamais existé.

— Qu'est-ce que c'est qu'un mythe? demanda Pastrini.

— Ce serait trop long à vous expliquer, mon cher hôte, répondit Franz. Et vous dites donc que maître Vampa exerce en ce moment sa profession aux environs de Rome?

— Et avec une hardiesse dont jamais bandit avant lui n'avait donné l'exemple.

— La police a tenté vainement de s'en emparer, alors?

— Que voulez-vous? il est d'accord à la fois avec les bergers de la plaine, les pêcheurs du Tibre et les contrebandiers de la côte. On le cherche dans la montagne, il est sur le fleuve; on le poursuit sur le fleuve, il gagne la pleine mer; puis, tout à coup, quand on le croit réfugié dans l'île del Giglio, del Guanonti, ou de Monte-Christo, on le voit reparaître à Albano, à Tivoli ou à la Riccia.

— Et quelle est sa manière de procéder à l'égard des voyageurs?

— Ah! mon Dieu! c'est bien simple. Selon la distance où l'on est de la ville, il leur donne huit heures, douze heures, un jour, pour payer leur rançon; puis, ce temps écoulé, il accorde une heure de grâce. A la soixantième minute de cette heure, s'il n'a pas l'argent, il fait sauter la cervelle du prisonnier d'un coup de pistolet, ou lui plante son poignard dans le cœur, et tout est dit.

— Eh bien! Albert, demanda Franz à son compagnon, êtes-vous toujours disposé à aller au Colysée par les boulevards extérieurs?

— Parfaitement, dit Albert, si la route est plus pittoresque.

En ce moment, neuf heures sonnèrent, la porte s'ouvrit et notre cocher parut.

— Excellence, dit-il, la voiture vous attend.

— Eh bien! dit Franz, en ce cas, au Colysée.

— Par la porte del Popolo, Excellences, ou par les rues?

— Par les rues! morbleu! par les rues! s'écria Franz.

— Ah! mon cher, dit Albert en se levant à son tour et en allumant son troisième cigare, en vérité je vous croyais plus brave que cela.

Sur ce, les deux jeunes gens descendirent l'escalier et montèrent en voiture.

CHAPITRE XI.

APPARITION.

ranz avait trouvé un terme moyen pour qu'Albert arrivât au Colysée sans passer devant aucune ruine antique, et par conséquent sans que les préparations graduelles ôtassent au colosse une seule coudée de ses gigantesques proportions. C'était de suivre la via Sistinia, de couper à angle droit devant Sainte-Marie-Majeure, et d'arriver par la via Urbana et San Pietro in Vincoli jusqu'à la via del Colosseo.

Cet itinéraire offrait d'ailleurs un autre avantage : c'était celui de ne distraire en rien Franz de l'impression produite sur lui par l'histoire qu'avait racontée maître Pastrini, et dans laquelle se trouvait mêlé son mystérieux amphitryon de Monte-Christo. Aussi s'était-il accoudé dans son coin et était-il retombé dans ses mille interrogatoires sans fin qu'il s'était faits à lui-même, et dont pas un ne lui avait donné une réponse satisfaisante.

Une chose, au reste, lui avait encore rappelé son ami Simbad le Marin : c'étaient ces mystérieuses relations entre les brigands et les matelots Ce qu'avait dit maître Pastrini du refuge que trouvait Vampa sur les barques des pêcheurs et des contrebandiers rappelait à Franz ces deux bandits corses qu'il avait trouvés soupant avec l'équipage du petit yacht, lequel s'était détourné de son chemin et avait abordé à Porto-Vecchio, dans le seul but de les remettre à terre. Le nom que se donnait son hôte de Monte-Christo, prononcé par son hôte de l'hôtel de Londres, lui prouvait qu'il jouait le même rôle philanthropique sur les côtes de Piombino, de Civita-Vecchia, d'Ostie et de Gaëte que sur celles de Corse, de Toscane et d'Espagne, et, comme lui-même, autant que pouvait se le rappeler Franz, avait parlé de Tunis et de Palerme, c'était une preuve qu'il embrassait un cercle de relations assez étendu.

Mais, si puissantes que fussent sur l'esprit du jeune homme toutes ces réflexions, elles s'évanouirent à l'instant où il vit s'élever devant lui le spectre sombre et gigantesque du Colysée, à travers les ouvertures duquel la lune projetait ces longs et pâles rayons qui tombent des yeux des fantômes. La voiture arrêta à quelques pas de la Meta Sudans. Le cocher vint ouvrir la portière, les deux jeunes gens sautèrent à bas de la voiture et se trouvèrent en face d'un cicérone qui semblait sortir de dessous terre.

Comme celui de l'hôtel les avait suivis, cela leur en faisait deux.

Impossible, au reste, d'éviter à Rome ce luxe de guides : outre le cicérone général qui s'empare de vous au moment où vous mettez le pied sur le seuil de la porte de l'hôtel, et qui ne vous abandonne plus que le jour où vous mettez le pied hors de la ville, il y a encore un cicérone spécial attaché à chaque monument, et je dirai presque à chaque fraction de monument. Qu'on juge donc si l'on doit manquer de ciceroni au Colosseo, c'est-à-dire au monument par excellence, qui faisait dire à Martial :

« Que Memphis cesse de nous vanter les barbares
« miracles de ses pyramides, que l'on ne chante
« plus les merveilles de Babylone; tout doit céder
« devant l'immense travail de l'amphithéâtre des
« Césars, et toutes les voix de la renommée doivent
« se réunir pour vous vanter ce monument. »

Franz et Albert n'essayèrent point de se soustraire à la tyrannie cicéronnienne. Au reste, cela serait d'autant plus difficile, que ce sont les guides seulement qui ont le droit de parcourir le monument avec des torches. Ils ne firent donc aucune résistance, et se livrèrent pieds et poings liés à leurs conducteurs.

Franz connaissait cette promenade pour l'avoir faite dix fois déjà. Mais, comme son compagnon, plus novice, mettait pour la première fois le pied dans le monument de Flavius Vespasien, je dois l'avouer à sa louange, malgré le caquetage ignorant de ses guides, il était fortement impressionné. C'est qu'en effet on n'a aucune idée, quand on ne l'a pas vue, de la majesté d'une pareille ruine, dont toutes les proportions sont doublées encore par la mystérieuse clarté de cette lune méridionale dont les rayons semblent un crépuscule d'occident.

Aussi, à peine Franz le penseur eut-il fait cent pas sous les portiques intérieurs, qu'abandonnant

Le Colysée.

Albert à ses guides, qui ne voulaient pas renoncer au droit imprescriptible de lui faire voir dans tous leurs détails la Fosse des Lions, la Loge des Gladiateurs, le Podium des Césars, il prit un escalier à moitié ruiné, et, leur laissant continuer leur route symétrique, il alla tout simplement s'asseoir à l'ombre d'une colonne, en face d'une échancrure qui lui permettait d'embrasser le géant de granit dans toute sa majestueuse étendue.

Franz était là depuis un quart d'heure à peu près, perdu, comme je l'ai dit, dans l'ombre d'une colonne, occupé à regarder Albert, qui, accompagné de ses deux porteurs de torches, venait de sortir d'un vomitorium placé à l'autre extrémité du Colysée, et lesquels, pareils à des ombres qui suivent un feu follet, descendaient de gradins en gradins vers les places réservées aux vestales, lorsqu'il lui sembla entendre rouler dans les profondeurs du monument une pierre détachée de l'escalier situé en face de celui qu'il venait de prendre pour arriver à l'endroit où il était assis. Ce n'est pas chose rare sans doute qu'une pierre qui se détache sous le pied du temps et va rouler dans l'abîme; mais cette fois il lui semblait que c'était aux pieds d'un homme que

Peppino.

la pierre avait cédé, et qu'un bruit de pas arrivait jusqu'à lui, quoique celui qui l'occasionnait fit tout ce qu'il pût pour l'assourdir.

En effet, au bout d'un instant, un homme parut, sortant graduellement de l'ombre à mesure qu'il montait l'escalier, dont l'orifice, situé en face de Franz, était éclairé, mais par la lune, dont les degrés, à mesure qu'on les descendait, s'enfonçaient dans l'obscurité.

Ce pouvait être un voyageur comme lui, préférant une méditation solitaire au bavardage insignifiant de ses guides, et par conséquent son apparition n'avait rien qui pût le surprendre; mais, à l'hésitation avec laquelle il monta les dernières marches, à la façon dont, arrivé sur la plate-forme, il s'arrêta et parut écouter, il était évident qu'il était venu là dans un but particulier, et qu'il attendait quelqu'un.

Par un mouvement instinctif, Franz s'effaça le plus qu'il put derrière la colonne.

A dix pieds du sol où ils se trouvaient tous deux la voûte était défoncée, et une ouverture ronde, pareille à celle d'un puits, permettait d'apercevoir le ciel tout constellé d'étoiles.

 Paris. — Imp. de Éd. Blot, rue Saint-Louis, 46.

BIBLIOTHÈQUE IMPÉRIALE IMPR.

Autour de cette ouverture, qui donnait peut-être déjà depuis des centaines d'années passage aux rayons de la lune, poussaient des broussailles dont les vertes et frêles découpures se détachaient en vigueur sur l'azur mat du firmament, tandis que de grandes lianes et de puissants jets de lierre pendaient de cette terrasse supérieure et se balançaient sous la voûte pareilles à des cordages flottants.

Le personnage dont l'arrivée mystérieuse avait attiré l'attention de Franz était placé dans une demi-teinte qui ne lui permettait pas de distinguer ses traits, mais qui cependant n'était pas assez obscure pour l'empêcher de détailler son costume : il était enveloppé d'un grand manteau brun dont un des pans, rejeté sur son épaule gauche, lui cachait le bas du visage, tandis que son chapeau à larges bords en couvrait la partie supérieure. L'extrémité seule de ses vêtements se trouvait éclairée par la lumière oblique qui passait par l'ouverture, et qui permettait de distinguer un pantalon noir encadrant coquettement une botte vernie.

Cet homme appartenait évidemment, sinon à l'aristocratie, du moins à la haute société.

Il était là depuis quelques minutes, et commençait à donner des signes visibles d'impatience lorsqu'un léger bruit se fit entendre sur la terrasse supérieure.

Au même instant une ombre parut intercepter la lumière, un homme apparut à l'orifice de l'ouverture, plongea son regard perçant dans les ténèbres, et aperçut l'homme au manteau; aussitôt il saisit une poignée de ces lianes pendantes et de ces lierres flottants, se laissa glisser, et, arrivé à trois ou quatre pieds du sol, sauta légèrement à terre. Celui-ci avait le costume d'un Transtevere complet.

— Excusez-moi, Excellence, dit-il en dialecte romain, je vous ai fait attendre. Cependant je ne suis en retard que de quelques minutes. Dix heures viennent de sonner à Saint-Jean-de-Latran.

— C'est moi qui étais en avance et non vous qui étiez en retard, répondit l'étranger dans le plus pur toscan; ainsi, pas de cérémonie : d'ailleurs, m'eussiez-vous fait attendre, que je me serais bien douté que c'était par quelque motif indépendant de votre volonté.

— Et vous auriez eu raison, Excellence, je viens du château Saint-Ange, et j'ai eu toutes les peines du monde à parler à Beppo.

— Qu'est-ce que Beppo?

— Beppo est un employé de la prison, à qui je fais une petite rente pour savoir ce qui se passe dans l'intérieur du château de Sa Sainteté.

— Ah! ah! je vois que vous êtes homme de précaution, mon cher!

— Que voulez-vous, Excellence? on ne sait pas ce qui peut arriver; peut-être moi aussi serai-je un jour pris au filet comme ce pauvre Peppino, et aurai-je besoin d'un rat pour ronger quelques mailles de ma prison.

— Bref, qu'avez-vous appris?

— Il y aura deux exécutions mardi, à deux heures, comme c'est l'habitude à Rome lors des ouvertures des grandes fêtes. Un condamné sera *mazzolato* : c'est un misérable qui a tué un prêtre qui l'avait élevé, et qui ne mérite aucun intérêt. L'autre sera *decapitato*, et celui-là c'est le pauvre Peppino.

— Que voulez-vous, mon cher? vous inspirez une si grande terreur, non-seulement au gouvernement pontifical, mais encore aux royaumes voisins, qu'on veut absolument faire un exemple.

— Mais Peppino ne fait pas même partie de ma bande, c'est un pauvre berger qui n'a commis d'autres crimes que de nous fournir des vivres.

— Ce qui le constitue parfaitement votre complice. Aussi, vous voyez qu'on a des égards pour lui : au lieu de l'assommer, comme vous le serez si jamais on vous met la main dessus, on se contentera de le guillotiner. Au reste, cela variera les plaisirs du peuple, et il y aura spectacle pour tous les goûts.

— Sans compter celui que je lui ménage et auquel il ne s'attend pas, reprit le Transtevere.

— Mon cher ami, permettez-moi de vous dire, reprit l'homme au manteau, que vous me paraissez tout disposé à faire quelque sottise.

— Je suis disposé à tout pour empêcher l'exécution du pauvre diable qui est dans l'embarras pour m'avoir servi. Par la Madone! je me regarderais comme un lâche si je ne faisais pas quelque chose pour ce brave garçon.

— Et que ferez-vous?

— Je placerai une vingtaine d'hommes autour de l'échafaud, et, au moment où on l'amènera, au signal que je donnerai, nous nous élancerons le poignard au poing sur l'escorte et nous l'enlèverons.

— Cela me paraît fort chanceux, et je crois décidément que mon projet vaut mieux que le vôtre.

— Et quel est votre projet, Excellence?

— Je donnerai deux mille piastres à quelqu'un que je sais, et qui obtiendra que l'exécution de Peppino soit remise à l'année prochaine; puis, dans le courant de l'année, je donnerai mille autres piastres à un autre quelqu'un que je sais encore, et je le ferai évader de prison.

— Êtes-vous sûr de réussir?

— Pardieu! dit en français l'homme au manteau.

— Plaît-il? demanda le Transtevere.

— Je dis, mon cher, que j'en ferai plus à moi seul avec mon or que vous et tous vos gens avec leurs poignards, leurs pistolets, leurs carabines et leurs tromblons. Laissez-moi donc faire.

— A merveille! mais, si vous échouez, nous nous tiendrons toujours prêts.

— Tenez-vous toujours prêts si c'est votre plaisir; mais soyez certain que j'aurai sa grâce.

— C'est après-demain mardi, faites-y attention. Vous n'avez plus que demain.

— Eh bien! mais le jour se compose de vingt-quatre heures, chaque heure se compose de soixante minutes, chaque minute de soixante secondes; en quatre-vingt-six mille quatre cents secondes on fait bien des choses.

— Si vous avez réussi, Excellence, comment le saurons-nous?

— C'est bien simple, j'ai loué les trois dernières fenêtres du café Rospoli; si j'ai obtenu le sursis, les deux fenêtres du coin seront tendues en damas jaune, mais celle du milieu sera tendue en damas blanc avec une croix rouge.

— A merveille! Et par qui ferez-vous passer la grâce?

— Envoyez-moi un de vos hommes déguisé en pénitent, et je la lui donnerai. Grâce à son costume, il arrivera jusqu'au pied de l'échafaud et remettra la bulle au chef de la confrérie, qui la remettra au bourreau. En attendant, faites savoir cette nouvelle à Peppino; qu'il n'aille pas mourir de peur ou devenir fou, ce qui serait cause que nous aurions fait pour lui une dépense inutile.

— Écoutez, Excellence, dit le paysan, je vous suis bien dévoué, et vous en êtes convaincu, n'est-ce pas?

— Je l'espère au moins.

— Eh bien! si vous sauvez Peppino, ce sera plus que du dévouement à l'avenir, ce sera de l'obéissance.

— Fais attention à ce que tu dis là, mon cher! je te le rappellerai peut-être un jour, car peut-être un jour moi aussi j'aurai besoin de toi...

— Eh bien! alors, Excellence, vous me trouverez à l'heure du besoin comme je vous aurai trouvé à cette même heure; alors, fussiez-vous à l'autre bout du monde, vous n'aurez qu'à m'écrire : « Fais cela, » et je le ferai, foi de...

— Chut! dit l'inconnu, j'entends du bruit.

— Ce sont des voyageurs qui visitent le Colysée aux flambeaux.

— Il est inutile qu'ils nous trouvent ensemble. Ces mouchards de guides pourraient vous reconnaître, et, si honorable que soit votre amitié, mon cher ami, si on nous savait liés comme nous le sommes, cette liaison, j'en ai bien peur, me ferait perdre quelque peu de mon crédit.

— Ainsi, si vous avez le sursis?...

— La fenêtre du milieu tendue en damas blanc avec une croix rouge.

— Si vous ne l'avez pas?

— Trois tentures jaunes.

— Et alors?...

— Alors, mon cher ami, jouez du poignard tout à votre aise, je vous le permets, et je serai là pour vous voir faire.

— Adieu, Excellence; je compte sur vous, comptez sur moi.

A ces mots le Transtevere disparut par l'escalier, tandis que l'inconnu, se couvrant plus que jamais le visage de son manteau, passa à deux pas de Franz et descendit dans l'arène par les gradins extérieurs.

Une seconde après, Franz entendit son nom retentir sous les voûtes : c'était Albert qui l'appelait.

Il attendit pour répondre que les deux hommes fussent éloignés, ne se souciant pas de leur apprendre qu'ils avaient eu un témoin qui, s'il n'avait pas vu leur visage, n'avait pas perdu un mot de leur entretien.

Dix minutes après, Franz roulait vers l'hôtel d'Espagne, écoutant avec une distraction fort impertinente la savante dissertation qu'Albert faisait, d'après Pline et Calpurnius, sur les filets garnis de pointes de fer qui empêchaient les animaux féroces de s'élancer sur les spectateurs.

Il le laissait aller sans le contredire, il avait hâte de se trouver seul pour penser sans distraction à ce qui venait de se passer devant lui.

De ces deux hommes l'un lui était certainement étranger, et c'était la première fois qu'il le voyait et l'entendait, mais il n'en était pas ainsi de l'autre; et, quoique Franz n'eût pas distingué son visage constamment enseveli dans l'ombre ou caché par son manteau, les accents de cette voix l'avaient trop frappé la première fois qu'il les avait entendus pour qu'ils pussent jamais retentir devant lui sans qu'ils les reconnût. Il y avait surtout dans les intonations railleuses quelque chose de strident et de métallique qui l'avait fait tressaillir dans les ruines du Colysée comme dans la grotte de Monte-Christo. Aussi était-il bien convaincu que cet homme n'était autre que Simbad le Marin.

Aussi, en toute autre circonstance, la curiosité que lui avait inspirée cet homme eût été si grande, qu'il se serait fait reconnaître à lui; mais, dans cette occasion, la conversation qu'il venait d'entendre était trop intime pour qu'il ne fût pas retenu par la crainte très-sensée que son apparition ne lui serait pas agréable. Il l'avait donc laissé s'éloigner, comme on l'a vu, mais en se promettant, s'il le rencontrait une autre fois, de ne pas laisser échapper cette seconde occasion comme il avait fait de la première.

Franz était trop préoccupé pour bien dormir. Sa nuit fut employée à passer et repasser dans son esprit toutes les circonstances qui se rattachaient à l'homme de la grotte et à l'inconnu du Colysée, et qui tendaient à faire de ces deux personnages le même individu; et, plus Franz y pensait, plus il s'affermissait dans cette opinion.

Il s'endormit au jour, ce qui fit qu'il ne s'éveilla que fort tard. Albert, en véritable Parisien, avait déjà pris ses précautions pour la soirée. Il avait envoyé chercher une loge au théâtre Argentina.

Franz avait plusieurs lettres à écrire en France, il abandonna donc pour toute la journée la voiture à Albert.

A cinq heures, Albert rentra; il avait porté ses lettres de recommandation, avait des invitations pour toutes ses soirées et avait vu Rome.

Une journée avait suffi à Albert pour tout cela.

Et encore avait-il eu le temps de s'informer de la pièce qu'on jouait et des acteurs qui la joueraient.

La pièce avait titre : *Parisina;* les acteurs avaient nom : Coselli, Moriani et la Spech.

Nos deux jeunes gens n'étaient pas si malheureux, comme on le voit : ils allaient assister à la représentation d'un des meilleurs opéras de l'auteur de *Lucia di Lammermoor*, joué par trois des artistes les plus renommés de l'Italie.

Albert n'avait jamais pu s'habituer aux théâtres ultramontains, à l'orchestre desquels on ne va pas, et qui n'ont ni balcons ni loges découvertes; c'était dur pour un homme qui avait sa stalle aux Bouffes et sa part de la loge infernale à l'Opéra.

Ce qui n'empêchait pas Albert de faire des toilettes flamboyantes toutes les fois qu'il allait à l'Opéra avec Franz : toilettes perdues; car, il faut l'avouer à la honte d'un des représentants les plus dignes de notre fashion, depuis quatre mois qu'il sillonnait l'Italie en tout sens, Albert n'avait pas eu une seule aventure.

Albert essayait quelquefois de plaisanter à cet endroit; mais au fond il était singulièrement mortifié, lui, Albert de Morcerf, un des jeunes gens les plus courus, d'en être encore pour ses frais. La chose était d'autant plus pénible, que, selon l'habitude modeste de nos chers compatriotes, Albert était parti de Paris avec cette conviction qu'il allait avoir en Italie les plus grands succès, et qu'il viendrait faire les délices du boulevard de Gand du récit de ses bonnes fortunes.

Hélas! il n'en avait rien été : les charmantes comtesses génoises, florentines et napolitaines s'en étaient tenues, non pas à leurs maris, mais à leurs amants, et Albert avait acquis cette cruelle conviction que les Italiennes ont du moins sur les Françaises l'avantage d'être fidèles à leur infidélité.

Je ne veux pas dire qu'en Italie, comme partout, il n'y ait pas des exceptions.

Et cependant Albert était non-seulement un cavalier parfaitement élégant, mais encore un homme de beaucoup d'esprit; de plus il était vicomte : vicomte de nouvelle noblesse, c'est vrai; mais, aujourd'hui qu'on ne fait plus ses preuves, qu'importe qu'on date de 1399 ou de 1815! par-dessus tout cela, il avait cinquante mille livres de rentes. C'était plus qu'il n'en faut, comme on voit, pour être à la mode à Paris. C'était donc quelque peu humiliant de n'avoir encore été sérieusement remarqué par personne dans aucune des villes où il avait passé.

Mais aussi comptait-il se rattraper à Rome, le carnaval étant, dans tous les pays de la terre qui célèbrent cette estimable institution, une époque de liberté où les plus sévères se laissent entraîner à quelque acte de folie. Or, comme le carnaval s'ouvrait le lendemain, il était fort important qu'Albert lançât son prospectus avant cette ouverture.

Albert avait donc dans cette intention loué une des loges les plus apparentes du théâtre, et fait pour s'y rendre une toilette irréprochable. C'était au premier rang, qui remplace chez nous la galerie. Au reste, les trois premiers étages sont aussi aristocratiques les uns que les autres, et on les appelle pour cette raison les rangs nobles.

Au reste, cette loge, où l'on pouvait tenir à douze sans être serré, avait coûté aux deux amis un peu moins cher qu'une loge de quatre personnes à l'Ambigu

Albert avait encore un autre espoir, c'est que, s'il arrivait à prendre place dans le cœur d'une belle Romaine, cela le conduirait naturellement à conquérir un *posto* dans la voiture, et par conséquent à voir le carnaval du haut d'un véhicule aristocratique ou d'un balcon princier.

Toutes ces considérations rendaient donc Albert plus sémillant qu'il ne l'avait jamais été. Il tournait le dos aux acteurs, se penchant à moitié hors de la loge et lorgnant toutes les jolies femmes avec une jumelle de six pouces de long.

Ce qui n'amenait pas une seule jolie femme à récompenser d'un seul regard, même de curiosité, tout le mouvement que se donnait Albert.

En effet, chacun causait de ses affaires de ses amours, de ses plaisirs, du carnaval qui s'ouvrait le lendemain, de la semaine sainte prochaine, sans faire attention un seul instant ni aux acteurs, ni à la pièce, à l'exception des moments indiqués, où chacun alors se retournait, soit pour attendre une portion de récitatif de Coselli, soit pour applaudir quelque trait brillant de Moriani, soit pour crier bravo à la Spech; puis les conversations particulières reprenaient leur train habituel.

Vers la fin du premier acte, la porte d'une loge restée vide jusque-là s'ouvrit, et Franz vit entrer une personne à laquelle il avait eu l'honneur d'être présenté à Paris et qu'il croyait encore en France. Albert vit le mouvement que fit son ami à cette apparition, et se retournant vers lui :

— Est-ce que vous connaissez cette femme? dit-il.

— Oui; comment la trouvez-vous?

La comtesse de G...

— Charmante! mon cher, et blonde. Oh! les adorables cheveux! C'est une Française?

— C'est une Vénitienne.

— Et vous l'appelez?

— La comtesse G...

— Oh! je la connais de nom, s'écria Albert; on la dit aussi spirituelle que jolie. Parbleu! quand je pense que j'aurais pu me faire présenter à elle au dernier bal de madame de Villefort, où elle était, et que j'ai négligé cela; je suis un grand niais!

— Voulez-vous que je répare ce tort? demanda Franz.

— Comment! vous la connaissez assez intimement pour me conduire dans sa loge?

— J'ai eu l'honneur de lui parler trois ou quatre fois dans ma vie; mais, vous le savez, c'est strictement assez pour ne pas commettre une inconvenance.

En ce moment la comtesse aperçut Franz et lui fit de la main un signe gracieux, auquel il répondit par une respectueuse inclination de tête.

— Ah çà! mais il me semble que vous êtes au mieux avec elle? dit Albert.

— Eh bien! voilà ce qui vous trompe et ce qui

nous fera faire sans cesse, à nous autres Français, mille sottises; et l'étrange, c'est de tout soumettre à nos points de vue parisiens; en Espagne et en Italie surtout, ne jugez jamais de l'intimité des gens sur la liberté des rapports. Nous nous sommes trouvés en sympathie avec la comtesse, voilà tout.

— En sympathie de cœur? demanda Albert en riant.

— Non, d'esprit, voilà tout, répondit sérieusement Franz.

— Et à quelle occasion?

— A l'occasion d'une promenade de Colysée pareille à celle que nous avons faite ensemble.

— Au clair de la lune?

— Oui.

— Seuls?

— A peu près.

— Et vous avez parlé...

— Des morts.

— Ah! s'écria Albert, c'était en vérité fort récréatif. Eh bien! moi, je vous promets que, si j'ai le bonheur d'être le cavalier de la belle comtesse dans une pareille promenade, je ne lui parlerai que des vivants.

— Et vous aurez peut-être tort.

— En attendant, vous allez me présenter à elle comme vous me l'avez promis?

— Aussitôt la toile baissée.

— Que ce diable de premier acte est long!

— Écoutez le finale, il est fort beau, et Coselli le chante admirablement.

— Oui, mais quelle tournure!

— La Spech y est on ne peut plus dramatique.

— Vous comprenez que lorsqu'on a entendu la Sontag et la Malibran...

— Ne trouvez-vous pas la méthode de Moriani excellente?

— Je n'aime pas les bruns qui chantent blond.

— Ah! mon cher, dit Franz en se retournant, tandis qu'Albert continuait de lorgner, en vérité vous êtes par trop difficile.

Enfin la toile tomba à la grande satisfaction du vicomte de Morcerf, qui prit son chapeau, donna un coup de main rapide à ses cheveux, à sa cravate et à ses manchettes, et fit observer à Franz qu'il l'attendait.

Comme de son côté la comtesse, que Franz interrogeait des yeux, lui fit comprendre par un signe qu'il serait le bienvenu, Franz ne mit aucun retard à satisfaire l'empressement d'Albert, et, faisant, suivi de son compagnon qui profitait du voyage pour rectifier les faux plis que les mouvements avaient pu imprimer à son col de chemise et au revers de son habit, le tour de l'hémicycle, il vint frapper à la loge n° 4, qui était celle qu'occupait la comtesse.

Aussitôt le jeune homme qui était assis à côté d'elle sur le devant de la loge se leva, cédant sa place, selon l'habitude italienne, au nouveau venu, qui doit la céder à son tour lorsqu'une autre visite arrive.

Franz présenta Albert à la comtesse comme un de nos jeunes gens les plus distingués par sa position sociale et par son esprit; ce qui, d'ailleurs, était vrai, car, à Paris et dans le milieu où vivait Albert, c'était un cavalier irréprochable. Il ajouta que, désespéré de n'avoir pas su profiter du séjour de la comtesse à Paris pour se faire présenter à elle, il l'avait chargé de réparer cette faute, mission dont il s'acquittait en priant la comtesse, près de laquelle il aurait eu besoin lui-même d'un introducteur, d'excuser son indiscrétion.

La comtesse répondit en faisant un charmant salut à Albert et en tendant la main à Franz.

Albert, invité par elle, prit la place vide sur le devant, et Franz s'assit au second rang derrière la comtesse.

Albert avait trouvé un excellent sujet de conversation, c'était Paris; il parlait à la comtesse de leurs connaissances communes. Franz comprit qu'il était sur le terrain. Il le laissa aller, et, lui demandant sa gigantesque lorgnette, il se mit à son tour à explorer la salle.

Seule sur le devant d'une loge, placée au troisième rang en face d'eux, était une femme admirablement belle, vêtue d'un costume grec, qu'elle portait avec tant d'aisance, qu'il était évident que c'était son costume naturel.

Derrière elle, dans l'ombre, se dessinait la forme d'un homme dont il était impossible de distinguer le visage.

Franz interrompit la conversation d'Albert et de la comtesse pour demander à cette dernière si elle connaissait la belle Albanaise qui était si digne d'attirer non-seulement l'attention des hommes, mais encore des femmes.

— Non, dit-elle; tout ce que je sais, c'est qu'elle est à Rome depuis le commencement de la saison; car, à l'ouverture du théâtre, je l'ai vue où elle est; et, depuis un mois, elle n'a pas manqué une seule représentation, tantôt accompagnée de l'homme qui est avec elle en ce moment, tantôt suivie simplement d'un domestique noir.

— Comment la trouvez-vous, comtesse?

— Extrêmement belle. Medora devait ressembler à cette femme.

Franz et la comtesse échangèrent un sourire. Elle se remit à causer avec Albert, et Franz à lorgner son Albanaise.

La toile se leva sur le ballet. C'était un de ces bons ballets italiens mis en scène par le fameux Henri, qui s'était fait comme chorégraphe, en Italie, une réputation colossale que le malheureux est venu perdre au théâtre nautique; un de ces ballets où tout le monde, depuis le premier sujet jusqu'au dernier comparse, prend une part si active à l'action, que cent cinquante personnes font à la fois le même geste et lèvent ensemble ou le même bras, ou la même jambe.

On appelait ce ballet *Poliska.*

Franz était trop préoccupé de sa belle Grecque pour s'occuper du ballet, si intéressant qu'il fût. Quant à elle, elle prenait un plaisir visible à ce spectacle, plaisir qui faisait une opposition suprême avec l'insouciance profonde de celui qui l'accompagnait, et qui, tant que dura le chef-d'œuvre chorégraphique, ne fit pas un mouvement, paraissant, malgré le bruit infernal que menaient les trompettes, les cymbales et les chapeaux chinois à l'orchestre, goûter les célestes douceurs d'un sommeil paisible et radieux.

Enfin le ballet finit, et la toile tomba au milieu des applaudissements frénétiques d'un parterre enivré.

Grâce à cette habitude de couper l'opéra par un ballet, les entr'actes sont très-courts en Italie, les chanteurs ayant le temps de se reposer et de changer de costume, tandis que les danseurs exécutent leurs pirouettes et confectionnent leurs entrechats.

L'ouverture du second acte commença, au premier coup d'archet, Franz vit le dormeur se soulever lentement et se rapprocher de la Grecque, qui se retourna pour lui adresser quelques paroles, et s'accouda de nouveau sur le devant de la loge.

La figure de son interlocuteur était toujours dans l'ombre, et Franz ne pouvait distinguer aucun de ses traits.

La toile se leva, l'attention de Franz fut nécessairement attirée par les acteurs, et ses yeux quittèrent un instant la loge de la belle Grecque pour se porter vers la scène.

L'acte s'ouvre, comme on sait, par le duo du rêve : Parisina, couchée, laisse échapper devant Azzo le secret de son amour pour Ugo ; l'époux trahi passe par toutes les fureurs de la jalousie, jusqu'à ce que, convaincu que sa femme lui est infidèle, il la réveille pour lui annoncer sa prochaine vengeance.

Ce duo est un des plus beaux, des plus expressifs et des plus terribles qui soient sortis de la plume féconde de Donizetti. Franz l'entendait pour la troisième fois; et, quoiqu'il ne passât pas pour un mélomane enragé, il produisit sur lui un effet profond. Il allait en conséquence joindre ses applaudissements à ceux de la salle, lorsque ses mains, prêtes à se réunir, restèrent écartées, et que le bravo qui s'échappait de sa bouche expira sur ses lèvres.

L'homme de la loge s'était levé tout debout, et, sa tête se trouvant dans la lumière, Franz venait de retrouver le mystérieux habitant de Monte-Christo, celui dont la veille il lui avait si bien semblé reconnaître la taille et la voix dans les ruines du Colysée.

Il n'y avait plus de doute, l'étrange voyageur habitait Rome.

Sans doute l'expression de la figure de Franz était en harmonie avec le trouble que cette apparition jetait dans son esprit, car la comtesse le regarda, éclata de rire, et lui demanda ce qu'il avait.

— Madame la comtesse, répondit Franz, je vous ai demandé tout à l'heure si vous connaissiez cette femme albanaise, maintenant je vous demanderai si vous connaissez son mari?

— Pas plus qu'elle, répondit la comtesse.

— Vous ne l'avez jamais remarqué?

— Voilà bien une question à la française! Vous savez bien que, pour nous autres Italiennes, il n'y a pas d'autre homme au monde que celui que nous aimons!

— C'est juste, répondit Franz.

— En tout cas, dit-elle en appliquant les jumelles d'Albert à ses yeux et en les dirigeant vers la loge, ce doit être quelque nouveau déterré, quelque trépassé sorti du tombeau avec la permission du fossoyeur, car il me semble affreusement pâle.

— Il est toujours comme cela, répondit Franz.

— Vous le connaissez donc? demanda la comtesse; alors c'est moi qui vous demanderai qui il est.

— Je crois l'avoir vu déjà, et il me semble le reconnaître.

— En effet, dit-elle en faisant un mouvement de ses belles épaules comme si un frisson lui passait dans les veines, je comprends que, lorsqu'on a une fois vu un pareil homme, on ne l'oublie jamais.

L'effet que Franz avait éprouvé n'était donc pas une impression particulière, puisqu'une autre personne le ressentait comme lui.

— Eh bien! demanda Franz à la comtesse après quelle eut pris sur elle de le lorgner une seconde fois, que pensez-vous de cet homme?

— Que cela me paraît être lord Ruthwen en chair et en os.

En effet, ce nouveau souvenir de Byron frappa Franz : si un homme pouvait le faire croire à l'existence des vampires, c'était cet homme.

— Il faut que je sache qui il est, dit Franz en se levant.

— Oh non! s'écria la comtesse; non! ne me quittez pas, je compte sur vous pour me reconduire, et je vous garde.

— Comment! véritablement, lui dit Franz en se penchant à son oreille, vous avez peur?

— Écoutez, lui dit-elle, Byron m'a juré qu'il croyait aux vampires, il m'a dit qu'il en avait vu, il m'a dépeint leur visage, eh bien! c'est absolument cela : ces cheveux noirs, ces grands yeux brillant d'une flamme étrange, cette pâleur mortelle; puis, remarquez qu'il n'est pas avec une femme comme

— Écoutez, dit-elle en se levant, je m'en vais.

toutes les femmes, il est avec une étrangère... une Grecque... une schismatique... sans doute quelque magicienne comme lui.. Je vous en prie, n'y allez pas. Demain mettez-vous à sa recherche si bon vous semble, mais aujourd'hui je vous déclare que je vous garde.

Franz insista.

— Écoutez, dit-elle en se levant, je m'en vais, je ne puis rester jusqu'à la fin du spectacle, j'ai du monde chez moi, serez-vous assez peu galant pour me refuser votre compagnie?

Il n'y avait d'autre réponse à faire que de prendre son chapeau, d'ouvrir la porte et de présenter son bras à la comtesse.

C'est ce qu'il fit.

La comtesse était véritablement fort émue, et Franz lui-même ne pouvait échapper à une certaine terreur superstitieuse d'autant plus naturelle, que ce qui était chez la comtesse le produit d'une sensation instinctive était chez lui le résultat d'un souvenir.

Il sentit qu'elle tremblait en montant en voiture.

Il la reconduisit jusque chez elle : il n'y avait

La belle Grecque.

personne, et elle n'était aucunement attendue; il lui en fit le reproche.

— En vérité, lui dit-elle, je ne me sens pas bien, et j'ai besoin d'être seule; la vue de cet homme m'a toute bouleversée.

Franz essaya de rire.

— Ne riez pas, lui dit-elle; d'ailleurs vous n'en avez pas envie. Puis promettez-moi une chose.

— Laquelle?

— Promettez-la-moi.

— Tout ce que vous voudrez, excepté de renoncer à découvrir quel est cet homme. J'ai des motifs que je ne puis vous dire pour désirer savoir qui il est, d'où il vient et où il va.

— D'où il vient, je l'ignore; mais où il va, je puis vous le dire : il va en enfer à coup sûr.

— Revenons à la promesse que vous vouliez exiger de moi, comtesse? dit Franz.

— Ah! c'est de rentrer directement à l'hôtel et de ne pas chercher ce soir à voir cet homme. Il y a certaines affinités entre les personnes que l'on quitte et les personnes que l'on rejoint. Ne servez pas de conducteur entre cet homme et moi. Demain, courez après lui si bon vous semble; mais ne me le présentez jamais, si vous ne voulez pas me faire mourir de peur. Sur ce, bonsoir, tâchez de dormir, moi je sais bien qui ne dormira pas.

Et à ces mots la comtesse quitta Franz, le laissant indécis de savoir si elle s'était amusée à ses dépens ou si elle avait véritablement ressenti la crainte qu'elle avait exprimée.

En rentrant à l'hôtel, Franz trouva Albert en robe de chambre, en pantalon à pied, voluptueusement étendu sur un fauteuil, et fumant son cigare.

— Ah! c'est vous, lui dit-il; ma foi, je ne vous attendais que demain.

— Mon cher Albert, répondit Franz, je suis heureux de trouver l'occasion de vous dire une fois pour toutes que vous avez la plus fausse idée des femmes italiennes; il me semble pourtant que vos mécomptes amoureux auraient dû vous la faire perdre.

— Que voulez-vous? ces diablesses de femmes, c'est à n'y rien comprendre! Elles vous donnent la main, elles vous la serrent; elles vous parlent tout bas, elles se font reconduire chez elles : avec le quart de ces manières de faire, une Parisienne se perdrait de réputation.

— Eh! justement, c'est parce qu'elles n'ont rien à cacher, c'est parce qu'elles vivent au grand soleil, que les femmes y mettent si peu de façons dans le beau pays où résonne le *si*, comme dit Dante. D'ailleurs, vous avez bien vu que la comtesse a eu véritablement peur.

— Peur de quoi? de cet honnête monsieur qui était en face de nous avec cette jolie Grecque? Mais j'ai voulu en avoir le cœur net quand ils sont sortis, et je les ai croisés dans le corridor. Je ne sais pas où diable vous avez pris toutes vos idées de l'autre monde! C'est un fort beau garçon, qui est fort bien mis, et qui a tout l'air de se faire habiller en France chez Blin ou chez Humann; un peu pâle, c'est vrai, mais vous savez que la pâleur est un cachet de distinction.

Franz sourit, Albert avait de grandes prétentions à être pâle.

— Aussi, lui dit Franz, je suis convaincu que les idées de la comtesse sur cet homme n'ont pas le sens commun. A-t-il parlé près de vous et avez-vous entendu quelques-unes de ses paroles?

— Il a parlé, mais en romaïque. J'ai reconnu l'idiome à quelques mots grecs défigurés. Il faut vous dire, mon cher, qu'au collége j'étais très-fort en grec.

— Ainsi il parlait le romaïque?

— C'est probable.

— Plus de doute, murmura Franz, c'est lui.

— Vous dites?...

— Rien. Que faisiez-vous donc là?

— Je vous ménageais une surprise.

— Laquelle?

— Vous savez qu'il est impossible de se procurer une calèche?

— Pardieu! puisque nous avons fait inutilement tout ce qu'il était humainement possible de faire pour cela.

— Eh bien! j'ai eu une idée merveilleuse.

Franz regarda Albert en homme qui n'avait pas grande confiance dans son imagination.

— Mon cher, dit Albert, vous m'honorez là d'un regard qui mériterait bien que je vous demandasse réparation.

— Je suis prêt à vous la faire, cher ami, si l'idée est aussi ingénieuse que vous le dites.

— Écoutez.

— J'écoute.

— Il n'y a pas moyen de se procurer de voiture, n'est-ce pas?

— Non.

— Ni de chevaux?

— Pas davantage.

— Mais l'on peut se procurer une charrette.

— Peut être.

— Une paire de bœufs.

— C'est probable.

— Eh bien! mon cher, voilà notre affaire. Je vais faire décorer la charrette, nous nous habillons en moissonneurs napolitains, et nous représentons au naturel le magnifique tableau de Léopold Robert. Si, pour plus grande ressemblance, la comtesse veut prendre le costume d'une femme de Puzzole ou de Sorrente, cela complétera la mascarade, et elle est assez belle pour qu'on la prenne pour l'original de la femme à l'enfant.

— Pardieu! s'écria Franz, pour cette fois vous avez raison, monsieur Albert, et voilà une idée véritablement heureuse.

— Et toute nationale, renouvelée des rois fainéants, mon cher, rien que cela! Ah! messieurs les Romains, vous croyez qu'on courra à pied par vos rues comme des lazzaroni, et cela parce que vous manquez de calèches et de chevaux; eh bien! on en inventera.

— Et avez-vous déjà fait part à quelqu'un de cette triomphante imagination?

— À notre hôte. En rentrant, je l'ai fait monter et lui ai exposé mes désirs. Il m'a assuré que rien n'était plus facile; je voulais faire dorer les cornes des bœufs, mais il m'a dit que cela demanderait trois jours : il faudra donc nous passer de cette superfluité.

— Et où est-il?

— Qui?

— Notre hôte.

— En quête de la chose. Demain il serait déjà peut-être un peu tard.

— De sorte qu'il va nous rendre réponse ce soir même?

— Je l'attends.

En ce moment la porte s'ouvrit, et maître Pastrini passa la tête.

— *Permesso?* dit-il.

— Certainement que c'est permis! s'écria Franz.

— Eh bien! dit Albert, nous avez-vous trouvé la charrette requise et les bœufs demandés?

— J'ai trouvé mieux que cela, répondit-il d'un air parfaitement satisfait de lui-même.

— Ah! mon cher hôte, prenez garde, dit Albert, le mieux est l'ennemi du bien.

— Que Vos Excellences s'en rapportent à moi, dit maître Pastrini d'un ton capable.

— Mais enfin, qu'y a-t-il? demanda Franz à son tour.

— Vous savez, dit l'aubergiste, que le comte de Monte-Christo habite sur le même carré que vous?

— Je le crois bien, dit Albert, puisque c'est grâce à lui que nous sommes logés comme deux étudiants de la rue Saint-Nicolas-du-Chardonnet.

— Eh bien! il sait l'embarras dans lequel vous vous trouvez, et vous fait offrir deux places dans sa voiture et deux places à ses fenêtres du palais Rospoli.

Albert et Franz se regardèrent.

— Mais, demanda Albert, devons-nous accepter l'offre de cet étranger, d'un homme que nous ne connaissons pas?

— Quel homme est-ce que ce comte de Monte-Christo? demanda Franz à son hôte.

— Un très-grand seigneur sicilien ou maltais, je ne sais pas au juste, mais noble comme un Borghèse et riche comme une mine d'or.

— Il me semble, dit Franz à Albert, que, si cet homme était d'aussi bonnes manières que le dit notre hôte, il aurait dû nous faire parvenir son invitation d'une autre façon, soit en nous écrivant, soit...

En ce moment on frappa à la porte.

— Entrez, dit Franz.

Un domestique, vêtu d'une livrée parfaitement élégante, parut sur le seuil de la chambre.

— De la part du comte de Monte-Christo, pour M. Franz d'Épinay et pour M. le vicomte Albert de Morcerf, dit-il.

Et il présenta à l'hôte deux cartes, que celui-ci remit aux jeunes gens.

— M. le comte de Monte-Christo, continua le domestique, fait demander à ces messieurs la permission de se présenter en voisin demain matin chez eux : il aura l'honneur de s'informer auprès de ces messieurs à quelle heure ils seront visibles.

— Ma foi, dit Albert à Franz, il n'y a rien à y reprendre, tout y est.

— Dites au comte, répondit Franz, que c'est nous qui aurons l'honneur de lui faire notre visite.

Le domestique se retira.

— Voilà ce qui s'appelle faire assaut d'élégance, dit Albert; allons, décidément vous aviez raison, maître Pastrini, et c'est un homme tout à fait comme il faut que votre comte de Monte-Christo.

— Alors, vous acceptez son offre? dit l'hôte.

— Ma foi oui, répondit Albert. Cependant, je vous l'avoue, je regrette notre charrette et les moissonneurs; et, s'il n'y avait pas la fenêtre du palais Rospoli pour faire compensation à ce que nous perdons, je crois que j'en reviendrais à ma première idée : qu'en dites-vous, Franz?

— Je dis que ce sont aussi les fenêtres du palais Rospoli qui me décident, répondit Franz à Albert.

En effet, cette offre de deux places à une fenêtre du palais Rospoli avait rappelé à Franz la conversation qu'il avait entendue dans les ruines du Colysée entre son inconnu et son Transtevere, conversation dans laquelle l'engagement avait été pris par l'homme au manteau d'obtenir la grâce du condamné.

Or, si l'homme au manteau était, comme tout portait Franz à le croire, le même que celui dont l'apparition dans la salle Argentina l'avait si fort préoccupé, il le reconnaîtrait sans aucun doute, et alors rien ne l'empêcherait de satisfaire sa curiosité à son égard.

Franz passa une partie de la nuit à rêver à ses deux apparitions et à désirer le lendemain.

En effet, le lendemain tout devait s'éclaircir, et, cette fois, à moins que son hôte de Monte-Christo ne possédât l'anneau de Gygès, et, grâce à cet anneau, la faculté de se rendre invisible, il était évident qu'il ne lui échapperait pas.

Aussi fut-il éveillé avant huit heures.

Quant à Albert, comme il n'avait pas les mêmes motifs que Franz d'être matinal, il dormait encore de son mieux.

Franz fit appeler son hôte, qui se présenta avec son obséquiosité ordinaire.

— Maître Pastrini, lui dit-il, ne doit-il pas y avoir aujourd'hui une exécution?

— Oui, Excellence; mais, si vous me demandez cela pour avoir une fenêtre, vous vous y prenez bien tard.

— Non, reprit Franz; d'ailleurs, si je tenais absolument à voir ce spectacle, je trouverais place, je pense, sur le mont Pincio.

— Oh! je présumais que Votre Excellence ne voudrait pas se compromettre avec toute la canaille dont c'est en quelque sorte l'amphithéâtre naturel.

— Il est probable que je n'irai pas, dit Franz; mais je désirerais avoir quelques détails.

— Lesquels?

— Je voudrais savoir le nombre des condamnés, leurs noms et le genre de leur supplice.

— Cela tombe à merveille, Excellence! on vient justement de m'apporter les *tavolette.*

— Qu'est-ce que les *tavolette?*

— Les *tavolette* sont des tablettes en bois que l'on accroche à tous les coins de rue la veille des exécutions, et sur lesquelles on colle les noms des condamnés, la cause de leur condamnation et le mode de leur supplice. — Cet avis a pour but d'inviter les fidèles à prier Dieu de donner aux coupables un repentir sincère.

— Et l'on vous apporte ces *tavolette* pour que vous joigniez vos prières à celles des fidèles? demanda Franz d'un air de doute.

— Non, Excellence; je me suis entendu avec le colleur, et il m'apporte cela comme il m'apporte les affiches de spectacle, afin que, si quelques-uns de mes voyageurs désirent assister à l'exécution, ils soient prévenus.

— Ah! mais c'est une attention tout à fait délicate! s'écria Franz.

— Eh! dit maître Pastrini en souriant, je puis me vanter de faire tout ce qui est en mon pouvoir pour satisfaire les nobles étrangers qui m'honorent de leur confiance.

— C'est ce que je vois, mon hôte! et c'est ce que je répéterai à qui voudra l'entendre, soyez-en bien certain. En attendant, je désirerais lire une de ces *tavolette.*

— C'est bien facile, dit l'hôte en ouvrant la porte, j'en ai fait mettre une là sur le carré.

Il sortit, détacha la *tavoletta,* et la presenta à Franz.

Voici la traduction littérale de l'affiche patibulaire :

« On fait savoir à tous que le mardi 22 février, premier jour de carnaval, seront, par arrêt du tribunal de la Rota, exécutés sur la place del Popolo les nommés Andrea Rondolo, coupable d'assassinat sur la personne très-respectable et très-vénérée de don César Torloni, chanoine de l'église de Saint-Jean-de-Latran, et le nommé Peppino, dit *Rocca Priori,* convaincu de complicité avec le détestable bandit Luigi Vampa et les hommes de sa troupe.

« Le premier sera *mazzolato,*

« Et le second *decapitato.*

« Les âmes charitables sont priées de demander à Dieu un repentir sincère pour ces deux malheureux condamnés. »

C'était bien ce que Franz avait entendu la surveille dans les ruines du Colysée, et rien n'était changé au programme : les noms des condamnés, la cause de leur supplice et le genre de leur exécution étaient exactement les mêmes.

Ainsi, selon toute probabilité, le Transtevere n'était autre que le bandit Luigi Vampa, et l'homme au manteau Simbad le Marin, qui, à Rome comme à Porto-Vecchio et à Tunis, poursuivait le cours de ses philanthropiques expéditions.

Cependant le temps s'écoulait, il était neuf heures, et Franz allait réveiller Albert, lorsqu'à son grand étonnement il le vit sortir tout habillé de sa chambre.

Le carnaval lui avait trotté par la tête, et l'avait éveillé plus matin que son ami ne l'espérait.

— Eh bien! dit Franz à son hôte, maintenant que nous voilà prêts tous deux, croyez-vous, mon cher monsieur Pastrini, que nous puissions nous présenter chez le comte de Monte-Christo?

— Oh! bien certainement! répondit-il; le comte de Monte-Christo a l'habitude d'être très-matinal, et je suis sûr qu'il y a plus de deux heures déjà qu'il est levé.

— Et vous croyez qu'il n'y a pas d'indiscrétion à se présenter chez lui maintenant?

— Aucune.

— En ce cas, Albert, si vous êtes prêt...

— Entièrement prêt, dit Albert.

— Allons remercier notre voisin de sa courtoisie.

— Allons!

Franz et Albert n'avaient que le carré à traverser, l'aubergiste les devança et sonna pour eux; un domestique vint ouvrir.

— *I signori francesi,* dit l'hôte.

Le domestique s'inclina et leur fit signe d'entrer.

Ils traversèrent deux pièces meublées avec un luxe qu'ils ne croyaient pas trouver dans l'hôtel de maître Pastrini, et ils arrivèrent enfin dans un salon d'une élégance parfaite.

Un tapis de Turquie était tendu sur le parquet, et les meubles les plus confortables offraient leurs coussins rebondis et leurs dossiers renversés.

De magnifiques tableaux des maîtres, entremêlés de trophées, d'armes splendides, étaient suspendus aux murailles, et de grandes portières de tapisserie flottaient devant les portes.

— Si Leurs Excellences veulent s'asseoir, dit le domestique, je vais prévenir M. le comte.

Et il disparut par une des portes.

Au moment où cette porte s'ouvrit, le son d'une *guzla* arriva jusqu'aux deux amis, mais s'éteignit aussitôt; la porte, refermée presque en même temps qu'ouverte, n'avait pour ainsi dire laissé pénétrer dans le salon qu'une bouffée d'harmonie.

Franz et Albert échangèrent un regard et reportèrent les yeux sur les meubles, sur les tableaux et sur les armes.

Tout cela, à la seconde vue, leur parut encore plus magnifique qu'à la première.

— Eh bien! demanda Franz à son ami, que dites-vous de cela?

— Ma foi, mon cher, je dis qu'il faut que notre

Celui qui venait d'entrer n'était autre que l'homme au manteau du Colysée.

voisin soit quelque agent de change qui a joué à la baisse sur les fonds espagnols, ou quelque prince qui voyage incognito.

— Chut! lui dit Franz; c'est ce que nous allons savoir, car le voilà.

En effet, le bruit d'une porte tournant sur ses gonds venait d'arriver jusqu'aux visiteurs, et presque aussitôt la tapisserie, se soulevant, donna passage au propriétaire de toutes ces richesses.

Albert s'avança au-devant de lui, mais Franz resta cloué à sa place.

Celui qui venait d'entrer n'était autre que l'homme au manteau du Colysée, l'inconnu de la loge, l'hôte mystérieux de Monte-Christo.

CHAPITRE XII.

LA MAZZOLATA.

essieurs, dit en entrant le comte de Monte-Christo, recevez toutes mes excuses de ce que je me suis laissé prévenir; mais, en me présentant de meilleure heure chez vous, j'aurais craint d'être indiscret. D'ailleurs, vous m'avez fait dire que vous viendriez, et je me suis tenu à votre disposition.

— Nous avons, Franz et moi, mille remercîments à vous présenter, monsieur le comte, dit Albert; vous nous tirez véritablement d'un grand embarras, et nous étions en train d'inventer les véhicules les plus fantastiques au moment où votre gracieuse invitation nous est parvenue.

— Eh! mon Dieu! messieurs, reprit le comte en faisant signe aux deux jeunes gens de s'asseoir sur un divan, c'est la faute de cet imbécile de Pastrini si je vous ai laissés si longtemps dans la détresse! Il ne m'avait pas dit un mot de votre embarras, à moi qui, seul et isolé comme je le suis ici, ne cherchais qu'une occasion de faire connaissance avec mes voisins. Du moment où j'ai appris que je pouvais vous être bon à quelque chose, vous avez vu avec quel empressement j'ai saisi cette occasion de vous présenter mes compliments.

Les deux jeunes gens s'inclinèrent.

Franz n'avait pas encore trouvé un seul mot à dire; il n'avait encore pris aucune résolution; et, comme rien n'indiquait dans le comte sa volonté de le reconnaître ou le désir d'être reconnu de lui, il ne savait pas s'il devait par un mot quelconque faire allusion au passé, ou laisser le temps à l'avenir de lui apporter de nouvelles preuves.

D'ailleurs, sûr que c'était lui qui était la veille dans la loge, il ne pouvait répondre aussi positivement que ce fût lui qui la surveille était au Colysée.

Il résolut donc de laisser aller les choses sans faire au comte aucune ouverture directe.

D'ailleurs il avait une supériorité sur lui, il était maître de son secret, tandis qu'au contraire il ne pouvait avoir aucune action sur Franz, qui n'avait rien à cacher

Cependant il résolut de faire tomber la conversation sur un point qui pouvait en attendant amener toujours l'éclaircissement de certains doutes.

— Monsieur le comte, lui dit-il, vous nous avez offert des places dans votre voiture et des places à vos fenêtres du palais Rospoli; maintenant pourriez-vous nous dire comment nous pourrions nous procurer un poste quelconque, comme on dit en Italie, sur la place del Popolo?

— Ah oui! c'est vrai, dit le comte d'un air distrait et en regardant Morcerf avec une attention soutenue, n'y a-t-il pas, place del Popolo, quelque chose comme une exécution?

— Oui, répondit Franz, voyant qu'il venait de lui-même où il voulait l'amener.

— Attendez, attendez, je crois avoir dit hier à mon intendant de s'occuper de cela, peut-être pourrais-je vous rendre encore ce petit service.

Il allongea la main vers un cordon de sonnette, qu'il tira trois fois.

— Vous êtes-vous préoccupé jamais, dit-il à Franz, de l'emploi du temps et des moyens de simplifier les allées et venues des domestiques? Moi, j'en ai fait une étude : quand je sonne une fois, c'est pour mon valet de chambre; deux fois, c'est pour mon maître d'hôtel; trois fois, c'est pour mon intendant. De cette façon, je ne perds ni une minute ni une parole. Tenez, voici notre homme.

On vit alors entrer un individu de quarante-cinq à cinquante ans qui parut ressembler comme deux gouttes d'eau au contrebandier qui l'avait introduit dans la grotte, mais qui ne parut pas le moins du monde le reconnaître.

Il vit que le mot était donné.

— Monsieur Bertuccio, dit le comte, vous êtes-vous occupé, comme je vous l'avais ordonné hier, de me procurer une fenêtre sur la place del Popolo?

— Oui, Excellence, répondit l'intendant, mais il était bien tard.

— Comment! dit le comte en fronçant le sourcil, ne vous ai-je pas dit que je voulais en avoir une?

— Et Votre Excellence en a une aussi, celle qui

était louée au prince Lobanieff : mais j'ai été obligé de la payer cent...

— C'est bien! c'est bien! monsieur Bertuccio, faites grâce à ces messieurs de tous ces détails de ménage; vous avez la fenêtre, c'est tout ce qu'il faut. Donnez l'adresse de la maison au cocher, et tenez-vous sur l'escalier pour nous conduire : cela suffit. Allez.

L'intendant salua et fit un pas pour se retirer.

— Ah! reprit le comte, faites-moi le plaisir de demander à Pastrini s'il a reçu la *tavoletta*, et s'il veut m'envoyer le programme de l'exécution.

— C'est inutile, reprit Franz tirant son calepin de sa poche; j'ai eu ces tablettes sous les yeux, je les ai copiées, et les voici.

— C'est bien, alors, monsieur Bertuccio, vous pouvez vous retirer, je n'ai plus besoin de vous. Qu'on nous prévienne seulement quand le déjeuner sera servi. Ces messieurs, continua-t-il en se retournant vers les deux amis, me font-ils l'honneur de déjeuner avec moi?

— Mais, en vérité, monsieur le comte, dit Albert, ce serait abuser...

— Non pas, au contraire, vous me faites grand plaisir; vous me rendrez tout cela un jour à Paris, l'un ou l'autre, et peut-être tous les deux. Monsieur Bertuccio, vous ferez mettre trois couverts.

Il prit le calepin des mains de Franz.

— Nous disons donc, continua-t-il du ton dont il eût lu les *Petites-Affiches*, que « seront exécutés, « aujourd'hui 22 février, les nommés Andrea Ron- « dolo, coupable d'assassinat sur la personne très- « respectable et très-vénérée de dom César Tor- « loni, chanoine de l'église Saint-Jean-de-Latran, et « le nommé Peppino, dit *Rocca Priori*, convaincu « de complicité avec le détestable bandit Luigi « Vampa et les hommes de sa troupe... »

— Hum! — « Le premier sera *mazzolato*, le se- « cond *decapitato*. » Oui, en effet, reprit le comte, c'était bien comme cela que la chose devait se passer d'abord, mais je crois que depuis hier il est survenu quelque changement dans l'ordre et la marche de la cérémonie.

— Bah! dit Franz.

— Oui, hier, chez le cardinal Rospigliosi, où j'ai passé la soirée, il était question de quelque chose comme d'un sursis accordé à l'un des condamnés.

— A Andrea Rondolo? demanda Franz.

— Non... reprit négligemment le comte; à l'autre... (il jeta un coup d'œil sur le calepin comme pour se rappeler le nom), à Peppino, dit *Rocca Priori*. Cela vous prive d'une guillotinade, mais il vous reste la *mazzolata*, qui est un supplice fort curieux quand on le voit pour la première fois, et même pour la seconde, tandis que l'autre, que vous devez connaître d'ailleurs, est trop simple, trop uni, il n'y a rien d'inattendu. La *mandaja* ne se trompe pas, ne frappe pas, elle ne tremble pas à faux, ne s'y reprend pas à trente fois comme le soldat qui coupait la tête au comte de Chalais, et auquel, au reste, Richelieu avait peut-être recommandé le patient. Ah! tenez, ajouta le comte d'un ton méprisant, ne me parlez pas des Européens pour les supplices, ils n'y entendent rien, et en sont véritablement à l'enfance ou plutôt à la vieillesse de la cruauté.

— En vérité, monsieur le comte, répondit Franz, on croirait que vous avez fait une étude comparée des supplices chez les différents peuples du monde?

— Il y en a peu du moins que je n'aie vus, reprit froidement le comte.

— Et vous avez trouvé du plaisir à assister à ces horribles spectacles?

— Mon premier sentiment a été la répulsion, le second l'indifférence, le troisième la curiosité.

— La curiosité! Le mot est terrible, savez-vous?

— Pourquoi? Il n'y a guère dans la vie qu'une préoccupation grave, c'est la mort : eh bien! n'est-il pas curieux d'étudier de quelles différentes façons l'âme peut sortir du corps, et comment, selon les caractères, les tempéraments et même les mœurs des pays, les individus supportent ce suprême passage de l'être au néant? Quant à moi, je vous réponds d'une chose : c'est que, plus on a vu mourir, plus il devient facile de mourir; ainsi, à mon avis, la mort est peut-être un supplice, mais n'est pas une expiation.

— Je ne vous comprends pas bien, dit Franz; expliquez-vous, car je ne puis vous dire à quel point ce que vous me dites là pique ma curiosité.

— Écoutez, dit le comte; et son visage s'infiltra de fiel, comme le visage d'un autre se colore de sang. Si un homme eût fait périr par des tortures inouïes, au milieu de tourments sans fin, votre père, votre mère, votre maîtresse, un de ces êtres enfin qui, lorsqu'on les déracine de votre cœur, y laissent un vide éternel et une plaie toujours sanglante, croiriez-vous la réparation que vous accorde la société suffisante, parce que le fer de la guillotine a passé entre la base de l'occipital et les muscles trapèzes du meurtrier, et parce que celui qui vous a fait ressentir des années de souffrances morales a éprouvé quelques secondes de douleurs physiques?

— Oui, je sais, reprit Franz, la justice humaine est insuffisante comme consolatrice; elle peut verser le sang en échange du sang, voilà tout; il faut lui demander ce qu'elle peut, et pas autre chose.

— Et encore je vous pose là un cas matériel, reprit le comte, celui où la société, attaquée par la mort d'un individu dans la base sur laquelle elle repose, venge la mort par la mort; mais n'y a-t-il pas des millions de douleurs dont les entrailles de l'homme peuvent être déchirées sans que la société s'en préoccupe le moins du monde, sans qu'elle lui offre le moyen insuffisant de vengeance dont nous

Bertuccio.

parlions tout à l'heure? N'y a-t-il pas des crimes pour lesquels le pal des Turcs, les auges des Persans, les nerfs roulés des Iroquois, seraient des supplices trop doux, et que cependant la société indifférente laisse sans châtiment?... Répondez, n'y a-t-il pas de ces crimes-là?

— Oui, reprit Franz, et c'est pour les punir que le duel est toléré.

— Ah! le duel, s'écria le comte, plaisante manière, sur mon âme, d'arriver à son but, quand le but est la vengeance! Un homme vous a enlevé votre maîtresse, un homme a séduit votre femme, un homme a déshonoré votre fille; d'une vie tout entière, qui avait le droit d'attendre de Dieu la part de bonheur qu'il a promise à tout être humain en le créant, il a fait une existence de douleur, de misère ou d'infamie, et vous vous croyez vengé, parce qu'à cet homme, qui vous a mis le délire dans l'esprit et le désespoir dans le cœur, vous avez donné un coup d'épée dans la poitrine ou logé une balle dans la tête? Allons donc! Sans compter que c'est lui qui souvent sort triomphant de la lutte, lavé aux yeux du monde, et en quelque sorte absous par Dieu. Non, non, continua le comte, si j'avais jamais

Derrière les pénitents venait un homme de haute taille. — Page 116.

à me venger, ce n'est pas ainsi que je me vengerais.

— Ainsi vous désapprouvez le duel? ainsi vous ne vous battriez pas en duel? demanda à son tour Albert, étonné d'entendre émettre une si étrange théorie.

— Oh! si fait! dit le comte. Entendons-nous : je me battrais en duel pour une misère, pour une insulte, pour un démenti, pour un soufflet, et cela avec d'autant plus d'insouciance, que, grâce à l'adresse que j'ai acquise à tous les exercices du corps et à la lente habitude que j'ai prise du danger, je serais à peu près sûr de tuer mon homme. Oh! si fait! je me battrais en duel pour tout cela; mais pour une douleur lente, profonde, infinie, éternelle, je rendrais, s'il était possible, une douleur pareille à celle que l'on m'aurait faite : œil pour œil, dent pour dent, comme disent les Orientaux, nos maîtres en toutes choses, ces élus de la création qui ont su se faire une vie de rêves et un paradis de réalités.

— Mais, dit Franz au comte, avec cette théorie qui vous constitue juge et bourreau dans votre propre cause, il est difficile que vous vous teniez dans une mesure où vous échappiez éternellement vous-même à la puissance de la loi. La haine est aveugle, la colère étourdie, et celui qui se verse la vengeance risque de boire un breuvage amer.

— Oui, s'il est pauvre et maladroit; non, s'il est millionnaire et habile. D'ailleurs, le pis-aller pour lui est ce dernier supplice dont nous parlions tout à l'heure, celui que la philanthropique révolution française a substitué à l'écartèlement et à la roue. Eh bien! qu'est-ce que le supplice, s'il s'est vengé? En vérité, je suis presque fâché que, selon toute probabilité, ce misérable Peppino ne soit pas *decapitato*, comme ils disent, vous verriez le temps que cela dure, et si c'est véritablement la peine d'en parler. Mais, d'honneur, messieurs, nous avons là une singulière conversation pour un jour de carnaval. Comment donc cela est-il venu? Ah! je me le rappelle! vous m'avez demandé une place à ma fenêtre; eh bien! soit, vous l'aurez; mais mettons-nous à table d'abord, car voilà qu'on vient nous annoncer que nous sommes servis.

En effet, un domestique ouvrit une des quatre portes du salon et fit entendre les paroles sacramentelles :

— *Al suo commodo!*

— Les deux jeunes gens se levèrent et passèrent dans la salle à manger.

Pendant le déjeuner, qui était excellent et servi avec une recherche infinie, Franz chercha des yeux le regard d'Albert, afin d'y lire l'impression qu'il ne doutait pas qu'eussent produites en lui les paroles de leur hôte; mais, soit que dans son insouciance habituelle il ne leur eût pas prêté une grande attention, soit que la concession que le comte de Monte-Christo lui avait faite à l'endroit du duel l'eût raccommodé avec lui, soit enfin que les antécédents que nous avons racontés, connus de Franz seul, eussent doublé pour lui seul l'effet des théories du comte, il ne s'aperçut pas que son compagnon fût préoccupé le moins du monde; tout au contraire, il faisait honneur au repas en homme condamné depuis quatre ou cinq mois à la cuisine italienne, c'est-à-dire à l'une des plus mauvaises cuisines du monde.

Quant au comte, il effleurait à peine chaque plat; on eût dit qu'en se mettant à table avec ses convives il accomplissait un simple devoir de politesse, et qu'il attendait leur départ pour se faire servir quelques mets étranges ou particuliers.

Cela rappelait, malgré lui, à Franz la terreur que le comte avait inspirée à la comtesse G..., et la conviction où il l'avait laissée que le comte, l'homme qu'il lui avait montré dans la loge en face d'elle, était un vampire.

A la fin du déjeuner, Franz tira sa montre.

— Eh bien! lui dit le comte, que faites-vous donc?

— Vous nous excuserez, monsieur le comte, répondit Franz, mais nous avons encore mille choses à faire.

— Lesquelles?

— Nous n'avons pas de déguisements, et aujourd'hui le déguisement est de rigueur.

— Ne vous occupez donc pas de cela. Nous avons, à ce que je crois, place del Popolo, une chambre particulière; j'y ferai porter les costumes que vous voudrez bien m'indiquer, et nous nous masquerons séance tenante.

— Après l'exécution? s'écria Franz.

— Sans doute; après, pendant ou avant, comme vous voudrez.

— En face de l'échafaud?

— L'échafaud fait partie de la fête.

— Tenez, monsieur le comte, j'ai réfléchi, dit Franz; décidément je vous remercie de votre obligeance, mais je me contenterai d'accepter une place dans votre voiture, une place à la fenêtre du palais Rospoli, et je vous laisserai libre de disposer de ma place à la fenêtre de la piazza del Popolo.

— Mais vous perdez, je vous en préviens, une chose fort curieuse, répondit le comte.

— Vous me la raconterez, reprit Franz, et je suis convaincu que, dans votre bouche, le récit m'impressionnera presque autant que la vue pourrait le faire. D'ailleurs, plus d'une fois j'ai déjà voulu prendre sur moi d'assister à une exécution, et je n'ai jamais pu m'y décider; et vous, Albert?

— Moi, répondit le vicomte, j'ai vu exécuter Castaing; mais je crois que j'étais un peu gris ce jour-là. C'était le jour de ma sortie du collége, et nous avions passé la nuit dans je ne sais quel cabaret.

— D'ailleurs, ce n'est pas une raison, parce que vous n'avez pas fait une chose à Paris, pour que vous ne la fassiez pas à l'étranger : quand on voyage, c'est pour s'instruire; quand on change de lieu, c'est pour voir. Songez donc quelle figure vous ferez quand on vous demandera : — Comment exécute-t-on à Rome? et que vous répondrez : — Je ne sais pas. Et puis on dit que le condamné est un infâme coquin, un drôle qui a tué à coups de chenet un bon chanoine qui l'avait élevé comme son fils. Que diable! quand on tue un homme d'église, on prend une arme plus convenable qu'un chenet, surtout quand cet homme d'église est peut-être notre père. Si vous voyagiez en Espagne, vous iriez voir les combats de taureaux, n'est-ce pas? Eh bien! supposez que c'est un combat que nous allons voir; souvenez-vous des anciens Romains du cirque, des chasses où l'on tuait trois cents lions et une centaine d'hommes. Souvenez-vous donc de ces quatre-vingt mille spectateurs qui battaient des mains; de ces sages matrones qui conduisaient là leurs filles à marier, et de ces charmantes vestales aux mains blanches qui faisaient avec le pouce un charmant petit signe qui voulait dire : — Allons! pas de paresse! achevez-moi cet homme-là qui est aux trois quarts mort.

— Y allez-vous, Albert? dit Franz.

— Ma foi oui, mon cher! j'hésitais comme vous, mais l'éloquence du comte me décide.

— Allons-y donc, puisque vous le voulez, dit Franz; mais, en me rendant place del Popolo, je désire passer par la rue du Cours; est-ce possible, monsieur le comte?

— A pied, oui; en voiture, non.

— Eh bien! j'irai à pied.

— Il est bien nécessaire que vous passiez par la rue du Cours?

— Oui, j'ai quelque chose à y voir.

— Eh bien! passons par la rue du Cours, nous enverrons la voiture nous attendre sur la piazza del Popolo, par la strada del Babuino; d'ailleurs je ne suis pas fâché non plus de passer par la rue du Cours pour voir si des ordres que j'ai donnés ont été exécutés.

— Excellence, dit le domestique en ouvrant la porte, un homme vêtu en pénitent demande à vous parler.

— Ah! oui! dit le comte, je sais ce que c'est. Messieurs, voulez vous repasser au salon, vous trouverez sur la table du milieu d'excellents cigares de la Havane, je vous y rejoins dans un instant.

Les deux jeunes gens se levèrent et sortirent par une porte, tandis que le comte, après leur avoir renouvelé ses excuses, sortait par l'autre.

Albert, qui était un grand amateur, et qui, depuis qu'il était en Italie, ne comptait pas comme un mince sacrifice celui d'être privé des cigares du café de Paris, s'approcha de la table et poussa un cri de joie en apercevant de véritables puros.

— Eh bien! lui demanda Franz, que pensez-vous du comte de Monte-Christo?

— Ce que j'en pense! dit Albert visiblement étonné que son compagnon lui fît une pareille question; je pense que c'est un homme charmant, qui fait à merveille les honneurs de chez lui, qui a beaucoup vu, beaucoup étudié, beaucoup réfléchi, qui est, comme Brutus, de l'école stoïque, et, ajouta-t-il en poussant amoureusement une bouffée de fumée qui monta en spirale vers le plafond, et qui pardessus tout cela possède d'excellents cigares.

C'était l'opinion d'Albert sur le comte; or, comme Franz savait qu'Albert avait la prétention de ne se faire une opinion sur les hommes et sur les choses qu'après de mûres réflexions, il ne tenta pas de rien changer à la sienne.

— Mais, dit-il, avez-vous remarqué une chose singulière?

— Laquelle?

— L'attention avec laquelle il vous regardait.

— Moi?

— Oui, vous.

Albert réfléchit.

— Ah! dit-il en poussant un soupir, rien d'étonnant à cela. Je suis depuis près d'un an absent de Paris, je dois avoir des habits de l'autre monde. Le comte m'aura pris pour un provincial; détrompez-le, cher ami, et dites-lui, je vous prie, à la première occasion, qu'il n'en est rien.

Franz sourit; un instant après, le comte rentra.

— Me voici, messieurs, dit-il, et tout à vous, les ordres sont donnés; la voiture va de son côté place del Popolo, et nous allons nous y rendre du nôtre, si vous voulez bien, par la rue du Cours. Prenez donc quelques-uns de ces cigares, monsieur de Morcerf.

— Ma foi, avec grand plaisir, dit Albert, car vos cigares italiens sont encore pires que ceux de la régie. Quand vous viendrez à Paris, je vous rendrai tout cela.

— Ce n'est pas de refus; je compte y aller quelque jour, et, puisque vous le permettez, j'irai frapper à votre porte. Allons, messieurs, allons, nous n'avons pas de temps à perdre; il est midi et demi, partons.

Tous trois descendirent.

Alors le cocher prit les derniers ordres de son maître, et suivit la via del Babuino, tandis que les piétons remontaient par la place d'Espagne et par la via Frattina, qui les conduisait tout doit entre le palais Fiano et le palais Rospoli.

Tous les regards de Franz furent pour les fenêtres de ce dernier palais; il n'avait pas oublié le signal convenu dans le Colisée entre l'homme au manteau et le Transtevere.

— Quelles sont vos fenêtres? demanda-t-il au comte du ton le plus naturel qu'il put prendre.

— Les trois dernières, répondit-il avec une négligence qui n'avait rien d'affecté; car il ne pouvait deviner dans quel but cette question lui était faite.

Les yeux de Franz se portèrent rapidement sur les trois fenêtres.

Les fenêtres latérales étaient tendues en damas jaune, et celles du milieu en damas blanc avec une croix rouge.

L'homme au manteau avait tenu sa parole au Transteverin, et il n'y avait plus de doute, l'homme au manteau c'était bien le comte.

Les trois fenêtres étaient encore vides.

Au reste, de tous côtés se faisaient des préparatifs; on plaçait des chaises, on dressait des échafaudages, on tendait des fenêtres.

Les masques ne pouvaient paraître, les voitures ne pouvaient circuler qu'au son de la cloche; mais on sentait les masques derrière toutes les fenêtres, les voitures derrière toutes les portes.

Franz, Albert et le comte, continuèrent de descendre la rue du Cours.

A mesure qu'ils approchaient de la place du Peuple, la foule devenait plus épaisse, et, au-dessus des têtes de cette foule, on voyait s'élever deux choses : l'obélisque surmonté d'une croix qui indique le centre de la place, et, en avant de l'obélisque, juste au point de correspondance visuelle des trois rues del Babuino, del Corso et di Ripetta, les deux poutres suprêmes de l'échafaud, entre lesquelles brillait le fer arrondi de la mandaïa.

A l'angle de la rue, on trouva l'intendant du comte qui attendait son maître.

La fenêtre, louée à ce prix exorbitant sans doute dont le comte n'avait point voulu faire part à ses invités, appartenait au second étage du grand palais situé entre la rue del Babuino et le monte Pincio.

C'était, comme nous l'avons dit, une espèce de cabinet de toilette donnant dans une chambre à coucher.

En fermant la porte de la chambre à coucher, les locataires du cabinet étaient chez eux; sur les chaises on avait déposé des costumes de paillasse en satin blanc et bleu des plus élégants.

— Comme vous m'avez laissé le choix des costumes, dit le comte aux deux amis, je vous ai fait préparer ceux-ci. D'abord, c'est ce qu'il y aura de mieux porté cette année; ensuite, c'est ce qu'il y a de plus commode pour les confetti, attendu que la farine n'y paraît pas.

Franz n'entendit que fort imparfaitement les paroles du comte, et il n'apprécia peut-être pas à sa valeur cette nouvelle gracieuseté; car toute son attention était attirée par le spectacle que présentait la piazza del Popolo, et par l'instrument terrible qui en faisait à cette heure le principal ornement.

C'était la première fois que Franz apercevait une guillotine; nous disons guillotine, car la mandaïa romaine est taillée à peu près sur le même patron que notre instrument de mort.

Le couteau, qui a la forme d'un croissant qui couperait par la partie convexe, tombe de moins haut, voilà tout.

Deux hommes, assis sur la planche à bascule où l'on couche le condamné, déjeunaient en attendant, et mangeaient, autant que Franz put le voir, du pain et des saucisses; l'un d'eux souleva la planche, en tira un flacon de vin, but un coup et passa le flacon à son camarade : ces deux hommes, c'étaient les aides du bourreau!

A ce seul aspect, Franz avait senti la sueur poindre à la racine de ses cheveux.

Les condamnés, transportés la veille au soir des Carceri Nuove dans la petite église Sainte-Marie-del-Popolo, avaient passé la nuit, assistés chacun de deux prêtres, dans une chapelle ardente fermée d'une grille, devant laquelle se promenaient des sentinelles relevées d'heure en heure.

Une double haie de carabiniers placés de chaque côté de la porte de l'église s'étendait jusqu'à l'échafaud, autour duquel elle s'arrondissait, laissant libre un chemin de dix pieds de large à peu près, et, autour de la guillotine, un espace d'une centaine de pas de circonférence.

Tout le reste de la place était pavé de têtes d'hommes et de femmes.

Beaucoup de femmes tenaient leurs enfants sur leurs épaules.

Ces enfants, qui dépassaient la foule de tout le torse, étaient admirablement placés.

Le monte Pincio semblait un vaste amphithéâtre dont tous les gradins eussent été chargés de spectateurs.

Les balcons des deux églises qui font l'angle des rues del Babuino et de la rue di Ripetta regorgeaient de curieux privilégiés, les marches des péristyles semblaient un flot mouvant et bariolé qu'une marée incessante poussait vers le portique.

Chaque aspérité de la muraille qui pouvait donner place à un homme avait sa statue vivante.

Ce que disait le comte est donc vrai : ce qu'il y a de plus curieux dans la vie est le spectacle de la mort.

Et cependant, au lieu du silence que semblait commander la solennité du spectacle, un grand bruit montait de cette foule, bruit composé de rires, de huées et de cris joyeux.

Il était évident encore, comme l'avait dit le comte, que cette exécution n'était rien autre chose pour tout le peuple que le commencement du carnaval.

Tout à coup, ce bruit cessa comme par enchantement; la porte de l'église venait de s'ouvrir.

Une confrérie de pénitents, dont chaque membre était vêtu d'un sac gris percé aux yeux seulement, et tenait un cierge allumé à la main, parut d'abord; en tête marchait le chef de la confrérie.

Derrière les pénitents venait un homme de haute taille.

Cet homme était nu, à l'exception d'un caleçon de toile au côté gauche duquel était attaché un grand couteau caché dans sa gaîne; il portait sur l'épaule droite une lourde masse de fer.

Cet homme, c'était le bourreau.

Il avait, en outre, des sandales attachées au bas de la jambe par des cordes.

Derrière le bourreau marchaient, dans l'ordre où ils devaient être exécutés, d'abord Peppino et ensuite Andrea.

Chacun était accompagné de deux prêtres.

Ni l'un ni l'autre n'avait les yeux bandés.

Peppino marchait d'un pas assez ferme; sans doute il avait eu avis de ce qui se préparait pour lui.

Andrea était soutenu, sous chaque bras, par un prêtre.

Cependant les deux condamnés continuaient de marcher vers l'échafaud.

Tous deux baisaient de temps en temps le crucifix que leur présentait le confesseur.

Franz sentit, rien qu'à cette vue, les jambes qui lui manquaient; il regarda Albert.

Il était pâle comme sa chemise, et, par un mouvement machinal, il jetait loin de lui son cigare, quoiqu'il ne l'eût fumé qu'à moitié.

Le comte seul paraissait impassible.

Il y avait même plus : une légère teinte rouge semblait vouloir percer la pâleur livide de ses joues.

Son nez se dilatait comme celui d'un animal féroce qui flaire le sang, et ses lèvres, légèrement écartées, laissaient voir ses dents blanches, petites et aiguës comme celles d'un chacal.

Et cependant, malgré tout cela, son visage avait une expression de douceur souriante que Franz ne lui avait jamais vue; ses yeux noirs, surtout, étaient admirables de mansuétude et de velouté.

Cependant, les deux condamnés continuaient de marcher vers l'échafaud, et, à mesure qu'ils avançaient, on pouvait distinguer les traits de leur visage.

Peppino était un beau garçon de vingt-quatre a

vingt-six ans, au teint hâlé par le soleil, au regard libre et sauvage.

Il portait la tête haute et semblait flairer le vent pour voir de quel côté lui viendrait son libérateur.

Andrea était gros et court : son visage, bassement cruel, n'indiquait pas d'âge; il pouvait cependant avoir trente ans à peu près.

Dans la prison, il avait laissé pousser sa barbe.

Sa tête retombait sur une de ses épaules; ses jambes pliaient sous lui; tout son être paraissait obéir à un mouvement machinal dans lequel sa volonté n'était déjà plus pour rien.

— Il me semble, dit Franz au comte, que vous m'avez annoncé qu'il n'y aurait qu'une exécution.

— Je vous ai dit la vérité, répondit-il froidement.

— Cependant, voici deux condamnés.

— Oui; mais de ces deux condamnés l'un touche à la mort, et l'autre a encore de longues années à vivre.

— Il me semble que si la grâce doit venir, il n'y a plus de temps à perdre.

— Aussi, la voilà qui vient; regardez, dit le comte.

En effet, au moment où Peppino arrivait au pied de la mandaïa, un pénitent, qui semblait être en retard, perça la haie sans que les soldats fissent obstacle à son passage, et, s'avançant vers le chef de la confrérie, lui remit un papier plié en quatre.

Le regard ardent de Peppino n'avait perdu aucun de ces détails; le chef de la confrérie déplia le papier, le lut et leva la main.

— Le Seigneur soit béni, et Sa Sainteté soit louée! dit-il à haute et intelligible voix. Il y a grâce de la vie pour l'un des condamnés.

— Grâce! s'écria le peuple d'un seul cri; il y a grâce!

A ce mot de grâce, Andrea sembla bondir, et redressa la tête.

— Grâce pour qui? cria-t-il.

Peppino resta immobile, muet et haletant.

— Il y a grâce de la peine de mort pour Peppino, dit Rocca Priori, dit le chef de la confrérie.

Et il passa le papier au capitaine commandant les carabiniers, lequel après l'avoir lu le lui rendit.

— Grâce pour Peppino! s'écria Andrea entièrement tiré de l'état de torpeur où il semblait être plongé, pourquoi grâce pour lui et pas pour moi? nous devions mourir ensemble : on m'avait promis qu'il mourrait avant moi, on n'a pas le droit de me faire mourir seul; je ne veux pas mourir seul, je ne le veux pas!

Et il s'arracha aux bras des deux prêtres, se tordant, hurlant, rugissant et faisant des efforts insensés pour rompre les cordes qui lui liaient les mains.

Le bourreau fit signe à ses deux aides, qui sautèrent en bas de l'échafaud, et vinrent s'emparer du condamné.

— Qu'y a-t-il donc? demanda Franz au comte.

Car, comme tout cela se passait en patois romain, il n'avait pas très-bien compris.

— Ce qu'il y a! dit le comte, ne comprenez-vous pas bien? il y a que cette créature humaine qui va mourir est furieuse de ce que son semblable ne meurt pas avec elle, et que, si on la laissait faire, elle le déchirerait avec ses ongles et avec ses dents plutôt que de le laisser jouir de la vie dont elle va être privée. O hommes! hommes! race de crocodiles! comme dit Karl Moor, s'écria le comte en étendant les deux poings vers toute cette foule, que je vous reconnais bien là, et qu'en tout temps vous êtes bien dignes de vous-mêmes!

En effet, Andrea et les deux aides du bourreau se roulaient dans la poussière; le condamné criant toujours : « Il doit mourir, je veux qu'il meure; on n'a pas le droit de me tuer seul. »

— Regardez, regardez, continua le comte en saisissant chacun des deux jeunes gens par la main, regardez, car, sur mon âme, c'est curieux; voilà un homme qui était résigné à son sort, qui marchait à l'échafaud, qui allait mourir comme un lâche, c'est vrai, mais, enfin, il allait mourir sans résistance et sans récrimination : savez-vous ce qui lui donnait quelque force? savez-vous ce qui le consolait? savez-vous ce qui lui faisait prendre son supplice en patience? c'est qu'un autre partageait son angoisse; c'est qu'un autre allait mourir comme lui; c'est qu'un autre allait mourir avant lui! Menez deux moutons à la boucherie, deux bœufs à l'abattoir, et faites comprendre à l'un d'eux que son compagnon ne mourra pas, le mouton bêlera de joie, le bœuf mugira de plaisir; mais l'homme, l'homme que Dieu a fait à son image, l'homme à qui Dieu a imposé pour première, pour unique, pour suprême loi, l'amour de son prochain, l'homme à qui Dieu a donné une voix pour exprimer sa pensée, quel sera son premier cri quand il apprendra que son camarade est sauvé? un blasphème. Honneur à l'homme, ce chef-d'œuvre de la nature, ce roi de la création!

Et le comte éclata de rire, mais d'un rire terrible qui indiquait qu'il avait dû horriblement souffrir pour en arriver à rire ainsi.

Cependant, la lutte continuait, et c'était quelque chose d'affreux à voir.

Les deux valets portaient Andrea sur l'échafaud; tout le peuple avait pris parti contre lui, et vingt mille voix criaient d'un seul cri : « A mort! à mort! »

Franz se rejeta en arrière; mais le comte ressaisit son bras et le retint devant la fenêtre.

— Que faites-vous donc? lui dit-il; de la pitié?

elle est ma foi bien placée! Si vous entendiez crier : Au chien enragé ! vous prendriez votre fusil, vous vous jetteriez dans la rue, vous tueriez sans miséricorde, à bout portant, la pauvre bête, qui, au bout du compte, ne serait coupable que d'avoir été mordue par un autre chien, et de rendre ce qu'on lui a fait : et voilà que vous avez pitié d'un homme qu'aucun autre homme n'a mordu, et qui, cependant, a tué son bienfaiteur, et qui, maintenant, ne pouvant plus tuer parce qu'il a les mains liées, veut à toute force voir mourir son compagnon de captivité, son camarade d'infortune! Non, non, regardez, regardez.

La recommandation était devenue presque inutile.

Franz était comme fasciné par l'horrible spectacle.

Les deux valets avaient porté le condamné sur l'échafaud, et là, malgré ses efforts, ses morsures, ses cris, ils l'avaient forcé de se mettre à genoux.

Pendant ce temps, le bourreau s'était placé de côté et la masse en arrêt.

Alors, sur un signe, les deux aides s'écartèrent.

Le condamné voulut se relever, mais, avant qu'il n'en eût le temps, la masse s'abattit sur sa tempe gauche.

On entendit un bruit sourd et mat, le patient tomba comme un bœuf, la face contre terre, puis, d'un contre-coup, se retourna sur le dos.

Alors le bourreau laissa tomber sa masse, tira le couteau de sa ceinture, d'un seul coup lui ouvrit la gorge, et, montant aussitôt sur son ventre, se mit à le pétrir avec ses pieds.

A chaque pression un jet de sang s'élançait du cou du condamné.

Pour cette fois, Franz n'y put tenir plus longtemps.

Il se rejeta en arrière, et alla tomber sur son fauteuil à moitié évanoui.

Albert, les yeux fermés, resta debout, mais cramponné aux rideaux de la fenêtre.

Le comte était debout et triomphant comme le mauvais ange.

Et le comte passait déjà son costume de paillasse.

CHAPITRE XIII

LE CARNAVAL DE ROME.

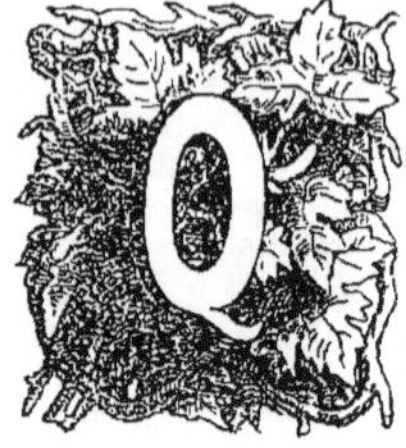

Quand Franz revint à lui, il trouva Albert qui buvait un verre d'eau dont sa pâleur indiquait qu'il avait grand besoin, et le comte qui passait déjà son costume de paillasse.

Il jeta machinalement les yeux sur la place.

Tout avait disparu, échafaud, bourreaux, victimes.

Il ne restait plus que le peuple, bruyant, affairé, joyeux.

La cloche du Monte-Citorio, qui ne retentit que pour la mort du pape et l'ouverture de la mascherata, sonnait à pleines volées.

— Eh bien! demanda-t-il au comte, que s'est-il donc passé?

Avec toute la vigueur et l'adresse dont il était capable, il envoya à son tour œufs et dragées à ses voisins. — Page 122.

— Rien, absolument rien, dit-il; comme vous voyez seulement, le carnaval est commencé, habillons-nous vite.

— En effet, répondit Franz au comte, il ne reste de toute cette horrible scène que la trace d'un rêve

— C'est que ce n'est pas autre chose qu'un rêve, qu'un cauchemar que vous avez eu.

— Oui, moi; mais le condamné?

— C'est un rêve aussi, seulement il est resté endormi, lui, tandis que vous vous êtes réveillé, vous, et qui peut dire lequel de vous deux est le privilégié?

— Mais Peppino, demanda Franz, qu'est-il devenu?

— Peppino est un garçon de sens qui n'a pas le moindre amour-propre, et qui, contre l'habitude des hommes qui sont furieux lorsqu'on ne s'occupe pas d'eux, a été enchanté, lui, de voir que l'attention générale se portait sur son camarade; il a, en conséquence, profité de cette distraction pour se glisser dans la foule et disparaître, sans même remercier les dignes prêtres qui l'avaient accompagné. Décidément l'homme est un animal fort ingrat et fort égoïste... Mais habillez-vous; tenez, vous voyez que M. de Morcerf vous donne l'exemple.

Paris.--Imp. de Éd. Blot, rue Saint-Louis, 46.

En effet, Albert passait machinalement son pantalon de taffetas par-dessus son pantalon noir et ses bottes vernies.

— Eh bien! Albert, demanda Franz, êtes-vous bien en train de faire des folies? Voyons, répondez franchement.

— Non, dit-il, mais en vérité je suis aise maintenant d'avoir vu une pareille chose, et je comprends ce que disait M. le comte : c'est que, lorsqu'on a pu s'habituer une fois à un pareil spectacle, ce soit le seul qui donne encore des émotions.

— Sans compter que c'est en ce moment-là seulement qu'on peut faire des études de caractères, dit le comte; sur la première marche de l'échafaud, la mort arrache le masque qu'on a porté toute la vie, et le véritable visage apparaît. Il faut en convenir, celui d'Andrea n'était pas beau à voir... Le hideux coquin!... Habillons-nous, messieurs! habillons-nous!

Il eût été ridicule à Franz de faire la petite maîtresse et de ne pas suivre l'exemple que lui donnaient ses deux compagnons.

Il passa donc à son tour son costume et mit son masque, qui n'était certainement pas plus pâle que son visage.

La toilette achevée, on descendit. La voiture attendait à la porte, pleine de confetti et de bouquets.

On prit la file.

Il est difficile de se faire l'idée d'une opposition plus complète que celle qui venait de s'opérer.

Au lieu de ce spectacle de mort sombre et silencieux, la place del Popolo présentait l'aspect d'une folle et bruyante orgie.

Une foule de masques sortaient, débordant de tous les côtés, s'échappant par les portes, descendant par les fenêtres.

Les voitures débouchaient à tous les coins de rue, chargées de pierrots, d'arlequins, de dominos, de marquis, de Transteveres, de grotesques, de chevaliers, de paysans : tout cela criant, gesticulant, lançant des œufs pleins de farine, des confetti, des bouquets; attaquant de la parole et du projectile amis et étrangers, connus et inconnus, sans que personne ait le droit de s'en fâcher, sans que pas un fasse autre chose que d'en rire.

Franz et Albert étaient comme des hommes que, pour les distraire d'un violent chagrin, on conduirait dans une orgie, et qui, à mesure qu'ils boivent et qu'ils s'enivrent, sentent un voile s'épaissir entre le passé et le présent.

Ils voyaient toujours ou plutôt ils continuaient de sentir en eux le reflet de ce qu'ils avaient vu.

Mais peu à peu l'ivresse générale les gagna, il leur sembla que leur raison chancelante allait les abandonner.

Ils éprouvaient un besoin étrange de prendre leur part de ce bruit, de ce mouvement, de ce vertige.

Une poignée de confetti qui arriva à Morcerf d'une voiture voisine, et qui, en le couvrant de poussière ainsi que ses deux compagnons, piqua son cou et toute la portion de visage que ne garantissait pas le masque, comme si on lui eût jeté un cent d'épingles, acheva de le pousser à la lutte générale dans laquelle étaient déjà engagés tous les masques qu'ils rencontraient.

Il se leva à son tour dans la voiture, il puisa à pleines mains dans les sacs, et, avec toute la vigueur et l'adresse dont il était capable, il envoya à son tour œufs et dragées à ses voisins.

Dès lors, le combat était engagé.

Le souvenir de ce qu'ils avaient vu une demi-heure auparavant s'effaça tout à fait de l'esprit des deux jeunes gens, tant le spectacle bariolé, mouvant, insensé, qu'ils avaient sous les yeux, était venu leur faire diversion.

Quant au comte de Monte-Christo, il n'avait jamais, comme nous l'avons dit, paru impressionné un seul instant.

En effet, qu'on se figure cette grande et belle rue du Cours, bordée d'un bout à l'autre de palais à quatre ou cinq étages avec tous leurs balcons garnis de tapisseries, avec toutes leurs fenêtres drapées.

A ces balcons et à ces fenêtres, trois cent mille spectateurs, Romains, Italiens, étrangers venus des quatre parties du monde : toutes les aristocraties réunies, aristocraties de naissance, d'argent, de génie; des femmes charmantes, qui, subissant elles-mêmes l'influence de ce spectacle, se courbent sur les balcons, se penchent hors des fenêtres, font pleuvoir sur les voitures qui passent une grêle de confetti qu'on leur rend en bouquets; l'atmosphère tout épaissie de dragées qui descendent et de fleurs qui montent; puis sur le pavé des rues une foule joyeuse, incessante, folle, avec des costumes insensés : des choux gigantesques qui se promènent, des têtes de buffles qui mugissent sur des corps d'hommes, des chiens qui semblent marcher sur les pieds de devant.

Au milieu de tout cela, un masque qui se soulève, et, dans cette tentation de saint Antoine rêvée par Callot, quelque Astarté qui montre une ravissante figure qu'on veut suivre, et de laquelle on est séparé par des espèces de démons pareils à ceux qu'on voit dans ses rêves, et l'on aura une faible idée de ce qu'est le carnaval de Rome.

Au second tour, le comte fit arrêter la voiture et demanda à ses compagnons la permission de les quitter, laissant sa voiture à leur disposition.

Franz leva les yeux : on était en face du palais Rospoli; et, à la fenêtre du milieu, à celle qui était drapée d'une pièce de damas blanc avec une croix rouge, était un domino bleu, sous lequel l'imagination de Franz se représenta sans peine la belle Grecque du théâtre Argentina.

— Messieurs, dit le comte en sautant à terre, quand vous serez las d'être acteurs et que vous voudrez redevenir spectateurs, vous savez que vous avez place à mes fenêtres. En attendant, disposez de mon cocher, de ma voiture et de mes domestiques.

Nous avons oublié de dire que le cocher du comte était gravement vêtu d'une peau d'ours noir, exactement pareille à celle d'Odry dans l'*Ours et le Pacha*, et que les deux laquais qui se tenaient debout derrière la calèche possédaient des costumes de singe vert, parfaitement adaptés à leurs tailles, et des masques à ressort avec lesquels ils faisaient la grimace aux passants.

Franz remercia le comte de son offre obligeante : quant à Albert, il était en coquetterie avec une pleine voiture de paysannes romaines, arrêtée, comme celle du comte, par un de ces repos si communs dans les files et qu'il écrasait de bouquets.

Malheureusement pour lui la file reprit son mouvement, et, tandis qu'il descendait vers la place del Popolo, la voiture qui avait attiré son attention remontait vers le palais de Venise.

— Ah ! mon cher ! dit-il à Franz, vous n'avez pas vu?...

— Quoi? demanda Franz.

— Tenez, cette calèche qui s'en va toute chargée de paysannes romaines?

— Non.

— Eh bien ! je suis sûr que ce sont des femmes charmantes.

— Quel malheur que vous soyez masqué, mon cher Albert, dit Franz, c'était le moment de vous rattraper de vos désappointements amoureux!

— Oh ! répondit-il moitié riant, moitié convaincu, j'espère bien que le carnaval ne se passera pas sans m'apporter quelque dédommagement.

Malgré cette espérance d'Albert, toute la journée se passa sans autre aventure que la rencontre deux ou trois fois renouvelée de la calèche aux paysannes romaines.

A l'une de ces rencontres, soit hasard, soit calcul d'Albert, son masque se détacha.

A cette rencontre, il prit le reste du bouquet et le jeta dans la calèche.

Sans doute une des femmes charmantes qu'Albert devinait sous le costume coquet de paysannes fut touchée de cette galanterie, car, à son tour, lorsque la voiture des deux amis repassa, elle y jeta un bouquet de violettes.

Albert se précipita sur le bouquet.

Comme Franz n'avait aucun motif de croire qu'il était à son adresse, il laissa Albert s'en emparer.

Albert le mit victorieusement à sa boutonnière, et la voiture continua sa course triomphante.

— Eh bien ! lui dit Franz, voilà un commencement d'aventure!

— Riez tant que vous voudrez, répondit-il, mais, en vérité, je crois que oui ; aussi je ne quitte plus ce bouquet.

— Pardieu ! je crois bien, reprit Franz en riant, c'est un signe de reconnaissance.

La plaisanterie, au reste, prit bientôt un caractère de réalité, car, lorsque, toujours conduits par la file, Franz et Albert croisèrent de nouveau la voiture des *contadine*, celle qui avait jeté le bouquet à Albert battit des mains en le voyant à sa boutonnière.

— Bravo ! mon cher, bravo ! lui dit Franz, voilà qui se prépare à merveille! Voulez-vous que je vous quitte, et vous est-il plus agréable d'être seul?

— Non, dit-il, non, ne brusquons rien ; je ne veux pas me laisser prendre comme un sot à une première démonstration, à un rendez-vous sous l'horloge, comme nous disons pour le bal de l'Opéra. Si la belle paysanne a envie d'aller plus loin, nous la retrouverons demain ou plutôt elle nous retrouvera. Alors elle me donnera signe d'existence, et je verrai ce que j'aurai à faire.

— En vérité, mon cher Albert, dit Franz, vous êtes sage comme Nestor et prudent comme Ulysse, et, si votre Circé parvient à vous changer en bête quelconque, il faudra qu'elle soit bien adroite ou bien puissante.

Albert avait raison.

La belle inconnue avait résolu sans doute de ne pas pousser plus loin l'intrigue ce jour-là; car, quoique les jeunes gens fissent encore plusieurs tours, ils ne revirent pas la calèche qu'ils cherchaient des yeux, elle avait disparu sans doute par une des rues adjacentes.

Alors ils revinrent au palais Rospoli, mais le comte aussi avait disparu avec le domino bleu.

Les deux fenêtres tendues en damas jaune continuaient, au reste, d'être occupées par des personnes qu'il avait sans doute invitées.

En ce moment, la même cloche qui avait sonné l'ouverture de la mascherata sonna la retraite.

La file du Corso se rompit aussitôt, et en un instant toutes les voitures disparurent dans les rues transversales

Franz et Albert étaient en ce moment en face de la via delle Maratte, le cocher l'enfila sans rien dire, et, gagnant la place d'Espagne en longeant le palais Poli, il s'arrêta devant l'hôtel.

Maître Pastrini vint recevoir ses hôtes sur le seuil de la porte.

Le premier soin de Franz fut de s'informer du comte, et d'exprimer le regret de ne l'avoir pas repris à temps; mais Pastrini le rassura en lui disant que le comte de Monte-Christo avait commandé une seconde voiture pour lui, et que cette voiture était allée le chercher à quatre heures au palais Rospoli.

Il était en outre chargé, de sa part, d'offrir aux deux amis la clef de sa loge au théâtre Argentina.

Franz interrogea Albert sur ses dispositions, mais Albert avait de grands projets à mettre à exécution avant de penser à aller au théâtre.

En conséquence, au lieu de répondre, il s'informa si maître Pastrini pourrait lui procurer un tailleur.

— Un tailleur, demanda notre hôte, et pourquoi faire?

— Pour nous faire d'ici à demain des habits de paysan romain, aussi élégants que possible, dit Albert.

Maître Pastrini secoua la tête.

— Vous faire d'ici à demain deux habits! s'écria-t-il, voilà bien, j'en demande pardon à Vos Excellences, une demande à la française; deux habits! quand d'ici à huit jours vous ne trouveriez certainement pas un tailleur qui consentît à coudre six boutons à un gilet, lui payassiez-vous ces boutons un écu la pièce!

— Alors il faut donc renoncer à se procurer les habits que je désire?

— Non, parce que nous aurons ces habits tout faits. Laissez-moi m'occuper de cela, et demain vous trouverez en vous éveillant une collection de chapeaux, de vestes et de culottes dont vous serez satisfaits.

— Mon cher, dit Franz à Albert, rapportons-nous-en à notre hôte, il nous a déjà prouvé qu'il était homme de ressources; dînons donc tranquillement, et, après le dîner, allons voir l'*Italienne à Alger*.

— Va pour l'*Italienne à Alger*, dit Albert; mais songez, maître Pastrini, que moi et monsieur, continua-t-il en désignant Franz, nous mettons la plus haute importance à avoir demain les habits que nous vous avons demandés.

L'aubergiste affirma une dernière fois à ses hôtes qu'ils n'avaient à s'inquiéter de rien et qu'ils seraient servis à leurs souhaits; sur quoi Franz et Albert remontèrent pour se débarrasser de leurs costumes de paillasses.

Albert, en dépouillant le sien, serra avec le plus grand soin son bouquet de violettes : c'était son signe de reconnaissance pour le lendemain.

Les deux amis se mirent à table; mais, tout en dînant, Albert ne put s'empêcher de remarquer la différence notable qui existait entre les mérites respectifs du cuisinier de maître Pastrini et de celui du comte de Monte-Christo.

Or, la vérité força Franz d'avouer, malgré les préventions qu'il paraissait avoir contre le comte, que le parallèle n'était point à l'avantage du chef de maître Pastrini.

Au dessert, le domestique s'informa de l'heure à laquelle les jeunes gens désiraient la voiture.

Albert et Franz se regardèrent, craignant véritablement d'être indiscrets.

Le domestique les comprit.

— Son Excellence le comte de Monte-Christo, leur dit-il, a donné des ordres positifs pour que la voiture demeurât toute la journée aux ordres de Leurs Seigneuries; Leurs Seigneuries peuvent donc en disposer sans crainte d'être indiscrètes.

Les jeunes gens résolurent de profiter jusqu'au bout de la courtoisie du comte, et ordonnèrent d'atteler, tandis qu'ils allaient substituer une toilette du soir à leur toilette de la journée, tant soit peu froissée par les combats nombreux auxquels ils s'étaient livrés.

Cette précaution prise, ils se rendirent au théâtre Argentina, et s'installèrent dans la loge du comte.

Pendant le premier acte, la comtesse G... entra dans la sienne.

Son premier regard se dirigea du côté où la veille elle avait vu le comte, de sorte qu'elle aperçut Franz et Albert dans la loge de celui sur le compte duquel elle avait exprimé, il y avait vingt-quatre heures, à Franz une si étrange opinion.

Sa lorgnette était dirigée sur lui avec un tel acharnement, que Franz vit bien qu'il y aurait de la cruauté à tarder plus longtemps de satisfaire sa curiosité.

Aussi, usant du privilége accordé aux spectateurs des théâtres italiens, qui consiste à faire des salles de spectacle leurs salons de réception, les deux amis quittèrent-ils leur loge pour aller présenter leurs hommages à la comtesse.

A peine furent-ils entrés dans sa loge, qu'elle fit signe à Franz de se mettre à la place d'honneur.

Albert, à son tour, se plaça derrière.

— Eh bien! dit-elle, donnant à peine à Franz le temps de s'asseoir, il paraît que vous n'avez rien eu de plus pressé que de faire connaissance avec le nouveau lord Ruthwen, et que vous voilà les meilleurs amis du monde!

— Sans que nous soyons si avancés que vous le dites dans une intimité réciproque, je ne puis nier, madame la comtesse, répondit Franz, que nous n'ayons toute la journée abusé de son obligeance.

— Comment! toute la journée?

— Ma foi, c'est le mot : ce matin, nous avons accepté son déjeuner; pendant toute la mascherata, nous avons couru le Corso dans sa voiture; enfin, ce soir, nous venons au spectacle dans sa loge.

— Vous le connaissiez donc?

— Oui et non.

— Comment cela?

— C'est toute une longue histoire.

— Que vous me raconterez!

— Elle vous ferait trop peur.

— Et il est comte? — Comte toscan.

— Raison de plus.

— Attendez au moins que cette histoire ait un dénoûment.

— Soit, j'aime les histoires complètes. En attendant, comment vous êtes-vous trouvés en contact? qui vous a présentés à lui?

— Personne, c'est lui au contraire qui s'est fait présenter à nous.

— Quand cela?

— Hier soir, en vous quittant

— Par quel intermédiaire?

— Oh! mon Dieu, par l'intermédiaire très-prosaïque de notre hôte!

— Il loge donc à hôtel de Londres, comme vous?

— Non-seulement dans le même hôtel, mais sur le même carré.

— Comment s'appelle-t-il, car sans doute vous savez son nom?

— Parfaitement, le comte de Monte-Christo.

— Qu'est-ce que ce nom-là? ce n'est pas un nom de race.

— Non, c'est le nom d'une île qu'il a achetée

— Et il est comte?

— Comte toscan.

— Enfin, nous avalerons ecelui-là avec les autres,

reprit la comtesse, qui était une des plus vieilles familles des environs de Venise : et quel homme est-ce d'ailleurs?

— Demandez au vicomte de Morcerf.

— Vous entendez, monsieur, on me renvoie à vous, dit la comtesse.

— Nous serions difficiles si nous ne le trouvions pas charmant, madame, répondit Albert; un ami de dix ans n'eût pas fait pour nous plus qu'il n'a fait, et cela avec une grâce, une délicatesse, une courtoisie qui indiquent véritablement un homme du monde.

— Allons, dit la comtesse en riant, vous verrez que mon vampire sera tout bonnement quelque nouvel enrichi qui veut se faire pardonner ses millions, et qui aura pris le regard de Lara pour qu'on ne le confonde pas avec M. Rothschild. Et elle, l'avez-vous vue?

— Qui, elle? demanda Franz en souriant.

— La belle Grecque d'hier.

— Non. Nous avons, je crois bien, entendu le son de sa guzla, mais elle est restée parfaitement invisible.

— C'est-à-dire, quand vous dites invisible, mon cher Franz, dit Albert, c'est tout bonnement pour faire du mystérieux. Pour qui prenez-vous donc ce domino bleu qui était à la fenêtre tendue de damas blanc?

— Et où était cette fenêtre tendue de damas blanc? demanda la comtesse.

— Au palais Rospoli.

— Le comte avait donc trois fenêtres au palais Rospoli?

— Oui. Êtes-vous passée rue du Cours?

— Sans doute.

— Eh bien! avez-vous remarqué deux fenêtres tendues de damas jaune et une fenêtre tendue de damas blanc avec une croix rouge? Ces trois fenêtres étaient au comte.

— Ah çà! mais c'est donc un nabab que cet homme? Savez-vous ce que valent trois fenêtres comme celles-là pour huit jours de carnaval, et au palais Rospoli, c'est-à-dire dans la plus belle situation du Corso?

— Deux ou trois cents écus romains.

— Dites deux ou trois mille.

— Ah! diable!

— Et est-ce son île qui lui fait ce beau revenu?

— Son île, elle ne rapporte pas un bajocco.

— Pourquoi l'a-t-il achetée alors?

— Par fantaisie.

— C'est donc un original?

— Le fait est, dit Albert, qu'il m'a paru assez excentrique. S'il habitait Paris, s'il fréquentait nos spectacles, je vous dirais, mon cher, ou que c'est un mauvais plaisant qui pose, ou que c'est un pauvre diable que la littérature a perdu; en vérité, il a fait ce matin deux ou trois sorties dignes de Didier ou d'Antony.

En ce moment une visite entra, et, selon l'usage, Franz céda sa place au nouveau venu.

Cette circonstance, outre le déplacement, eut encore pour résultat de changer le sujet de la conversation.

Une heure après, les deux amis rentraient à l'hôtel.

Maître Pastrini s'était déjà occupé de leurs déguisements du lendemain, et il leur promit qu'ils seraient satisfaits de son intelligente activité.

En effet, le lendemain, à neuf heures, il entrait dans la chambre de Franz avec un tailleur chargé de huit ou dix costumes de paysans romains.

Les deux amis en choisirent deux pareils, qui allaient à peu près à leur taille, et chargèrent leur hôte de leur faire coudre une vingtaine de mètres de ruban à chacun de leurs chapeaux, et de leur procurer deux de ces charmantes écharpes de soie aux bandes transversales et aux vives couleurs dont les hommes du peuple, dans les jours de fêtes, ont l'habitude de se serrer la taille.

Albert avait hâte de voir comment son nouvel habit lui irait : c'était une veste et une culotte de velours bleu, des bas à coins brodés, des souliers à boucles et un gilet de soie.

Albert ne pouvait, au reste, que gagner à ce costume pittoresque, et, lorsque sa ceinture eut serré sa taille élégante, lorsque son chapeau, légèrement incliné de côté, laissa retomber sur son épaule des flots de rubans, Franz fut forcé d'avouer que le costume est souvent pour beaucoup dans la supériorité physique que nous accordons à certains peuples.

Les Turcs, si pittoresques autrefois avec leurs longues robes aux vives couleurs, ne sont-ils pas hideux maintenant avec leurs redingotes bleues boutonnées et leurs calottes grecques qui leur donnent l'air de bouteilles de vin à cachet rouge?

Franz fit ses compliments à Albert, qui, au reste, debout devant la glace, se souriait avec un air de satisfaction qui n'avait rien d'équivoque.

Ils en étaient là lorsque le comte de Monte-Christo entra.

— Messieurs, leur dit-il, comme, si agréable que soit un compagnon de plaisir, la liberté est plus agréable encore, je viens vous dire que, pour aujourd'hui et les jours suivants, je laisse à votre disposition la voiture dont vous vous êtes servis hier. Notre hôte a dû vous dire que j'en avais trois ou quatre en pension chez lui; vous ne m'en privez donc pas : usez-en librement, soit pour aller à votre plaisir, soit pour aller à vos affaires. Notre rendez-vous, si nous avons quelque chose à nous dire, sera au palais Rospoli.

Les deux jeunes gens voulurent lui faire quelque observation, mais ils n'avaient véritablement aucune bonne raison de refuser une offre qui d'ailleurs leur était agréable.

Ils finirent donc par accepter.

Le comte de Monte-Christo resta un quart d'heure à peu près avec eux, parlant de toute chose avec une facilité extrême.

Il était, comme on a déjà pu le remarquer, fort au courant de la littérature de tous les pays.

Un coup d'œil jeté sur les murailles de son salon avait prouvé à Franz et à Albert qu'il était amateur de tableaux.

Quelques mots sans prétention, qu'il laissa tomber en passant, leur prouvèrent que les sciences ne lui étaient pas étrangères.

Il paraissait surtout s'être particulièrement occupé de chimie.

Les deux amis n'avaient pas la prétention de rendre au comte le déjeuner qu'il leur avait donné; c'eût été une trop mauvaise plaisanterie à lui faire que lui offrir, en échange de son excellente table, l'ordinaire fort médiocre de maître Pastrini.

Ils le dirent tout franchement, et il reçut leurs excuses en homme qui appréciait leur délicatesse.

Albert était ravi des manières du comte, que sa science seule l'empêchait de reconnaître pour un véritable gentilhomme.

La liberté de disposer entièrement de la voiture le comblait surtout de joie : il avait ses vues sur ces gracieuses paysannes, et, comme elles lui étaient apparues la veille dans une voiture fort élégante, il n'était pas fâché de continuer à paraître sur ce point avec elles sur un pied d'égalité.

A une heure et demie, les deux jeunes gens descendirent.

Le cocher et les laquais avaient eu l'idée de mettre leurs habits de livrée sur leurs peaux de bêtes, ce qui leur donnait une tournure encore plus grotesque que la veille, et ce qui leur valut tous les compliments de Franz et d'Albert.

Albert avait attaché sentimentalement son bouquet de violettes fanées à sa boutonnière.

Au premier son de la cloche, ils partirent et se précipitèrent dans la rue du Cours par la via Vittoria.

Au second tour, un bouquet de violettes fraîches, parti d'une calèche chargée de paillassines, et qui vint tomber dans la calèche du comte, indiqua à Albert que, comme lui et son ami, les paysannes de la veille avaient changé de costume, et que, soit par hasard, soit par un sentiment pareil à celui qui l'avait fait agir, tandis qu'il avait galamment pris leur costume, elles, de leur côté, avaient pris le sien.

Albert mit le bouquet frais à la place de l'autre, mais il garda le bouquet fané dans sa main; et, quand il croisa de nouveau la calèche, il le porta amoureusement à ses lèvres, action qui parut récréer beaucoup non-seulement celle qui le lui avait jeté, mais encore ses folles compagnes.

La journée fut non moins animée que la veille.

Il est probable même qu'un profond observateur y eût encore reconnu une augmentation de bruit et de gaieté.

Un instant on aperçut le comte à sa fenêtre; mais, lorsque la voiture repassa, il avait déjà disparu.

Il va sans dire que l'échange de coquetteries entre Albert et la paillassine aux bouquets de violettes dura toute la journée.

Le soir, en rentrant, Franz trouva une lettre de l'ambassade : on lui annonçait qu'il aurait l'honneur d'être reçu le lendemain par Sa Sainteté.

A chaque voyage précédent qu'il avait fait à Rome, il avait sollicité et obtenu la même faveur; et, autant par religion que par reconnaissance, il n'avait pas voulu toucher barre dans la capitale du monde chrétien sans mettre son respectueux hommage aux pieds d'un des successeurs de saint Pierre qui a donné le rare exemple de toutes les vertus.

Il ne s'agissait donc pas pour lui, ce jour-là, de songer au carnaval; car, malgré la bonté dont il entoure Sa Grandeur, c'est toujours avec un respect plein de profonde émotion que l'on s'apprête à s'incliner devant ce noble et saint vieillard qu'on nomme Grégoire XVI.

En sortant du Vatican, Franz revint droit à l'hôtel en évitant même de passer par la rue du Cours.

Il emportait un trésor de pieuses pensées, pour lesquelles le contact des folles joies de la mascherata eût été une profanation.

A cinq heures dix minutes, Albert rentra.

Il était au comble de la joie.

La paillassine avait repris son costume de paysanne, et, en croisant la calèche d'Albert, elle avait levé son masque.

Elle était charmante.

Franz fit à Albert ses compliments bien sincères; il les reçut en homme à qui ils sont dus.

Il avait reconnu, disait-il, à certains signes d'élégance inimitable, que sa belle inconnue devait appartenir à la plus haute aristocratie.

Il était décidé à lui écrire le lendemain.

Franz, tout en recevant cette confidence, remarqua qu'Albert paraissait avoir quelque chose à lui demander, et que, cependant, il hésitait à lui adresser cette demande.

Il insista, en lui déclarant d'avance qu'il était prêt à faire, au profit de son bonheur, tous les sacrifices qui seraient en son pouvoir.

Albert se fit prier tout juste le temps qu'exigeait une amicale politesse : puis enfin il avoua à Franz qu'il lui rendrait service en lui abandonnant pour le lendemain la calèche à lui tout seul.

Elle était charmante. — Page 127.

Albert attribuait à l'absence de son ami l'extrême bonté qu'avait eue la belle paysanne de soulever son masque.

On comprend que Franz n'était pas assez égoïste pour arrêter Albert au milieu d'une aventure qui promettait à la fois d'être si agréable pour sa curiosité et si flatteuse pour son amour-propre.

Il connaissait assez la parfaite indiscrétion de son digne ami pour être sûr qu'il le tiendrait au courant des moindres détails de sa bonne fortune; et comme, depuis deux ou trois ans qu'il parcourait l'Italie en tout sens, il n'avait jamais eu la chance même d'ébaucher semblable intrigue pour son compte, Franz n'était pas fâché d'apprendre comment les choses se passaient en pareil cas.

Il promit donc à Albert qu'il se contenterait le lendemain de regarder le spectacle des fenêtres du palais Rospoli.

En effet, le lendemain, il vit passer et repasser Albert.

Il avait un énorme bouquet, que sans doute il avait chargé d'être le porteur de son épître amoureuse.

Cette probabilité se changea en certitude quand

— Eh bien, dit-il, m'étais-je trompé?

Franz revit le même bouquet, remarquable par un cercle de camélias blancs, entre les mains d'une charmante paillassine habillée de satin rose.

Aussi le soir ce n'était plus de la joie, c'était du délire.

Albert ne doutait pas que la belle inconnue ne lui répondit par la même voie.

Franz alla au-devant de ses désirs en lui disant que tout ce bruit le fatiguait, et qu'il était décidé à employer la journée du lendemain à revoir son album et à prendre des notes.

Au reste, Albert ne s'était pas trompé dans ses prévisions : le lendemain au soir Franz le vit entrer d'un seul bond dans sa chambre, secouant triomphalement un carré de papier qu'il tenait par un de ses angles.

— Eh bien! dit-il, m'étais-je trompé?

— Elle a répondu? s'écria Franz.

— Lisez.

Ce mot fut prononcé avec une intonation impossible à rendre. Franz prit le billet et lut :

« Mardi soir, à sept heures, descendez de votre voiture en face de la via dei Pontefici, et suivez la

Paris. — Imp. de Ed. Blot, rue Saint-Louis, 46.

paysanne romaine qui vous arrachera votre moccoletto.

« Lorsque vous arriverez sur la première marche de l'église de San-Giacomo, ayez soin, pour qu'elle puisse vous reconnaître, de nouer un ruban rose sur l'épaule de votre costume de paillasse.

« D'ici là vous ne me verrez plus.

« Constance et discrétion. »

— Eh bien ! dit-il à Franz, lorsque celui-ci eut terminé cette lecture, que pensez-vous de cela, cher ami ?

— Mais je pense, répondit Franz, que la chose prend tout le caractère d'une aventure fort agréable.

— C'est mon avis aussi, dit Albert, et j'ai grand'peur que vous n'alliez seul au bal du duc de Bracciano.

Franz et Albert avaient reçu, le matin même, chacun une invitation du célèbre banquier romain.

— Prenez garde, mon cher Albert, dit Franz, toute l'aristocratie sera chez le duc ; et, si votre belle inconnue est véritablement de l'aristocratie, elle ne pourra se dispenser d'y paraître.

— Qu'elle y paraisse ou non, je maintiens mon opinion sur elle, continua Albert. Vous avez lu le billet ?

— Oui.

— Vous savez la pauvre éducation que reçoivent en Italie les femmes du mezzo cito ?

(On appelle ainsi la bourgeoisie.)

— Oui, répondit encore Franz.

— Eh bien ! relisez ce billet, examinez l'écriture, et cherchez-moi une faute ou de langue ou d'orthographe.

(En effet, l'écriture était charmante et l'orthographe irréprochable.)

— Vous êtes prédestiné, dit Franz à Albert en lui rendant pour la seconde fois le billet.

— Riez tant que vous voudrez, plaisantez tout à votre aise, reprit Albert, je suis amoureux.

— Oh ! mon Dieu, vous m'effrayez ! s'écria Franz, et je vois que non-seulement j'irai seul au bal du duc de Bracciano, mais encore que je pourrais bien retourner seul à Florence.

— Le fait est que, si mon inconnue est aussi aimable qu'elle est belle, je vous déclare que je me fixe à Rome, pour six semaines au moins. J'adore Rome, et d'ailleurs j'ai toujours eu un goût marqué pour l'archéologie.

— Allons, encore une rencontre ou deux comme celle-là, et je ne désespère pas de vous voir membre de l'Académie des Inscriptions et Belles-Lettres.

Sans doute Albert allait discuter sérieusement ses droits au fauteuil académique ; mais on vint annoncer aux deux jeunes gens qu'ils étaient servis.

Or, l'amour chez Albert n'était nullement contraire à l'appétit.

Il s'empressa donc, ainsi que son ami, de se mettre à table, quitte à reprendre la discussion après le dîner.

Après le dîner, on annonça le comte de Monte-Christo.

Depuis deux jours les deux jeunes gens ne l'avaient pas aperçu.

Une affaire, avait dit maître Pastrini, l'avait appelé à Civita-Vecchia.

Il était parti la veille au soir, et se trouvait de retour depuis une heure seulement.

Le comte fut charmant ; soit qu'il s'observât, soit que l'occasion n'éveillât point chez lui les fibres acrimonieuses que certaines circonstances avaient déjà fait résonner deux ou trois fois dans ses amères paroles, il fut à peu près comme tout le monde.

Cet homme était pour Franz une véritable énigme.

Le comte ne pouvait douter que le jeune voyageur ne l'eût reconnu ; et cependant pas une seule parole, depuis leur nouvelle rencontre, ne semblait indiquer dans sa bouche qu'il se rappelât l'avoir vu ailleurs.

De son côté, quelque envie qu'eût Franz de faire allusion à leur première entrevue, la crainte d'être désagréable à un homme qui l'avait comblé, lui et son ami, de prévenances, le retenait ; il continua donc de rester sur la même réserve que lui.

Il avait appris que les deux amis avaient voulu faire prendre une loge dans le théâtre Argentina, et qu'on leur avait répondu que tout était loué.

En conséquence, il leur apportait la clef de la sienne ; du moins c'était le motif apparent de sa visite.

Franz et Albert firent quelques difficultés, alléguant la crainte de l'en priver lui-même ; mais le comte leur répondit qu'allant ce soir-là au théâtre Palli, sa loge au théâtre Argentina serait perdue s'ils n'en profitaient pas.

Cette assurance détermina les deux amis à accepter.

Franz s'était peu à peu habitué à cette pâleur du comte qui l'avait si fort frappé la première fois qu'il l'avait vu.

Il ne pouvait s'empêcher de rendre justice à la beauté de sa tête sévère, dont la pâleur était le seul défaut ou peut-être la principale qualité.

Véritable héros de Byron, Franz ne pouvait, nous ne dirons pas le voir, mais seulement songer à lui sans qu'il se représentât ce visage sombre sur les épaules de Manfred ou sous la toque de Lara.

Il avait ce pli du front qui indique la présence incessante d'une pensée amère ; il avait ces yeux ardents qui lisent au plus profond des âmes ; il avait cette lèvre hautaine et moqueuse qui donne aux paroles qui s'en échappent ce caractère particulier qui fait qu'elles se gravent profondément dans la mémoire de ceux qui les écoutent.

Le comte n'était plus jeune ; il avait quarante ans

au moins, et cependant on comprenait à merveille qu'il était fait pour l'emporter sur les jeunes gens avec lesquels il se trouverait.

En réalité, c'est que, par une dernière ressemblance avec les héros fantastiques du poëte anglais, le comte semblait avoir le don de la fascination.

Albert ne tarissait pas sur le bonheur que lui et Franz avaient eu de rencontrer un pareil homme.

Franz était moins enthousiaste, et cependant il subissait l'influence qu'exerce tout homme supérieur sur l'esprit de ceux qui l'entourent.

Il pensait à ce projet qu'avait déjà deux ou trois fois manifesté le comte d'aller à Paris, et il ne doutait pas qu'avec son caractère excentrique, son visage caractérisé et sa fortune colossale, le comte n'y produisît le plus grand effet.

Et cependant il ne désirait pas se trouver à Paris quand il y viendrait.

La soirée se passa comme les soirées se passent d'habitude au théâtre en Italie, non pas à écouter les chanteurs, mais à faire des visites et à causer.

La comtesse G... voulait ramener la conversation sur le comte, mais Franz lui annonça qu'il avait quelque chose de beaucoup plus nouveau à lui apprendre; et, malgré les démonstrations de fausse modestie auxquelles se livra Albert, il raconta à la comtesse le grand événement qui, depuis trois jours, formait l'objet de la préoccupation des deux amis.

Comme ces intrigues ne sont pas rares en Italie, du moins s'il faut en croire les voyageurs, la comtesse ne fit pas le moins du monde l'incrédule, et félicita Albert sur les commencements d'une aventure qui promettait de se terminer d'une façon si satisfaisante.

On se quitta en se promettant de se retrouver au bal du duc de Bracciano, auquel Rome entière était invitée.

La dame au bouquet tint sa promesse : ni le lendemain, ni le surlendemain elle ne donna à Albert signe d'existence.

Enfin arriva le mardi, le dernier et le plus bruyant des jours du carnaval.

Le mardi, les théâtres s'ouvrent à dix heures du matin; car, passé huit heures du soir, on entre dans le carême.

Le mardi, tout ce qui, faute de temps, d'argent ou d'enthousiasme, n'a pas pris part encore aux fêtes précédentes, se mêle à la bacchanale, se laisse entraîner par l'orgie et apporte sa part de bruit et de mouvement au mouvement et au bruit général.

Depuis deux heures jusqu'à cinq heures, Franz et Albert suivirent la file, échangeant des poignées de confetti avec les voitures de la file opposée et les piétons qui circulaient entre les pieds des chevaux, entre les roues des carrosses, sans qu'il survînt au milieu de cette affreuse cohue un seul accident, une seule dispute, une seule rixe.

Les Italiens sont le peuple par excellence sous ce rapport

Les fêtes sont pour eux de véritables fêtes.

L'auteur de cette histoire, qui a habité l'Italie cinq ou six ans, ne se rappelle pas avoir jamais vu une solennité troublée par un seul de ces événements qui servent toujours de corollaire aux nôtres.

Albert triomphait dans son costume de paillasse.

Il avait sur l'épaule un nœud de ruban rose dont les extrémités lui tombaient jusqu'aux jarrets.

Pour n'amener aucune confusion entre lui et Franz, celui-ci avait conservé son habit de paysan romain.

Plus la journée s'avançait, plus le tumulte devenait grand; il n'y avait pas sur tous ces pavés, dans toutes ces voitures, à toutes ces fenêtres, une bouche qui restât muette, un bras qui demeurât oisif; c'était véritablement un orage humain composé d'un tonnerre de cris et d'une grêle de dragées, de bouquets, d'œufs, d'oranges et de fleurs.

A trois heures, le bruit de boîtes tirées à la fois sur la place du Peuple et au palais de Venise, perçant à grand'peine cet horrible tumulte, annonça que les courses allaient commencer.

Les courses, comme les moccoli, sont un des épisodes particuliers des derniers jours du carnaval.

Au bruit de ces boîtes, les voitures rompirent à l'instant même leurs rangs, et se réfugièrent chacune dans la rue transversale la plus proche de l'endroit où elles se trouvaient.

Toutes ces évolutions se font, au reste, avec une inconcevable adresse et une merveilleuse rapidité, et cela sans que la police se préoccupe le moins du monde d'assigner à chacun son poste ou de tracer à chacun sa route.

Les piétons se collèrent contre les palais, puis on entendit un grand bruit de chevaux et de fourreaux de sabre.

Une escouade de carabiniers, sur quinze de front, parcourait au galop et dans toute sa largeur la rue du Cours, qu'elle balayait pour faire place aux barberi.

Lorsque l'escouade arriva au palais de Venise, le retentissement d'une autre batterie de boîtes annonça que la rue était libre.

Presque aussitôt, au milieu d'une clameur immense, universelle, inouïe, on vit passer comme des ombres sept ou huit chevaux excités par les clameurs de trois cent mille personnes et par les châtaignes de fer qui leur bondissent sur le dos; puis le canon du château Saint-Ange tira trois coups : c'était pour annoncer que le numéro trois avait gagné.

Aussitôt, sans autre signal que celui-là, les voitures se remirent en mouvement, refluant vers le Corso, débordant par toutes les rues comme des torents un instant contenus qui se rejettent tous ensemble dans le lit du fleuve qu'ils alimentent, et le flot immense reprit plus rapide que jamais son cours entre les deux rives de granit.

Seulement un nouvel élément de bruit et de mouvement s'était encore mêlé à cette foule, les marchands de moccoli venaient d'entrer en scène.

Les moccoli ou moccoletti sont des bougies qui varient de grosseur, depuis le cierge pascal jusqu'au rat-de-cave, et qui éveillent chez les acteurs de la grande scène qui termine le carnaval romain deux préoccupations opposées :

1° Celle de conserver allumé son moccoletto ;

2° Celle d'éteindre le moccoletto des autres.

Il en est du moccoletto comme de la vie : l'homme n'a encore trouvé qu'un moyen de la transmettre ; et ce moyen, il le tient de Dieu.

Mais il a découvert mille moyens de l'ôter ; il est vrai que, pour cette suprême opération, le diable lui est quelque peu venu en aide.

Le moccoletto s'allume en l'approchant d'une lumière quelconque.

Mais qui décrira les mille moyens inventés pour éteindre le moccoletto, les soufflets gigantesques, les éteignoirs monstres, les éventails surhumains?

Chacun se hâta donc d'acheter des moccoletti, Franz et Albert comme les autres.

La nuit s'approchait rapidement ; et déjà, au cri de : *Moccoli!* répété par les voix stridentes d'un millier d'industriels, deux ou trois étoiles commencèrent à briller au-dessus de la foule.

Ce fut comme un signal.

Au bout de dix minutes, cinquante mille lumières scintillèrent, descendant du palais de Venise à la place du Peuple, et remontant de la place du Peuple au palais de Venise.

On eût dit la fête des feux follets.

On ne peut se faire aucune idée de cet aspect si on ne l'a pas vu.

Supposez toutes les étoiles se détachant du ciel et venant se mêler sur la terre à une danse insensée. Le tout accompagné de cris comme jamais oreille humaine n'en a entendu sur le reste de la surface du globe.

C'est en ce moment surtout qu'il n'y a plus de distinction sociale.

Le facchino s'attache au prince, le prince au Transtevere, le Transtevere au bourgeois, chacun soufflant, éteignant, rallumant.

Si le vieil Éole apparaissait en ce moment, il serait proclamé roi des moccoli, et Aquilon héritier présomptif de la couronne.

Cette course folle et flamboyante dura deux heures à peu près ; la rue du Cours était éclairée comme en plein jour, on distinguait les traits des spectateurs jusqu'au troisième et quatrième étage.

De cinq minutes en cinq minutes, Albert tirait sa montre ; enfin, elle marqua sept heures.

Les deux amis se trouvaient justement à la hauteur de la via dei Pontefici ; Albert sauta à bas de la calèche, son moccoletto à la main.

Deux ou trois masques voulurent s'approcher de lui pour l'éteindre ou le lui arracher ; mais, en habile boxeur, Albert les envoya, les uns après les autres, rouler à dix pas de lui en continuant sa course vers l'église San-Giacomo.

Les degrés étaient chargés de curieux et de masques qui luttaient à qui s'arracherait le flambeau des mains.

Franz suivait des yeux Albert, et le vit mettre le pied sur la première marche ; puis, presque aussitôt, un masque portant le costume bien connu de la paysanne au bouquet allongea le bras, et, sans que cette fois il fît aucune résistance, lui enleva le moccoletto.

Franz était trop loin pour entendre les paroles qu'ils échangèrent ; mais sans doute elles n'eurent rien d'hostile, car il vit s'éloigner Albert et la paysanne bras dessus, bras dessous.

Quelque temps il les suivit au milieu de la foule, mais, à la via Macello, il les perdit de vue.

Tout à coup le son de la cloche, qui donne le signal de la clôture du carnaval retentit, et, au même instant, tous les moccoli s'éteignirent comme par enchantement.

On eût dit qu'une seule et immense bouffée de vent avait tout anéanti.

Franz se trouva dans l'obscurité la plus profonde.

Du même coup tous les cris cessèrent, comme si le souffle puissant qui avait emporté les lumières emportait en même temps le bruit.

On n'entendit plus que le roulement des carrosses qui ramenaient les masques chez eux ; on ne vit plus que les rares lumières qui brillaient derrière les fenêtres.

Le carnaval était fini.

... Et sans que cette fois il fit aucune résistance, lui enleva le moccoletto. — PAGE 132.

CHAPITRE XIV.

LES CATACOMBES DE SAINT-SÉBASTIEN.

Peut-être, de sa vie, Franz n'avait-il éprouvé une impression si tranchée, un passage si rapide de la gaieté à la tristesse, que dans ce moment; on eût dit que Rome, sous le souffle magique de quelque démon de la nuit, venait de se changer en un vaste tombeau. Par un hasard qui ajoutait encore à l'intensité des ténèbres, la lune, qui était dans sa décroissance, ne devait se lever que vers les onze heures du soir.

Les rues que le jeune homme traversait étaient donc plongées dans la plus profonde obscurité.

Au reste, le trajet était court.

Au bout de dix minutes, sa voiture, ou plutôt celle du comte, s'arrêta devant l'hôtel de Londres.

Le dîner attendait ; mais, comme Albert avait prévenu qu'il ne comptait pas rentrer de sitôt, Franz se mit à table sans lui.

Maître Pastrini, qui avait l'habitude de les voir dîner ensemble, s'informa des causes de son absence; mais Franz se contenta de répondre qu'Albert avait reçu la surveille une invitation à laquelle il s'était rendu.

L'extinction subite des moccoletti, cette obscurité qui avait remplacé la lumière, ce silence qui avait succédé au bruit, avaient laissé dans l'esprit de Franz une certaine tristesse qui n'était pas exempte d'inquiétude.

Il dîna donc fort silencieusement, malgré l'officieuse sollicitude de son hôte, qui entra deux ou trois fois pour s'informer s'il n'avait besoin de rien.

Franz était résolu à attendre Albert aussi tard que possible.

Il demanda donc la voiture pour onze heures seulement, en priant maître Pastrini de le faire prévenir à l'instant même, si Albert reparaissait à l'hôtel pour quelque chose que ce fût.

A onze heures Albert n'était pas rentré.

Franz s'habilla et partit, en prévenant son hôte qu'il passait la nuit chez le duc de Bracciano.

La maison du duc de Bracciano est une des plus charmantes maisons de Rome; sa femme, une des dernières héritières des Colonna, en fait les honneurs d'une façon parfaite : il en résulte que les fêtes qu'il donne ont une célébrité européenne.

Franz et Albert étaient arrivés à Rome avec des lettres de recommandation pour lui; aussi sa première question fut-elle pour demander à Franz ce qu'était devenu son compagnon de voyage.

Franz lui répondit qu'il l'avait quitté au moment où on allait éteindre les moccoli, et qu'il l'avait perdu de vue à la via Macello.

— Alors il n'est pas rentré? demanda le duc.

— Je l'ai attendu jusqu'à cette heure, répondit Franz.

— Et savez-vous où il allait?

— Non, pas précisément; cependant je crois qu'il s'agissait de quelque chose comme un rendez-vous.

— Diable! dit le duc, c'est un mauvais jour, ou plutôt c'est une mauvaise nuit pour s'attarder; n'est-ce pas, madame la comtesse?

Ces derniers mots s'adressaient à la comtesse G***, qui venait d'arriver et qui se promenait au bras de M. Torlonia, frère du duc.

— Je trouve au contraire que c'est une charmante nuit, répondit la comtesse; et ceux qui sont ici ne se plaindront que d'une chose, c'est qu'elle passera trop vite.

— Aussi, reprit le duc en souriant, je ne parle pas des personnes qui sont ici; elles ne courent d'autres dangers, les hommes que de devenir amoureux de vous, les femmes de tomber malades de jalousie en vous voyant si belle : je parle de ceux qui courent les rues de Rome.

— Eh! bon Dieu, demanda la comtesse, qui court les rues de Rome à cette heure-ci, à moins que ce ne soit pour aller au bal?

— Notre ami Albert de Morcerf, madame la comtesse, que j'ai quitté à la poursuite de son inconnue, vers les sept heures du soir, dit Franz, et que je n'ai pas revu depuis.

— Comment! et vous ne savez pas où il est?

— Pas le moins du monde.

— Et a-t-il des armes?

— Il est en paillasse.

— Vous n'auriez pas dû le laisser aller, dit le duc à Franz, vous qui connaissez Rome mieux que lui.

— Oh bien oui! autant aurait valu essayer d'arrêter le numéro trois des barberi qui a gagné aujourd'hui le prix de la course, répondit Franz; et puis, d'ailleurs, que voulez-vous qu'il lui arrive?

— Qui sait? la nuit est très-sombre, et le Tibre est bien près de la via Macello.

Franz sentit un frisson qui lui courait dans les veines en voyant l'esprit du duc et de la comtesse si bien d'accord avec ses inquiétudes personnelles.

— Aussi ai-je prévenu à l'hôtel que j'avais l'honneur de passer la nuit chez vous, monsieur le duc, dit Franz, et on doit venir m'annoncer son retour.

— Tenez, dit le duc, je crois justement que voilà un de mes domestiques qui vous cherche.

Le duc ne se trompait pas; en apercevant Franz, le domestique s'aprocha de lui.

— Excellence, dit-il, le maître de l'hôtel de Londres vous fait prévenir qu'un homme vous attend chez lui avec une lettre du vicomte de Morcerf.

— Avec une lettre du vicomte! s'écria Franz.

— Oui

— Et quel est cet homme?

— Je l'ignore.

— Pourquoi n'est-il point venu me l'apporter ici?

— Le messager ne m'a donné aucune explication.

— Et où est le messager?

— Il est parti aussitôt qu'il m'a vu entrer dans la salle de bal pour vous prévenir.

— Oh! mon Dieu! dit la comtesse à Franz, allez vite; pauvre jeune homme, il lui est peut-être arrivé quelque accident.

— J'y cours, dit Franz.

— Vous reverrons-nous pour nous donner des nouvelles? demanda la comtesse.

— Oui, si la chose n'est pas grave; sinon, je ne réponds pas de ce que je vais devenir moi-même.

— En tout cas, de la prudence, dit la comtesse.

— Oh! soyez tranquille.

Franz prit son chapeau et partit en toute hâte.

Il avait renvoyé sa voiture en lui donnant l'ordre pour deux heures; mais, par bonheur, le palais Bracciano, qui donne d'un côté rue du Cours, et, de l'autre, place des Saints-Apôtres, est à dix minutes de chemin à peine de l'hôtel de Londres.

En s'approchant de l'hôtel, Franz vit un homme debout au milieu de la rue; il ne douta pas un seul instant que ce ne fût le messager d'Albert.

Cet homme était lui-même enveloppé d'un grand manteau.

Il alla à lui; mais, au grand étonnement de Franz, ce fut cet homme qui lui adressa la parole le premier.

— Que me voulez-vous, Excellence? dit-il en faisant un pas en arrière comme un homme qui désire demeurer sur ses gardes.

— N'est-ce pas vous, demanda Franz, qui m'apportez une lettre du vicomte de Morcerf?

— C'est Votre Excellence qui loge à l'hôtel de Pastrini?

— Oui.

— C'est Votre Excellence qui est le compagnon de voyage du vicomte?

— Oui.

— Comment s'appelle Votre Excellence?

— Le baron Franz d'Épinay.

— C'est bien à Votre Excellence alors que cette lettre est adressée.

— Y a-t-il une réponse? demanda Franz en lui prenant la lettre des mains.

— Oui, du moins votre ami l'espère bien.

— Montez chez moi, alors, je vous la donnerai.

— J'aime mieux l'attendre ici, dit en riant le messager.

— Pourquoi cela?

— Votre Excellence comprendra la chose quand elle aura lu la lettre.

— Alors je vous retrouverai ici?

— Sans aucun doute.

Franz rentra; sur l'escalier il rencontra maître Pastrini.

— Eh bien? lui demanda-t-il.

— Eh bien quoi? répondit Franz.

— Vous avez vu l'homme qui désirait vous parler de la part de votre ami? demanda-t-il à Franz.

— Oui, je l'ai vu, répondit celui-ci, et il m'a remis cette lettre. Faites allumer chez moi, je vous prie.

L'aubergiste donna l'ordre à un domestique de précéder Franz avec une bougie.

Le jeune homme avait trouvé à maître Pastrini un air fort effaré, et cet air ne lui avait donné qu'un désir plus grand de lire la lettre d'Albert.

Il s'approcha de la bougie aussitôt qu'elle fut allumée, et déplia le papier.

La lette était écrite de la main d'Albert et signée par lui.

Franz la relut deux fois, tant il était loin de s'attendre à ce qu'elle contenait.

La voici textuellement reproduite :

« Cher ami,

« Aussitôt la présente reçue, ayez l'obligeance de prendre dans mon portefeuille, que vous trouverez dans le tiroir carré du secrétaire, la lettre de crédit; joignez-y la vôtre si elle n'est pas suffisante.

« Courez chez Torlonia, prenez-y à l'instant même quatre mille piastres et remettez-les au porteur.

« Il est urgent que cette somme me soit adressée sans aucun retard.

« Je n'insiste pas davantage, comptant sur vous comme vous pourriez compter sur moi.

P. S. I believe now to italian bandetti.

« Votre ami,

« ALBERT DE MORCERF. »

Au-dessous de ces lignes étaient écrits d'une main étrangère ces quelques mots italiens :

« Se alle sei della mattina le quattro mile piastre non sono nelle mie mani, alle sette il conte Alberto avia cessato di vivere (1).

« LUIGI VAMPA. »

Cette seconde signature expliqua tout à Franz, qui comprit la répugnance du messager à monter chez lui; la rue lui paraissait plus sûre que la chambre de Franz.

Albert était tombé entre les mains du fameux chef de bandits, à l'existence duquel il s'était si longtemps refusé de croire.

Il n'y avait pas de temps à perdre.

Il courut au secrétaire, l'ouvrit, dans le tiroir indiqué trouva le portefeuille, et, dans le portefeuille, la lettre de crédit : elle était en tout de six mille piastres; mais, sur ces six mille piastres, Albert en avait déjà dépensé trois mille.

Quant à Franz, il n'avait aucune lettre de crédit; comme il habitait Florence, et qu'il était venu à Rome pour y passer sept à huit jours seulement, il avait pris une centaine de louis, et, de ces cent louis, il lui en restait cinquante tout au plus.

Il s'en fallait donc de sept à huit cents piastres pour qu'à eux deux Franz et Albert pussent réunir la somme demandée.

Il est vrai que Franz pouvait compter, dans un cas pareil, sur l'obligeance de MM. Torlonia.

(1) Si à six heures du matin les quatre mille piastres ne sont point entre mes mains, à sept heures le vicomte Albert de Morcerf aura cessé d'exister.

— Alors je vous retrouverai ici ? — Sans aucun doute. — PAGE 133.

Il se préparait donc à retourner au palais Bracciano sans perdre un instant, quand tout à coup une idée lumineuse traversa son esprit.

Il songea au comte de Monte-Christo

Franz allait donner l'ordre qu'on lui fît venir maître Pastrini, lorsqu'il le vit apparaître en personne sur le seuil de sa porte.

— Mon cher monsieur Pastrini, lui dit-il vivement, croyez-vous que le comte soit chez lui ?

— Oui, Excellence, il vient de rentrer.

— A-t-il eu le temps de se mettre au lit?

— J'en doute.

— Alors, sonnez à sa porte, je vous prie, et demandez-lui pour moi la permission de me présenter chez lui.

Maître Pastrini s'empressa de suivre les instructions qu'on lui donnait; cinq minutes après il était de retour.

— Le comte attend Votre Excellence, dit-il.

Franz traversa le carré, un domestique l'introduisit chez le comte.

Il était dans un petit cabinet que Franz n'avait pas encore vu, et qui était entouré de divans.

Le comte vint au-devant de lui.

Mais Peppino, au lieu de répondre, se jeta à genoux, saisit la main du comte et y appliqua ses lèvres à plusieurs reprises. — PAGE 158.

— Eh! quel bon vent vous amène à cette heure, lui dit-il; viendriez vous me demander à souper par hasard? Ce serait pardieu bien aimable à vous.

— Non, je viens pour vous parler d'une affaire grave.

— D'une affaire! dit le comte en regardant Franz de ce regard profond qui lui était habituel; et de quelle affaire?

— Sommes-nous seuls?

Le comte alla à la porte et revint :

— Parfaitement seuls, dit-il.

Franz lui présenta la lettre d'Albert.

— Lisez, lui dit-il.

Le comte lut la lettre.

— Ah! ah! fit-il.

— Avez-vous pris connaissance du post-scriptum?

— Oui, dit-il, je vois bien :

« Se alle sei della mattina le quattro mile piastre non sono nelle mie mani, alle sette il conte Alberto avia cessato di vivere.

« LUIGI VAMPA. »

— Que dites-vous de cela? demanda Franz.

— Avez-vous la somme qu'on vous a demandée?

— Oui, moins huit cents piastres.

Le comte alla à son secrétaire, l'ouvrit, et, faisant glisser un tiroir plein d'or :

— J'espère, dit-il à Franz, que vous ne me ferez pas l'injure de vous adresser à un autre qu'à moi?

— Vous voyez, au contraire, que je suis venu droit à vous, dit Franz.

— Et je vous en remercie; prenez. Et il fit signe à Franz de puiser dans le tiroir.

— Est-il bien nécessaire d'envoyer cette somme à Luigi Vampa? demanda le jeune homme en regardant à son tour fixement le comte.

— Dame! fit-il, jugez-en vous-même, le post-scriptum est précis.

— Il me semble que, si vous vous donniez la peine de chercher, vous trouveriez quelque moyen qui simplifierait beaucoup la négociation, dit Franz.

— Et lequel? demanda le comte étonné.

— Par exemple, si nous allions trouver Luigi Vampa ensemble, je suis sûr qu'il ne nous refuserait pas la liberté d'Albert.

— A moi? et quelle influence voulez-vous que j'aie sur ce bandit?

— Ne venez-vous pas de lui rendre un de ces services qui ne s'oublient point?

— Et lequel?

— Ne venez-vous pas de sauver la vie à Peppino?

— Ah! ah! dit le comte, qui vous a dit cela?

— Que vous importe? Je le sais.

Le comte resta un instant muet et les sourcils froncés.

— Et si j'allais trouver Vampa, vous m'accompagneriez?

— Si ma compagnie ne vous était pas trop désagréable.

— Eh bien! soit; le temps est beau, une promenade dans la campagne de Rome ne peut que nous faire du bien.

— Faut-il prendre des armes?

— Pour quoi faire?

— De l'argent?

— C'est inutile. Où est l'homme qui a apporté ce billet?

— Dans la rue.

— Il attend la réponse?

— Oui.

— Il faut un peu savoir où nous allons; je vais l'appeler.

— Inutile, il n'a pas voulu monter.

— Chez vous, peut-être, mais, chez moi, il ne fera pas de difficultés.

Le comte alla à la fenêtre du cabinet qui donnait sur la rue, et siffla d'une certaine façon.

L'homme au manteau se détacha de la muraille et s'avança jusqu'au milieu de la rue.

— *Salite!* dit le comte du ton dont il aurait donné un ordre à son domestique. Le messager obéit sans retard, sans hésitation, avec empressement même, et, franchissant les quatre marches du perron, entra dans l'hôtel. Cinq secondes après, il était à la porte du cabinet.

— Ah! c'est toi, Peppino? dit le comte.

Mais Peppino, au lieu de répondre, se jeta à genoux, saisit la main du comte et y appliqua ses lèvres à plusieurs reprises.

— Ah! ah! dit le comte, tu n'as pas encore oublié que je t'ai sauvé la vie! c'est étrange, il y a pourtant aujourd'hui huit jours de cela.

— Non, Excellence, et je ne l'oublierai jamais, répondit Peppino avec l'accent d'une profonde reconnaissance.

— Jamais, c'est bien long! mais enfin c'est déjà beaucoup que tu le croies. Relève-toi et réponds.

Peppino jeta un coup d'œil inquiet sur Franz.

— Oh! tu peux parler devant Son Excellence, dit-il, c'est un de mes amis. Vous permettez que je vous donne ce titre, dit en français le comte en se tournant du côté de Franz; il est nécessaire pour exciter la confiance de cet homme.

— Vous pouvez parler devant moi, reprit Franz, je suis un ami du comte.

— A la bonne heure, dit Peppino en se retournant à son tour vers le comte; que Votre Excellence m'interroge, et je répondrai.

— Comment le vicomte Albert est-il tombé entre les mains de Luigi?

— Excellence, la calèche du Français a croisé plusieurs fois celle où était Teresa.

— La maîtresse du chef?

— Oui. Le Français lui a fait les yeux doux, Teresa s'est amusée à lui répondre; le Français lui a jeté des bouquets, elle lui en a rendu : tout cela, bien entendu, du consentement du chef, qui était dans la même calèche.

— Comment! s'écria Franz, Luigi Vampa était dans la calèche des paysannes romaines?

— C'était lui qui conduisait, déguisé en cocher, répondit Peppino.

— Après? demanda le comte.

— Eh bien! après, le Français se démasqua; Teresa, toujours du consentement du chef, en fit autant; le Français demanda un rendez-vous, Teresa accorda le rendez-vous demandé; seulement, au lieu de Teresa, ce fut Beppo qui se trouva sur les marches de l'église San-Giacomo.

— Comment! interrompit encore Franz, cette paysanne qui lui a arraché son mocoletto?...

— C'était un jeune garçon de quinze ans, répondit Peppino; mais il n'y a pas de honte pour votre ami à y avoir été pris; Beppo en a attrapé bien d'autres, allez.

— Et Beppo l'a conduit hors des murs? dit le comte.

— Justement; une calèche attendait au bout de la via Macello ; Beppo est monté dedans en invitant le Français à le suivre; il ne se l'est pas fait dire deux fois. Il a galamment offert la droite à Beppo, s'est placé près de lui. Beppo lui a annoncé alors qu'il allait le conduire à une villa située à une lieue de Rome. Le Français a assuré Beppo qu'il était prêt à le suivre au bout du monde. Aussitôt le cocher a remonté la rue di Rippetta, a gagné la porte San Paolo, et, à deux cents pas dans la campagne, comme le Français devenait trop entreprenant, ma foi, Beppo lui a mis une paire de pistolets sur la gorge; aussitôt le cocher a arrêté ses chevaux, s'est retourné sur son siége et en a fait autant. En même temps quatre des nôtres, qui étaient cachés sur les bords de l'Almo, se sont élancés aux portières. Le Français avait bonne envie de se défendre, il a même un peu étranglé Beppo, à ce que j'ai entendu dire, mais il n'y avait rien à faire contre cinq hommes armés : il a bien fallu se rendre; on l'a fait descendre de voiture; on a suivi les bords de la petite rivière, et on l'a conduit à Teresa et à Luigi, qui l'attendaient dans les catacombes de Saint-Sébastien.

— Eh bien! mais, dit le comte en se tournant du côté de Franz, il me semble qu'elle en vaut bien une autre, cette histoire. Qu'en dites-vous, vous qui êtes connaisseur?

— Je dis que je la trouverais fort drôle, répondit Franz, si elle était arrivée à un autre qu'à ce pauvre Albert.

— Le fait est, dit le comte, que, si vous ne m'aviez pas trouvé là, c'était une bonne fortune qui coûtait un peu cher à votre ami ; mais, rassurez-vous, il en sera quitte pour la peur.

— Et nous allons toujours le chercher? demanda Franz.

— Pardieu! d'autant plus qu'il est dans un endroit fort pittoresque. Connaissez-vous les catacombes de Saint-Sébastien?

— Non, je n'y suis jamais descendu, mais je me promettais d'y descendre un jour.

— Eh bien! voici l'occasion toute trouvée, et il serait difficile d'en rencontrer une autre meilleure. Avez-vous votre voiture?

— Non.

— Cela ne fait rien; on a l'habitude de m'en tenir une tout attelée, nuit et jour

— Tout attelée?

— Oui, je suis un être fort capricieux; il faut vous dire que, parfois en me levant, à la fin de mon dîner, au milieu de la nuit, il me prend l'envie de partir pour un point du monde quelconque, et je pars.

Le comte sonna un coup, son valet de chambre parut.

— Faites sortir la voiture de la remise, dit-il, et ôtez-en les pistolets qui sont dans les poches; il est inutile de réveiller le cocher, Ali conduira.

Au bout d'un instant on entendit le bruit de la voiture qui s'arrêtait devant la porte.

Le comte tira sa montre.

— Minuit et demi, dit-il : nous aurions pu partir d'ici à cinq heures du matin et arriver encore à temps; mais peut-être ce retard aurait-il fait passer une mauvaise nuit à votre compagnon, il vaut donc mieux aller tout courant le tirer des mains des infidèles. Êtes-vous toujours décidé à m'accompagner?

— Plus que jamais.

— Eh bien! venez alors.

Franz et le comte sortirent, suivis de Peppino.

A la porte, ils trouvèrent la voiture.

Ali était sur le siége.

Franz reconnut l'esclave muet de la grotte de Monte-Christo.

Franz et le comte montèrent dans la voiture, qui était un coupé.

Peppino se plaça près d'Ali, et l'on partit au galop.

Ali avait reçu ses ordres d'avance, car il prit la rue du Cours, traversa le campo Vaccino, remonta la strada San Gregorio et arriva à la porte Saint-Sébastien.

Là, le concierge voulut faire quelques difficultés, mais le comte de Monte-Christo présenta une autorisation du gouverneur de Rome d'entrer dans la ville et d'en sortir à toute heure du jour et de la nuit : la herse fut donc levée, le concierge reçut un louis pour sa peine, et l'on passa.

La route que suivait la voiture était l'ancienne voie Appienne, toute bordée de tombeaux.

De temps en temps, au clair de la lune qui commençait à se lever, il semblait à Franz voir comme une sentinelle se détacher d'une ruine.

Mais aussitôt, à un signe échangé entre Peppino et cette sentinelle, elle rentrait dans l'ombre et disparaissait.

Un peu avant le cirque de Caracalla la voiture s'arrêta, Peppino vint ouvrir la portière, et le comte et Franz descendirent.

Dans dix minutes, dit le comte à son compagnon, nous serons arrivés.

Puis il prit Peppino à part, lui donna un ordre tout bas, et Peppino partit après s'être muni d'une torche que l'on tira du coffre du coupé.

Cinq minutes s'écoulèrent encore, pendant lesquelles Franz vit le berger s'enfoncer par un petit sentier au milieu des mouvements de terrain qui forment le sol convulsionné de la plaine de Rome, et disparaître dans ces hautes herbes rougeâtres qui semblent la crinière hérissée de quelque lion gigantesque.

— Maintenant, dit le comte, suivons-le.

Franz et le comte s'engagèrent à leur tour dans

le même sentier qui, au bout de cent pas, les conduisit par une pente inclinée au fond d'une petite vallée.

Bientôt on aperçut deux hommes causant dans l'ombre.

— Devons-nous continuer d'avancer? demanda Franz au comte, ou faut-il attendre?

— Marchons; Peppino doit avoir prévenu la sentinelle de notre arrivée.

En effet, l'un de ces hommes était Peppino, l'autre était un bandit placé en vedette.

Franz et le comte s'approchèrent.

Le bandit salua.

— Excellence, dit Peppino en s'adressant au comte, si vous voulez me suivre, l'ouverture des catacombes est à deux pas d'ici.

— C'est bien, dit le comte, marche devant.

En effet, derrière un massif de buissons et au milieu de quelques roches s'offrait une ouverture par laquelle un homme pouvait à peine passer.

Peppino se glissa le premier par cette gerçure; mais à peine eut-il fait quelques pas, que le passage souterrain s'élargit.

Alors il s'arrêta, alluma sa torche et se retourna pour voir s'il était suivi.

Le comte s'était engagé le premier dans une espèce de soupirail, et Franz venait après lui.

Le terrain s'enfonçait par une pente douce et s'élargissait à mesure que l'on avançait; mais cependant Franz et le comte étaient encore forcés de marcher courbés et eussent eu peine à passer deux de front.

Ils firent encore cent cinquante pas ainsi, puis ils furent arrêtés par le cri de : — *Qui vive?*

En même temps ils virent au milieu de l'obscurité briller sur le canon d'une carabine le reflet de leur propre torche.

— *Ami!* dit Peppino. Et il s'avança seul et dit quelques mots à voix basse à cette seconde sentinelle, qui, comme la première, salua en faisant signe aux visiteurs nocturnes qu'ils pouvaient continuer leur chemin.

Derrière la sentinelle était un escalier d'une vingtaine de marches.

Franz et le comte descendirent les vingt marches, et se trouvèrent dans une espèce de carrefour mortuaire.

Cinq routes divergeaient comme les rayons d'une étoile, et les parois des murailles, creusées de niches superposées ayant la forme de cercueils, indiquaient que l'on était enfin entré dans les catacombes.

Dans l'une de ces cavités, dont il était impossible de distinguer l'étendue, on voyait, le jour, quelques reflets de lumière.

Le comte posa la main sur l'épaule de Franz.

— Voulez-vous voir un camp de bandits au repos? lui dit-il.

— Certainement, répondit Franz.

— Eh bien! venez avec moi..... Peppino, éteins la torche.

Peppino obéit, et Franz et le comte se trouvèrent dans la plus profonde obscurité.

Seulement, à cinquante pas à peu près en avant d'eux, continuèrent de danser le long des murailles quelques lueurs rougeâtres devenues encore plus visibles depuis que Peppino avait éteint sa torche.

Ils avancèrent silencieusement, le comte guidant Franz comme s'il avait eu cette singulière faculté de voir dans les ténèbres.

Au reste, Franz lui-même distinguait plus facilement son chemin à mesure qu'il approchait de ces reflets qui leur servaient de guides.

Trois arcades, dont celle du milieu servait de porte, leur donnaient passage.

Ces arcades s'ouvraient d'un côté sur le corridor où étaient le comte et Franz, et de l'autre sur une grande chambre carrée tout entourée de niches pareilles à celles dont nous avons déjà parlé.

Au milieu de cette chambre s'élevaient quatre pierres qui autrefois avaient servi d'autel, comme l'indiquait la croix qui les surmontait encore.

Une seule lampe, posée sur un fût de colonne, éclairait d'une lumière pâle et vacillante l'étrange scène qui s'offrait aux yeux des deux visiteurs cachés dans l'ombre.

Un homme était assis, le coude appuyé sur cette colonne, et lisait, tournant le dos aux arcades par l'ouverture desquelles les nouveaux arrivés le regardaient.

C'était le chef de la bande, Luigi Vampa.

Tout autour de lui, groupés selon leur caprice, couchés dans leurs manteaux ou adossés à une espèce de banc de pierre qui régnait tout autour du columbarium, on distinguait une vingtaine de brigands.

Chacun avait sa carabine à la portée de la main.

Au fond, silencieuse, à peine visible, et pareille à une ombre, une sentinelle se promenait de long en large devant une espèce d'ouverture qu'on ne distinguait que parce que les ténèbres semblaient plus épaisses en cet endroit.

Lorsque le comte crut que Franz avait suffisamment réjoui ses regards de ce pittoresque tableau, il porta le doigt à ses lèvres pour lui recommander le silence, et, montant les trois marches qui conduisaient du corridor au colombarium, il entra dans la chambre par l'arcade du milieu et s'avança vers Vampa, qui était si profondément plongé dans sa lecture, qu'il n'entendit point le bruit de ses pas.

— Qui vive? cria la sentinelle moins préoccupée, et qui vit à la lueur de la lampe une espèce d'ombre qui grandissait derrière son chef.

Un homme était assis, le coude appuyé sur cette colonne, et lisait. — Page 140.

A ce cri, Vampa se leva vivement, tirant du même coup un pistolet de sa ceinture.

En un instant, tous les bandits furent sur pied, et vingt canons de carabine se dirigèrent sur le comte.

— Eh bien! dit tranquillement celui-ci d'une voix parfaitement calme, et sans qu'un seul muscle de son visage bougeât; eh bien! mon cher Vampa, il me semble que voilà bien des frais pour recevoir un ami!

— Armes bas! cria le chef en faisant un signe impératif d'une main, tandis que de l'autre il ôtait respectueusement son chapeau.

Puis, se tournant vers le singulier personnage qui dominait toute cette scène :

— Pardon, monsieur le comte, lui dit-il, mais j'étais si loin de m'attendre à l'honneur de votre visite, que je ne vous avais pas reconnu.

— Il paraît que vous avez la mémoire courte en toute chose, Vampa, dit le comte, et que non-seulement vous oubliez le visage des gens, mais encore les conditions faites avec eux.

— Et quelles conditions ai-je donc oubliées, monsieur le comte? demanda le bandit en homme qui, s'il a commis une erreur, ne demande pas mieux que de la réparer.

— N'a-t-il pas été convenu, dit le comte, que non-seulement ma personne, mais encore celle de mes amis, vous seraient sacrées?

— Et en quoi ai-je manqué au traité, Excellence?

— Vous avez enlevé, ce soir, et vous avez transporté ici le vicomte Albert de Morcerf; eh bien! continua le comte avec un accent qui fit frissonner Franz, ce jeune homme est de mes amis, ce jeune homme loge dans le même hôtel que moi, ce jeune homme a fait Corso pendant huit jours dans ma propre calèche, et cependant, je vous le répète, vous l'avez enlevé, vous l'avez transporté ici, et, ajouta le comte en tirant la lettre de sa poche, vous l'avez mis à rançon comme s'il était le premier venu.

— Pourquoi ne m'avez-vous pas prévenu de cela, vous autres? dit le chef en se tournant vers ses hommes, qui reculèrent tous devant son regard; pourquoi m'avez-vous exposé ainsi à manquer à ma parole envers un homme comme M. le comte, qui tient notre vie à tous entre ses mains? Par le sang du Christ! si je croyais qu'un de vous eût su que le jeune homme était l'ami de Son Excellence, je lui brûlerais la cervelle de ma propre main!

— Eh bien! dit le comte en se retournant du côté de Franz, je vous avais bien dit qu'il y avait quelque erreur là-dessous.

— N'êtes-vous pas seul? demanda Vampa avec inquiétude.

— Je suis avec la personne à qui cette lettre était adressée, et à qui j'ai voulu prouver que Luigi Vampa est un homme de parole. Venez, Excellence, dit-il à Franz, voilà Luigi Vampa, qui va vous dire lui-même qu'il est désespéré de l'erreur qu'il vient de commettre.

Franz s'approcha, le chef fit quelques pas au-devant de Franz.

— Soyez le bienvenu parmi nous, Excellence, lui dit-il; vous avez entendu ce que vient de dire le comte et ce que je lui ai répondu : j'ajouterai que je ne voudrais pas, pour les quatre mille piastres auxquelles j'avais fixé la rançon de votre ami, que pareille chose fût arrivée.

— Mais, dit Franz en regardant tout autour de lui avec inquiétude, où donc est le prisonnier? je ne le vois pas.

— Il ne lui est rien arrivé, j'espère? demanda le comte en fronçant le sourcil.

— Le prisonnier est là, dit Vampa en montrant de la main l'enfoncement devant lequel se promenait le bandit en faction, et je vais lui annoncer moi-même qu'il est libre.

Le chef s'avança vers l'endroit désigné par lui comme servant de prison à Albert, et Franz et le comte le suivirent.

— Que fait le prisonnier? demanda Vampa à la sentinelle.

— Ma foi, capitaine, répondit celle-ci, je n'en sais rien; depuis plus d'une heure, je ne l'ai pas entendu remuer.

— Venez, Excellences! dit Vampa.

Le comte et Franz montèrent sept ou huit marches, toujours précédés par le chef, qui tira un verrou et poussa une porte.

Alors, à la lueur d'une lampe pareille à celle qui éclairait le columbarium, on put voir Albert, enveloppé d'un manteau que lui avait prêté un des bandits, couché dans un coin, et dormant du plus profond sommeil.

— Allons! dit le comte en souriant de ce sourire qui lui était particulier, pas mal pour un homme qui devait être fusillé à sept heures du matin.

Vampa regardait Albert endormi avec une certaine admiration.

On voyait qu'il n'était pas insensible à cette preuve de courage.

— Vous avez raison, monsieur le comte, dit-il, cet homme doit être de vos amis.

Puis, s'approchant d'Albert et lui touchant l'épaule :

— Excellence! dit-il, vous plaît-il de vous éveiller?

Albert étendit les bras, se frotta les paupières et ouvrit les yeux.

— Ah! ah! dit-il, c'est vous, capitaine! pardieu, vous auriez bien dû me laisser dormir; je faisais un rêve charmant : je rêvais que je dansais le galop chez Torlonia avec la comtesse G...!

Il tira sa montre, qu'il avait gardée pour juger lui-même le temps écoulé.

— Une heure et demie du matin! dit-il; mais pourquoi diable m'éveillez-vous à cette heure-ci?

— Pour vous dire que vous êtes libre, Excellence.

— Mon cher, reprit Albert avec une liberté d'esprit parfaite, retenez bien à l'avenir cette maxime de Napoléon le Grand : « Ne m'éveillez que pour les mauvaises nouvelles. » Si vous m'aviez laissé dormir, j'achevais mon galop, et je vous en aurais été reconnaissant toute ma vie... On a donc payé ma rançon?

— Non, Excellence.

— Eh bien! alors, comment suis-je libre?

— Quelqu'un à qui je n'ai rien à refuser est venu vous réclamer.

— Jusqu'ici?

— Jusqu'ici.

— Ah! pardieu! ce quelqu'un-là est bien aimable.

Albert regarda tout autour de lui et aperçut Franz.

— Comment! lui dit-il, c'est vous, mon cher Franz, qui poussez le dévouement jusque-là?

— Non, pas moi, répondit Franz, mais notre voisin, M. le comte de Monte-Christo.

— Ah! pardieu! monsieur le comte, dit gaiement

Albert en rajustant sa cravate et ses manchettes, vous êtes un homme véritablement précieux, et j'espère que vous me regarderez comme votre éternel obligé, d'abord pour l'affaire de la voiture, ensuite pour celle-ci. Et il tendit la main au comte, qui frissonna au moment de lui donner la sienne, mais qui cependant la lui donna.

Le bandit regardait toute cette scène d'un air stupéfait.

Il était évidemment habitué à voir ses prisonniers trembler devant lui, et voilà qu'il y en avait un dont l'humeur railleuse n'avait subi aucune altération.

Quant à Franz, il était enchanté qu'Albert eût soutenu, même vis-à-vis d'un bandit, l'honneur national.

— Mon cher Albert, lui dit-il, si vous voulez vous hâter, nous aurons encore le temps d'aller finir la nuit chez Torlonia; vous prendrez votre galop où vous l'avez interrompu, de sorte que vous ne garderez aucune rancune au seigneur Luigi, qui s'est véritablement, dans toute cette affaire, conduit en galant homme.

— Ah! vraiment, dit-il, vous avez raison, et nous pourrons y être à deux heures. Seigneur Luigi, continua Albert, y a-t-il quelque autre formalité à remplir pour prendre congé de Votre Excellence?

— Aucune, monsieur, répondit le bandit, et vous êtes libre comme l'air.

— En ce cas, bonne et joyeuse vie! Venez, messieurs, venez!

Et Albert, suivi de Franz et du comte, descendit l'escalier et traversa la grande salle carrée; tous les bandits étaient debout et le chapeau à la main.

— Peppino, dit le chef, donne-moi la torche.

— Eh bien! que faites-vous donc? demanda le comte.

— Je vous reconduis, dit le capitaine; c'est bien le moindre honneur que je puisse rendre à Votre Excellence.

Et, prenant la torche allumée des mains du pâtre, il marcha devant ses hôtes, non pas comme un valet qui accomplit une œuvre de servilité, mais comme un roi qui précède des ambassadeurs.

Arrivé à la porte, il s'inclina.

— Et maintenant, monsieur le comte, dit-il, je vous renouvelle mes excuses, et j'espère que vous ne me gardez aucun ressentiment de ce qui vient d'arriver?

— Non, mon cher Vampa, dit le comte; d'ailleurs, vous rachetez vos erreurs d'une façon si galante, qu'on est presque tenté de vous savoir gré de les avoir commises.

— Messieurs! reprit le chef en se retournant du côté des jeunes gens, peut-être l'offre ne vous paraîtra-t-elle pas bien attrayante; mais, s'il vous prenait jamais envie de me faire une seconde visite, partout où je serai vous serez les bienvenus.

Franz et Albert saluèrent.

Le comte sortit le premier, Albert ensuite, Franz restait le dernier.

— Votre Excellence a quelque chose à me demander? dit Vampa en souriant.

— Oui, je l'avoue, répondit Franz; je serais curieux de savoir quel était l'ouvrage que vous lisiez avec tant d'attention quand nous sommes arrivés.

— Les *Commentaires de César*, dit le bandit, c'est mon livre de prédilection.

— Eh bien! ne venez-vous pas? demanda Albert.

— Si fait, répondit Franz, me voilà!

Et il sortit à son tour du soupirail.

On fit quelques pas dans la plaine.

— Ah! pardon! dit Albert en revenant en arrière; voulez-vous me permettre, capitaine?

Et il alluma son cigare à la torche de Vampa.

— Maintenant, monsieur le comte, dit-il, la plus grande diligence possible! je tiens énormément à aller finir ma nuit chez le duc de Bracciano.

On retrouva la voiture où on l'avait laissée; le comte dit un seul mot arabe à Ali, et les chevaux partirent à fond de train.

Il était deux heures juste à la montre d'Albert quand les deux amis rentrèrent dans la salle de danse.

Leur retour fit événement; mais, comme ils entraient ensemble, toutes les inquiétudes que l'on avait pu concevoir sur Albert cessèrent à l'instant même.

— Madame, dit le vicomte de Morcerf en s'avançant vers la comtesse, hier vous avez eu la bonté de me promettre un galop, je viens un peu tard réclamer cette gracieuse promesse; mais voilà mon ami, dont vous connaissez la véracité, qui vous affirmera qu'il n'y a pas de ma faute.

Et, comme en ce moment la musique donnait le signal de la valse, Albert passa son bras autour de la taille de la comtesse et disparut avec elle dans le tourbillon des danseurs.

Pendant ce temps Franz songeait au singulier frissonnement qui avait passé par tout le corps du comte de Monte-Christo au moment où il avait été, en quelque sorte, forcé de donner la main à Albert.

Albert passa son bras autour de la taille de la comtesse et disparut avec elle dans le tourbillon des danseurs. — Page 143.

CHAPITRE XV.

LE RENDEZ-VOUS.

e lendemain, en se levant, le premier mot d'Albert fut pour proposer à Franz d'aller faire une visite au comte ; il l'avait déjà remercié la veille, mais il comprenait qu'un service comme celui qu'il lui avait rendu valait bien deux remercîments.

Franz, qu'un attrait mêlé de terreur attirait vers le comte de Monte-Christo, ne voulut pas le laisser aller seul chez cet homme et l'accompagna ; tous deux furent introduits dans le salon : cinq minutes après, le comte parut.

— Monsieur le comte, lui dit Albert en allant à lui, permettez-moi de vous répéter ce matin ce que je vous ai mal dit hier : c'est que je n'oublierai jamais dans quelle circonstance vous m'êtes venu en

— Que voulez-vous, comte ! je me suis figuré que je m'étais fait une mauvaise querelle et qu'un duel s'en était suivi.

aide, et que je me souviendrai toujours que je vous dois la vie ou à peu près.

— Mon cher voisin, répondit le comte en riant, vous vous exagérez vos obligations envers moi. Vous me devez une petite économie d'une vingtaine de mille francs sur votre budget de voyage, et voilà tout, vous voyez bien que ce n'est pas la peine d'en parler. De votre côté, ajouta-t-il, recevez tous mes compliments, vous avez été adorable de sans-gêne et de laisser-aller.

— Que voulez-vous, comte ! dit Albert; je me suis figuré que je m'étais fait une mauvaise querelle et qu'un duel s'en était suivi, et j'ai voulu faire comprendre une chose à ces bandits : c'est qu'on se bat dans tous les pays du monde, mais qu'il n'y a que les Français qui se battent en riant. Néanmoins, comme mon obligation vis-à-vis de vous n'en est pas moins grande, je viens vous demander si, par moi, par mes amis et par mes connaissances, je ne pourrais pas vous être bon à quelque chose. Mon père, le comte de Morcerf, qui est d'origine espagnole, a une haute position en France et en Espagne; je viens me mettre, moi, et tous les gens qui m'aiment, à votre disposition.

— Eh bien! dit le comte, je vous avoue, monsieur de Morcerf, que j'attendais votre offre et que je l'accepte de grand cœur. J'avais déjà jeté mon dévolu sur vous pour vous demander un grand service.

— Lequel?

— Je n'ai jamais été à Paris; je ne connais pas Paris...

— Vraiment! s'écria Albert, vous avez pu vivre jusqu'à présent sans voir Paris, c'est incroyable!

— C'est ainsi, cependant; mais je sens, comme vous, qu'une plus longue ignorance de la capitale du monde intelligent est chose impossible. Il y a plus : peut-être même aurais-je fait ce voyage indispensable depuis longtemps, si j'avais connu quelqu'un qui pût m'introduire dans ce monde où je n'avais aucune relation.

— Oh! un homme comme vous! s'écria Albert.

— Vous êtes bien bon; mais, comme je ne me reconnais à moi-même d'autre mérite que de pouvoir faire concurrence comme millionnaire à M. Aguado ou à M. Rothschild, et que je ne vais pas à Paris pour jouer à la bourse, cette petite circonstance m'a retenu. Maintenant votre offre me décide. Voyons, vous engagez-vous, mon cher monsieur de Morcerf (le comte accompagna ces mots d'un singulier sourire), vous engagez-vous, lorsque j'irai en France, à m'ouvrir les portes de ce monde où je serai aussi étranger qu'un Huron ou qu'un Cochinchinois?

— Oh! quant à cela, monsieur le comte, à merveille et de grand cœur! répondit Albert; et d'autant plus volontiers (mon cher Franz ne vous moquez pas trop de moi!) que je suis rappelé à Paris par une lettre que je reçois ce matin même, et où il est question pour moi d'une alliance avec une maison fort agréable et qui a les meilleures relations dans le monde parisien.

— Alliance par mariage? dit Franz en riant.

— Oh! mon Dieu oui! Ainsi, quand vous reviendrez à Paris, vous me trouverez homme posé et peut-être père de famille. Cela ira bien à ma gravité naturelle, n'est-ce pas? En tout cas, comte, je vous le répète, moi et les miens sommes à vous corps et âme.

— J'accepte, dit le comte, car je vous jure qu'il ne me manquait que cette occasion pour réaliser des projets que je rumine depuis longtemps.

Franz ne douta point un instant que ces projets ne fussent ceux dont le comte avait laissé échapper un mot dans la grotte de Monte-Christo, et il regarda le comte, pendant qu'il disait ces paroles, pour essayer de saisir sur sa physionomie quelque révélation de ces projets qui le conduisaient à Paris; mais il était bien difficile de pénétrer dans l'âme de cet homme, surtout lorsqu'il la voilait avec un sourire.

— Mais voyons, comte, reprit Albert, enchanté d'avoir à produire un homme comme Monte-Christo, n'est-ce pas là un de ces projets en l'air, comme on en fait mille en voyage, et qui, bâtis sur le sable, sont emportés au premier souffle du vent?

— Non, d'honneur, dit le comte; je veux aller à Paris, il faut que j'y aille.

— Et quand cela?

— Mais quand y serez-vous vous-même?

— Moi, dit Albert; oh! mon Dieu! dans quinze jours ou trois semaines au plus tard; le temps de revenir, voilà tout.

— Eh bien! dit le comte, je vous donne trois mois; vous voyez que je vous fais la mesure large.

— Et dans trois mois, s'écria Albert avec joie, vous venez frapper à ma porte?

— Voulez-vous un rendez-vous jour pour jour, heure pour heure? dit le comte; je vous préviens que je suis d'une exactitude désespérante.

— Jour pour jour, heure pour heure, dit Albert; cela me va à merveille.

— Eh bien! soit. Il étendit la main vers un calendrier suspendu près de la glace. — Nous sommes aujourd'hui, dit-il, le 21 février (il tira sa montre), il est dix heures et demie du matin. Voulez-vous m'attendre le 21 mai prochain, à dix heures et demie du matin?

— A merveille! dit Albert, le déjeuner sera prêt.

— Vous demeurez?

— Rue du Helder, n° 27.

— Vous êtes chez vous en garçon, je ne vous gênerai pas?

— J'habite dans l'hôtel de mon père, mais un pavillon au fond de la cour, entièrement séparé.

— Bien.

Le comte prit ses tablettes et écrivit :

« Rue du Helder, n° 27, 21 mai, à dix heures et demie du matin. »

— Et maintenant, dit le comte en remettant ses tablettes dans sa poche, soyez tranquille, l'aiguille de votre pendule ne sera pas plus exacte que moi.

— Je vous reverrai avant mon départ? demanda Albert.

— C'est selon : quand partez-vous?

— Je pars demain à cinq heures du soir.

— En ce cas, je vous dis adieu. J'ai affaire à Naples, et ne serai de retour ici que samedi soir ou dimanche matin. Et vous, demanda le comte à Franz, partez-vous aussi, monsieur le baron?

— Oui.

— Pour la France?

— Non, pour Venise. Je reste encore un an ou deux en Italie.

— Nous ne nous verrons donc pas à Paris?

— Je crains de ne pas avoir cet honneur.

— Allons, messieurs, bon voyage, dit le comte aux deux amis en leur tendant à chacun une main.

C'était la première fois que Franz touchait la main de cet homme; il tressaillit, car elle était glacée comme celle d'un mort.

— Une dernière fois, dit Albert, c'est bien arrêté, sur parole d'honneur, n'est-ce pas? rue du Helder, n° 27, le 21 mai, à dix heures et demie du matin?

— Le 21 mai, à dix heures et demie du matin, rue du Helder, n° 27, reprit le comte.

Sur quoi les deux jeunes gens saluèrent le comte et sortirent.

— Qu'avez-vous donc? dit en rentrant chez lui Albert à Franz, vous avez l'air tout soucieux.

— Oui, dit Franz, je vous l'avoue, le comte est un homme singulier, et je vois avec inquiétude ce rendez-vous qu'il vous a donné à Paris.

— Ce rendez-vous... avec inquiétude! Ah çà! mais êtes-vous fou, mon cher Franz? s'écria Albert.

— Que voulez-vous? dit Franz; fou ou non, c'est ainsi.

— Écoutez, reprit Albert, et je suis bien aise que l'occasion se présente de vous dire cela; mais je vous ai toujours trouvé assez froid pour le comte, que, de son côté, j'ai toujours trouvé parfait, au contraire, pour nous. Avez-vous quelque chose de particulier contre lui?

— Peut-être.

— L'aviez-vous vu déjà quelque part avant de le rencontrer ici?

— Justement.

— Où cela?

— Me promettez-vous de ne pas dire un mot de ce que je vais vous raconter?

— Je vous le promets.

— Parole d'honneur?

— Parole d'honneur.

— C'est bien. Écoutez donc.

Et alors Franz raconta à Albert son excursion à l'île de Monte-Christo, comment il y avait trouvé un équipage de contrebandiers, et, au milieu de cet équipage, deux bandits corses. Il s'appesantit sur toutes les circonstances de l'hospitalité féerique que le comte lui avait donnée dans sa grotte des *Mille et une Nuits*.

Il lui raconta le souper, le hatchis, les statues, la réalité et le rêve, et comment, à son réveil, il ne restait plus, comme preuve et comme souvenir de tous ces événements, que ce petit yacht, faisant à l'horizon voile pour Porto-Vecchio.

Puis il passa à Rome, à la nuit du Colysée, à la conversation qu'il avait entendue entre lui et Vampa, conversation relative à Peppino, et dans laquelle le comte avait promis d'obtenir la grâce du bandit, promesse qu'il avait si bien tenue, ainsi que nos lecteurs ont pu en juger.

Enfin, il en arriva à l'aventure de la nuit précédente, à l'embarras où il s'était trouvé en voyant qu'il lui manquait pour compléter la somme six ou sept cents piastres; enfin, à l'idée qu'il avait eue de s'adresser au comte, idée qui avait eu à la fois un résultat si pittoresque et si satisfaisant.

Albert écoutait Franz de toutes ses oreilles.

— Eh bien! lui dit-il quand il eut fini, où voyez-vous, dans tout cela, quelque chose à reprendre? Le comte est voyageur, le comte a un bâtiment à lui, parce qu'il est riche. Allez à Portsmouth ou à Southampton, vous verrez les ports encombrés de yachts appartenant à de riches Anglais qui ont la même fantaisie. Pour savoir où s'arrêter dans ses excursions, pour ne pas manger cette affreuse cuisine qui nous empoisonne, moi depuis quatre mois, vous depuis quatre ans; pour ne pas coucher dans ces abominables lits où l'on ne peut dormir, il se fait meubler un pied-à-terre à Monte-Christo: quand son pied-à-terre est meublé, il craint que le gouvernement toscan ne lui donne congé et que ses dépenses ne soient perdues, alors il achète l'île et en prend le nom. Mon cher, fouillez dans votre souvenir, et dites-moi combien de gens de votre connaissance prennent le nom de propriétés qu'ils n'ont jamais eues.

— Mais, dit Franz à Albert, les bandits corses qui se trouvent dans son équipage?

— Eh bien! qu'y a-t-il d'étonnant à cela? Vous savez mieux que personne, n'est-ce pas, que les bandits corses ne sont point des voleurs, mais purement et simplement des fugitifs que quelque vendetta a exilés de leur ville ou de leur village; on peut donc les voir sans se compromettre: quant à moi, je déclare que, si jamais je vais en Corse, avant de me faire présenter au gouverneur et au préfet, je me fais présenter aux bandits de Colomba, si toutefois on peut mettre la main dessus; je les trouve charmants

— Mais Vampa et sa troupe, reprit Franz; ceux-là sont des bandits qui arrêtent pour voler, vous ne le niez pas, je l'espère; que dites-vous de l'influence du comte sur de pareils hommes?

— Je dirai, mon cher, que, comme, selon toute probabilité, je dois la vie à cette influence, ce n'est point à moi à la critiquer de trop près. Ainsi donc, au lieu de lui en faire comme vous un crime capital, vous trouverez bon que je l'excuse, sinon de m'avoir sauvé la vie, ce qui est peut-être un peu exagéré, mais du moins de m'avoir épargné quatre mille piastres, qui font bel et bien vingt-quatre mille livres de notre monnaie, somme à laquelle on ne m'aurait certes pas estimé en France; ce qui prouve, ajouta Albert en riant, que nul n'est prophète en son pays.

— Eh bien! voilà justement. De quel pays est le comte? quelle langue parle-t-il? quels sont ses moyens d'existence? d'où lui vient son immense fortune? quelle a été cette première partie de sa vie mystérieuse et inconnue qui a répandu sur la seconde cette teinte sombre et misanthropique? Voilà, à votre place, ce que je voudrais savoir.

— Mon cher Franz, reprit Albert, quand, en recevant ma lettre, vous avez vu que nous avions besoin de l'influence du comte, vous avez été lui dire : Albert de Morcerf, mon ami, court un danger, aidez-moi à le tirer de ce danger, n'est-ce pas?

— Oui.

— Alors, vous a-t-il demandé, qu'est-ce que M. Albert de Morcerf? d'où lui vient son nom? d'où lui vient sa fortune? quels sont ses moyens d'existence? qu'l est son pays? où est-il né? Vous a-t-il demandé tout cela? dites.

— Non, je l'avoue.

— Il est venu, voilà tout. Il m'a tiré des mains de M. Vampa, où, malgré mes apparences pleines de désinvolture, comme vous dites, je faisais fort mauvaise figure, je l'avoue! Eh bien! mon cher, quand, en échange d'un pareil service, il me demande de faire pour lui ce qu'on fait tous les jours pour le premier prince russe ou italien qui passe par Paris, c'est-à-dire de le présenter dans le monde, vous voulez que je lui refuse cela! Allons donc, Franz, vous êtes fou.

Il faut dire que, contre l'habitude, toutes les bonnes raisons étaient cette fois du côté d'Albert.

— Enfin, reprit Franz avec un soupir, faites comme vous voudrez, mon cher vicomte; car tout ce que vous me dites là est fort spécieux, je l'avoue; mais il n'en est pas moins vrai que le comte de Monte-Christo est un homme étrange.

— Le comte de Monte-Christo est un philanthrope. Il ne vous a pas dit dans quel but il venait à Paris. Eh bien! il vient pour concourir aux prix Monthyon; et, s'il ne lui faut que ma voix pour qu'il les obtienne, et l'influence de ce monsieur si laid qui les fait obtenir, eh bien! je lui donnerai l'une et je lui garantirai l'autre. Sur ce, mon cher Franz, ne parlons plus de cela, mettons-nous à table, et allons faire une dernière visite à Saint-Pierre.

Il fut fait comme disait Albert, et, le lendemain, à cinq heures de l'après-midi, les deux jeunes gens se quittaient, Albert de Morcerf pour revenir à Paris, Franz d'Épinay pour aller passer une quinzaine de jours à Venise.

Mais, avant de monter en voiture, Albert remit encore au garçon de l'hôtel, tant il avait peur que son convive ne manquât au rendez-vous, une carte pour le comte de Monte-Christo, sur laquelle, au-dessous de ces mots : « Vicomte Albert de Morcerf, » il avait écrit au crayon :

21 mai, à dix heures et demie du matin,
27, rue du Helder.

Le lendemain, à deux heures de l'après-midi, les deux jeunes gens se quittaient. — Page 148.

CHAPITRE XVI.

LES CONVIVES

Dans cette maison de la rue du Helder, où Albert de Morcerf avait donné rendez-vous à Rome au comte de Monte-Christo, tout se préparait, dans la matinée du 21 mai, pour faire honneur à la parole du jeune homme.

Albert de Morcerf habitait un pavillon situé à l'angle d'une grande cour et faisant face à un autre bâtiment destiné aux communs.

Deux fenêtres de ce pavillon seulement donnaient sur la rue, les autres étaient percées, trois sur la cour, et deux autres en retour sur le jardin.

Entre cette cour et ce jardin s'élevait, bâtie avec le mauvais goût de l'architecture impériale, l'habitation fashionable et vaste du comte et de la comtesse de Morcerf.

Sur toute la largeur de la propriété régnait, donnant sur la rue, un mur surmonté de distance en distance de vases de fleurs, et coupé au milieu par une grande grille aux lances dorées, qui servait aux entrées d'apparat; une petite porte, presque accolée à la loge du concierge, donnait passage aux gens de services ou aux maîtres entrant ou sortant à pied.

On devinait, dans ce choix du pavillon destiné à l'habitation d'Albert, la délicate prévoyance d'une mère, qui, ne voulant pas se séparer de son fils, avait cependant compris qu'un jeune homme de l'âge du vicomte avait besoin de sa liberté tout entière

On y reconnaissait aussi, d'un autre côté, nous devons le dire, l'intelligent égoïsme du jeune homme épris de cette vie libre et oisive, qui est celle des fils de famille, et qu'on lui dorait comme à l'oiseau sa cage.

Par ces deux fenêtres donnant sur la rue, Albert de Morcerf pouvait faire ses explorations au dehors.

La vue du dehors est si nécessaire aux jeunes gens qui veulent toujours voir le monde traverser leur horizon, cet horizon ne fût-il que celui de la rue! Puis, son exploration faite, si cette exploration paraissait mériter un examen plus approfondi, Albert de Morcerf pouvait, pour se livrer à ses recherches, sortir par une petite porte faisant pendant à celle que nous avons indiquée près de la loge du portier, et qui mérite une mention particulière.

C'était une petite porte qu'on eût dit oubliée de tout le monde depuis le jour où la maison avait été bâtie, et qu'on eût crue condamnée à tout jamais, tant elle semblait discrète et poudreuse, mais dont la serrure et les gonds soigneusement huilés annonçaient une pratique mystérieuse et suivie.

Cette petite porte sournoise faisait concurrence aux deux autres et se moquait du concierge, à la vigilance et à la juridiction duquel elle échappait, s'ouvrant comme la fameuse porte de la caverne des *Mille et une Nuits*, comme la Sésame enchantée d'Ali-Baba, au moyen de quelques mots cabalistiques, ou de quelques grattements convenus, prononcés par les plus douces voix ou opérés par les doigts les plus effilés du monde.

Au bout d'un corridor vaste et calme, auquel communiquait cette petite porte, et qui faisait antichambre, s'ouvraient à droite la salle à manger d'Albert donnant sur la cour, et à gauche son petit salon donnant sur le jardin.

Des massifs, des plantes grimpantes s'élargissant en éventail devant les fenêtres, cachaient à la cour et au jardin l'intérieur de ces deux pièces, les seules, placées au rez-de-chaussée comme elles l'étaient, où pussent pénétrer les regards indiscrets.

Au premier, ces deux pièces se répétaient, enrichies d'une troisième prise sur l'antichambre

Ces trois pièces étaient un salon, une chambre à coucher et un boudoir.

Le salon d'en bas n'était qu'une espèce de divan algérien destiné aux fumeurs.

Le boudoir du premier donnait dans la chambre à coucher, et, par une porte invisible, communiquait avec l'escalier.

On voit que toutes les mesures de précautions étaient prises.

Au-dessus de ce premier étage régnait un vaste atelier, que l'on avait agrandi en jetant bas murailles et cloisons, pandémonium que l'artiste disputait au dandy.

Là se réfugiaient et s'entassaient tous les caprices successifs d'Albert, les cors de chasse, les basses, les flûtes, un orchestre complet, car Albert avait eu un instant, non pas le goût, mais la fantaisie de la musique; les chevalets, les palettes, les pastels, car à la fantaisie de la musique avait succédé la fatuité de la peinture; enfin les fleurets, les gants de boxe, les espadons et les cannes de tous genres, car enfin, suivant les traditions des jeunes gens à la mode de l'époque où nous sommes arrivés, Albert de Morcerf cultivait, avec infiniment plus de persévérance qu'il n'avait fait de la musique et de la peinture, ces trois arts qui complètent l'éducation léonine, c'est-à-dire l'escrime, la boxe et le bâton, et il recevait successivement dans cette pièce destinée à tous les exercices du corps, Grisier, Cooks et Charles Lecour.

Le reste des meubles de cette pièce privilégiée étaient de vieux bahuts du temps de François Ier, bahuts pleins de porcelaines de Chine, de vases du Japon, de faïences de Lucca de la Robbia et de plats de Bernard de Palissy; d'antiques fauteuils où s'étaient peut-être assis Henri IV ou Sully, Louis XIII ou Richelieu, car deux de ces fauteuils, ornés d'un écusson sculpté, où brillaient sur l'azur les trois fleurs de lis de France surmontées d'une couronne royale, sortaient visiblement des garde-meubles du Louvre, ou tout au moins de celui de quelque château royal.

Sur ces fauteuils aux fonds sombres et sévères étaient jetées pêle-mêle de riches étoffes aux vives couleurs, teintes au soleil de la Perse ou écloses sous les doigts des femmes de Calcutta et de Chandernagor.

Ce que faisaient là ces étoffes, on n'eût pas pu le dire.

Elles attendaient, en récréant les yeux, une destination inconnue à leur propriétaire lui-même, et, en attendant, elles illuminaient l'appartement de leurs reflets soyeux et dorés.

A la place la plus apparente se dressait un piano, taillé par Roller et Blanchet dans du bois de rose, piano à la taille de nos salons lilliputiens, renfermant cependant un orchestre dans son étroite et sonore cavité, et gémissant sous le poids des chefs-d'œuvre de Beethoven, de Weber, de Mozart, d'Haydn, de Grétry et de Porpora.

Puis partout, le long des murailles, au-dessus des portes, au plafond, des épées, des poignards, des criks, des masses, des haches, des armures complètes dorées, damasquinées, incrustées; des herbiers, des blocs de minéraux, des oiseaux bourrés de crin, ouvrant pour un vol immobile leurs ailes couleur de feu et leur bec qu'ils ne ferment jamais.

Il va sans dire que cette pièce était la pièce de prédilection d'Albert.

Cependant, le jour du rendez-vous, le jeune homme, en demi-toilette, avait établi son quartier général dans le petit salon du rez-de-chaussée.

Là, sur une table entourée à distance d'un divan large et moelleux, tous les tabacs connus, depuis le tabac jaune de Pétersbourg jusqu'au tabac noir du Sinaï, en passant par le maryland, le porto-ricco et le latakié, resplendissaient dans les pots de faïence craquelée qu'adorent les Hollandais.

A côté d'eux, dans des cases de bois odorant, étaient rangées par ordre de taille et de qualité les puros, les regalia, les havane et les manille.

Enfin, dans une armoire tout ouverte, une collection de pipes allemandes, de chibouques aux bouquins d'ambre, ornées de corail, et de narguilés incrustés d'or, aux longs tuyaux de maroquin roulés comme des serpents, attendaient le caprice ou la sympathie des fumeurs.

Albert avait présidé lui-même à l'arrangement ou plutôt au désordre symétrique qu'après le café les convives d'un déjeuner moderne aiment à contempler à travers la vapeur qui s'échappe de leur bouche et qui monte au plafond en longues et capricieuses spirales.

A dix heures moins un quart, un valet de chambre entra.

C'était un petit groom de quinze ans, ne parlant qu'anglais et répondant au nom de John, tout le domestique de Morcerf.

Bien entendu que, dans les jours ordinaires, le cuisinier de l'hôtel était à sa disposition, et que, dans les grandes occasions, le chasseur du comte était mis à sa disposition.

Ce valet de chambre, qui s'appelait Germain, et qui jouissait de la confiance entière de son jeune maître, tenait à la main une liasse de journaux qu'il déposa sur une table, et un paquet de lettres qu'il remit à Albert.

Albert jeta un œil distrait sur ces différentes missives, en choisit deux aux écritures fines et aux enveloppes parfumées, les décacheta et les lut avec une certaine attention.

— Comment sont venues ces lettres? demanda-t-il.

— L'une est venue par la poste, l'autre a été apportée par le valet de chambre de madame Danglars.

— Faites dire à madame Danglars que j'accepte la place qu'elle m'offre dans sa loge... Attendez donc... puis, dans la journée, vous passerez chez Rosa; vous lui direz que j'irai, comme elle m'y invite, souper avec elle en sortant de l'Opéra, et vous lui porterez six bouteilles de vins assortis, de Chypre, de Xérès, de Malaga et un baril d'huîtres d'Ostende...; prenez les huîtres chez Borel, et dites surtout que c'est pour moi.

— A quelle heure monsieur veut-il être servi?

— Quelle heure avons-nous?

— Dix heures moins un quart.

— Eh bien! servez pour dix heures et demie précises. Debray sera peut-être forcé d'aller à son ministère... Et d'ailleurs... (Albert consulta ses tablettes), c'est bien l'heure que j'ai indiquée au comte, le 21 mai, à dix heures et demie du matin, et, quoique je ne fasse pas grand fond sur sa promesse, je veux être exact. A propos, savez-vous si madame la comtesse est levée?

— Si monsieur le vicomte le désire, je m'en informerai?

— Oui... vous lui demanderez une de ses caves à liqueurs, la mienne est incomplète, et vous lui direz que j'aurai l'honneur de passer chez elle vers trois heures, et que je lui fais demander la permission de lui présenter quelqu'un.

Le valet sortit.

Albert se jeta sur le divan, déchira l'enveloppe de deux ou trois journaux, regarda les spectacles, fit la grimace en reconnaissant que l'on jouait un opéra et non un ballet, chercha vainement dans les annonces de parfumerie un opiat pour les dents, dont on lui avait parlé, et rejeta l'une après l'autre les trois feuilles les plus courues de Paris, en murmurant au milieu d'un bâillement prolongé :

— En vérité, ces journaux deviennent de plus en plus assommants.

En ce moment, une voiture légère s'arrêta devant la porte, et, un instant après, le valet de chambre rentra pour annoncer M. Lucien Debray.

Un grand jeune homme blond, pâle, à l'œil gris et assuré, aux lèvres minces et froides, à l'habit bleu aux boutons d'or ciselés, à la cravate blanche, au lorgnon d'écaille suspendu par un fil de soie, et que, par un effort du nerf sourcilier et du nerf zygomatique, il parvenait à fixer de temps en temps dans la cavité de son œil droit, entra sans sourire, sans parler, et d'un air demi-officiel.

— Bonjour, Lucien, bonjour! dit Albert. Ah! vous m'effrayez, mon cher, avec votre exactitude! Que dis-je? exactitude! Vous que je n'attendais que le dernier, vous arrivez à dix heures moins cinq

Albert se jeta sur un divan et déchira l'enveloppe de deux ou trois journaux. — Page 151.

minutes lorsque le rendez-vous définitif n'est qu'à dix heures et demie! c'est miraculeux! le ministère serait-il renversé, par hasard?

— Non, très-cher, dit le jeune homme en s'incrustant dans le divan, rassurez-vous, nous chancelons toujours, mais nous ne tombons jamais, et je commence à croire que nous passons tout bonnement à l'inamovibilité, sans compter que les affaires de la Péninsule vont nous consolider tout à fait.

— Ah! oui, c'est vrai, vous chassez don Carlos d'Espagne.

— Non pas, très-cher; ne confondons point; nous le ramenons de l'autre côté de la frontière de France, et nous lui offrons une hospitalité royale à Bourges.

— A Bourges?

— Oui, il n'a pas à se plaindre, que diable! Bourges est la capitale du roi Charles VII. Comment, vous ne saviez pas cela? C'est connu depuis hier de tout Paris, et avant-hier la chose avait déjà transpiré à la Bourse, car M. Danglars (je ne sais point par quel moyen cet homme sait les nouvelles en même temps que nous), car M. Danglars a joué à la hausse et a gagné un million.

Beauchamp

— Et vous un ruban nouveau, à ce qu'il paraît; car je vois un liséré bleu ajouté à votre brochette?

— Heu! ils m'ont envoyé la plaque de Charles III, répondit négligemment Debray.

— Allons, ne faites donc pas l'indifférent, et avouez que la chose vous a fait plaisir à recevoir.

— Ma foi oui; comme complément de toilette, une plaque fait bien sur un habit noir boutonné : c'est élégant.

— Et, dit Morcerf en souriant, on a l'air du prince de Galles ou du duc de Reichstadt.

— Voilà donc pourquoi vous me voyez si matin, très-cher.

— Parce que vous avez la plaque de Charles III et que vous vouliez m'annoncer cette bonne nouvelle?

— Non; parce que j'ai passé la nuit à expédier des lettres : vingt-cinq dépêches diplomatiques. Rentré chez moi ce matin au jour, j'ai voulu dormir; mais le mal de tête m'a pris, et je me suis relevé pour monter à cheval une heure. A Boulogne, l'ennui et la faim m'ont saisi, deux ennemis qui vont rarement ensemble et qui cependant se sont ligués contre moi : une espèce d'alliance carlo-républicaine; je me suis alors souvenu que l'on festinait chez vous ce matin, et me voilà : j'ai faim, nourrissez-moi; je m'ennuie, amusez-moi.

— C'est mon devoir d'amphitryon, cher ami, dit Albert en sonnant le valet de chambre, tandis que Lucien faisait sauter, avec le bout de sa badine à pomme d'or incrustée de turquoises, les journaux dépliés. Germain, un verre de xérès et un biscuit. En attendant, mon cher Lucien, voici des cigares de contrebande, bien entendu; je vous engage à les goûter, et à inviter votre ministre à nous en vendre de pareils, au lieu de ces espèces de feuilles de noyer qu'il condamne les bons citoyens à fumer.

— Peste! je m'en garderais bien. Du moment où ils vous viendraient du gouvernement vous n'en voudriez plus et les trouveriez exécrables. D'ailleurs, cela ne regarde point l'intérieur, cela regarde les finances : adressez-vous à M. Humann, section des contributions indirectes, corridor A, n° 26.

— En vérité, dit Albert, vous m'étonnez par l'étendue de vos connaissances. Mais prenez donc un cigare!

— Ah! cher comte, dit Lucien allumant un manille à une bougie rose brûlant dans un bougeoir de vermeil et en se renversant sur le divan, ah! cher comte, que vous êtes heureux de n'avoir rien à faire! en vérité vous ne connaissez pas votre bonheur!

— Et que feriez-vous donc, mon cher pacificateur de royaumes, reprit Morcerf avec une légère ironie, si vous ne faisiez rien? Comment! secrétaire particulier d'un ministre, lancé à la fois dans la grande cabale européenne et dans les petites intrigues de Paris, ayant des rois, et, mieux que cela, des reines à protéger, des partis à réunir, des élections à diriger; faisant plus de votre cabinet, avec votre plume et votre télégraphe, que Napoléon ne faisait de ses champs de bataille avec son épée et ses victoires; possédant vingt-cinq mille livres de rentes en dehors de votre place; un cheval dont Château-Renaud vous a offert quatre cents louis, et que vous n'avez pas voulu donner; un tailleur qui ne vous manque jamais un pantalon; ayant l'Opéra, le Jockey-Club et le théâtre des Variétés, vous ne trouvez pas dans tout cela de quoi vous distraire? Eh bien! soit, je vous distrairai, moi.

— Comment cela?

— En vous faisant faire une connaissance nouvelle?

— En homme ou en femme?

— En homme.

— Oh! j'en connais déjà beaucoup!

— Mais vous n'en connaissez pas comme celui dont je vous parle.

— D'où vient-il donc? du bout du monde?

— De plus loin peut-être.

— Ah! diable! j'espère qu'il n'apporte pas notre déjeuner?

— Non, soyez tranquille, notre déjeuner se confectionne dans les cuisines maternelles. Mais vous avez donc faim?

— Oui, je l'avoue, si humiliant que cela soit à dire. Mais j'ai dîné hier chez M. de Villefort; et, avez-vous souvent remarqué cela, cher ami? on dîne très-mal chez tous ces gens de parquet; on dirait toujours qu'ils ont des remords.

— Ah! pardieu! dépréciez les dîners des autres; avec cela qu'on dîne bien chez vos ministres!

— Oui, mais nous n'invitons pas les gens comme il faut, au moins; et, si nous n'étions pas obligés de faire les honneurs de notre table à quelques croquants qui pensent et surtout qui votent bien, nous nous garderions comme de la peste de dîner chez nous, je vous prie de le croire.

— Alors, mon cher, prenez un second verre de xérès et un autre biscuit.

— Volontiers, votre vin d'Espagne est excellent; vous voyez bien que nous avons eu tout à fait raison de pacifier ce pays-là.

— Oui, mais don Carlos?

— Eh bien! don Carlos boira du vin de Bordeaux, et dans dix ans nous marierons son fils à la petite reine.

— Ce qui vous vaudra la Toison-d'Or, si vous êtes encore au ministère.

— Je crois, Albert, que vous avez adopté pour système ce matin de me nourrir de fumée.

— Eh! c'est encore ce qui amuse le mieux l'estomac, convenez-en; mais, tenez, justement, j'entends la voix de Beauchamp dans l'antichambre, vous vous disputerez, cela vous fera prendre patience.

— A propos de quoi?

— A propos de journaux.

— Oh! cher ami, dit Lucien avec un souverain mépris, est-ce que je lis les journaux!

— Raison de plus, alors, vous vous disputerez bien davantage.

— M. Beauchamp! annonça le valet de chambre.

— Entrez, entrez! plume terrible! dit Albert en se levant et en allant au-devant du jeune homme; tenez, voici Debray qui vous déteste sans vous lire, à ce qu'il dit, du moins.

— Il a bien raison, dit Beauchamp, c'est comme moi, je le critique sans savoir ce qu'il fait. Bonjour, commandeur.

— Ah! vous savez déjà cela? répondit le secrétaire particulier en échangeant avec le journaliste une poignée de main et un sourire.

— Pardieu! reprit Beauchamp.

— Et qu'en dit-on dans le monde?

— Dans quel monde? Nous avons beaucoup de mondes en l'an de grâce 1838.

— Eh! dans le monde critico-politique, dont vous êtes un des lions.

— Mais on dit que c'est chose fort juste, et que vous semez assez de rouge pour qu'il pousse un peu de bleu.

— Allons, allons, pas mal, dit Lucien; pourquoi n'êtes-vous pas des nôtres, mon cher Beauchamp? ayant de l'esprit comme vous en avez, vous feriez fortune en trois ou quatre ans.

— Aussi, je n'attends qu'une chose pour suivre votre conseil. C'est un ministère qui soit assuré pour six mois. Maintenant, un seul mot, mon cher Albert, car aussi bien faut-il que je laisse respirer le pauvre Lucien. Déjeunons-nous ou dînons-nous? J'ai la Chambre, moi. Tout n'est pas rose, comme vous le voyez, dans notre métier.

— On déjeunera seulement; nous n'attendons plus que deux personnes, et l'on se mettra à table aussitôt qu'elles seront arrivées.

— Et quelles sortes de personnes attendez-vous à déjeuner? dit Beauchamp.

— Un gentilhomme et un diplomate, reprit Albert.

— Alors c'est l'affaire de deux petites heures pour le gentilhomme et de deux grandes heures pour le diplomate. Je reviendrai au dessert. Gardez-moi des fraises, du café et des cigares. Je mangerai une côtelette à la Chambre.

— N'en faites rien, Beauchamp, car le gentilhomme fût-il un Montmorency et le diplomate un Metternich, nous déjeunerons à onze heures précises; en attendant, faites comme Debray, goûtez mon xérès et mes biscuits.

— Allons donc, soit, je reste. Il faut absolument que je me distraie ce matin.

— Bon! vous voilà comme Debray! il me semble cependant que, lorsque le ministère est triste, l'opposition doit être gaie.

— Ah! voyez-vous, cher ami, c'est que vous ne savez point ce qui me menace. J'entendrai ce matin un discours de M. Danglars à la Chambre des députés, et, ce soir, chez sa femme, une tragédie d'un pair de France. Le diable emporte le gouvernement constitutionnel! Et, puisque nous avions le choix, à ce qu'on dit, comment avons-nous choisi celui-là?

— Je comprends, vous avez besoin de faire provision d'hilarité.

— Ne dites donc pas de mal des discours de M. Danglars, dit Debray : il vote pour vous, il fait de l'opposition.

— Voilà, pardieu, bien le mal! aussi j'attends que vous l'envoyiez discourir au Luxembourg pour en rire tout à mon aise.

— Mon cher, dit Albert à Beauchamp, on voit bien que les affaires d'Espagne sont arrangées, vous êtes ce matin d'une aigreur révoltante. Rappelez-vous donc que la chronique parisienne parle d'un mariage entre moi et mademoiselle Eugénie Danglars. Je ne puis donc pas, en conscience, vous laisser mal parler de l'éloquence d'un homme qui doit me dire un jour : « Monsieur le vicomte, vous savez que je donne deux millions à ma fille. »

— Allons donc! dit Beauchamp, ce mariage ne se fera jamais. Le roi a pu le faire baron, il pourra le faire pair, mais il ne le fera point gentilhomme, et le comte de Morcerf est une épée trop aristocratique pour consentir, moyennant deux pauvres millions, à une mésalliance Le vicomte de Morcerf ne doit épouser qu'une marquise.

— Deux millions! c'est cependant joli, reprit Morcerf.

— C'est le capital social d'un théâtre de boulevard ou d'un chemin de fer du Jardin des Plantes à la Râpée.

— Laissez-le dire, Morcerf, reprit nonchalamment Debray, et mariez-vous. Vous épousez l'étiquette d'un sac, n'est-ce pas? eh bien! que vous importe! mieux vaut alors sur cette étiquette un blason de moins et un zéro de plus; vous avez sept merlettes dans vos armes, vous en donnerez trois à votre femme et il vous en restera encore quatre. C'est une de plus qu'à M. de Guise, qui a failli être roi de France, et dont le cousin germain était empereur d'Allemagne.

— Ma foi, je crois que vous avez raison, Lucien, répondit distraitement Albert.

— Et, certainement! d'ailleurs tout millionnaire est noble comme un bâtard, c'est-à-dire qu'il peut l'être.

— Chut! ne dites pas cela, Debray, reprit en riant Beauchamp, car voici Château-Renaud, qui, pour vous guérir de votre manie de paradoxer, vous passera au travers du corps l'épée de Renaud de Montauban, son ancêtre.

— Il dérogerait alors, répondit Lucien, car je suis vilain et très-vilain

— Bon! s'écria Beauchamp, voilà le ministère qui chante du Béranger, où allons-nous, mon Dieu!

— Monsieur de Château-Renaud! monsieur Maximilien Morrel! dit le valet de chambre en annonçant deux nouveaux convives.

— Complets, alors! dit Beauchamp, et nous allons déjeuner; car, si je ne me trompe, vous n'attendiez plus que deux personnes, Albert?

— Morrel! murmura Albert surpris; Morrel! qu'est-ce que cela?

Mais, avant qu'il eût achevé, M. de Château-Renaud, beau jeune homme de trente ans, gentilhomme des pieds à la tête, c'est-à-dire avec la figure d'un Guiche et l'esprit d'un Mortemart, avait pris Albert par la main.

— Permettez-moi, mon cher, lui dit-il, de vous présenter M. le capitaine de spahis Maximilien Morrel, mon ami, et, de plus, mon sauveur. Au reste, l'homme se présente assez bien par lui-même. Saluez mon héros, vicomte.

Et il se rangea pour démasquer ce grand et noble jeune homme au front large, à l'œil perçant, aux moustaches noires, que nos lecteurs se rappellent avoir vu à Marseille dans une circonstance assez dramatique peut-être pour qu'ils ne l'aient point encore oublié.

Un riche uniforme, demi-français, demi-oriental, admirablement porté, faisait valoir sa large poitrine décorée de la croix de la Légion d'honneur et ressortir la cambrure hardie de sa taille

Le jeune officier s'inclina avec une politesse pleine d'élégance; Morrel était gracieux dans chacun de ses mouvements, parce qu'il était fort.

— Monsieur, dit Albert avec une affectueuse courtoisie, M. le baron de Château-Renaud savait d'avance tout le plaisir qu'il me procurait en me faisant faire votre connaissance; vous êtes de ses amis, monsieur, soyez des nôtres.

— Très-bien, dit Château-Renaud, et souhaitez, mon cher vicomte, que, le cas échéant, il fasse pour vous ce qu'il a fait pour moi.

— Et qu'a-t-il donc fait? demanda Albert.

— Oh! dit Morrel, cela ne vaut pas la peine d'en parler, et monsieur exagère

— Comment! dit Château-Renaud, cela ne vaut pas la peine d'en parler! La vie ne vaut pas la peine qu'on en parle!... En vérité, c'est par trop philosophique ce que vous dites là, mon cher monsieur Morrel... Bon pour vous, qui exposez votre vie tous les jours, mais pour moi qui l'expose une fois par hasard...

— Ce que je vois de plus clair dans tout cela, baron, c'est que M. le capitaine Morrel vous a sauvé la vie.

— Oh! mon Dieu! oui, tout bonnement, reprit Château-Renaud.

— Et à quelle occasion? demanda Beauchamp.

— Beauchamp, mon ami, vous savez que je meurs de faim, dit Debray, ne donnez donc pas dans les histoires.

— Eh bien! mais, dit Beauchamp, je n'empêche pas qu'on se mette à table, moi... Château-Renaud nous racontera cela à table.

— Messieurs, dit Morcerf, il n'est encore que dix heures un quart, remarquez bien cela, et nous attendons un dernier convive.

— Ah! c'est vrai, un diplomate, reprit Debray.

— Un diplomate, ou autre chose, je n'en sais rien; ce que je sais, c'est que, pour mon compte, je l'ai chargé d'une ambassade qu'il a si bien terminée à ma satisfaction, que, si j'avais été roi, je l'eusse fait à l'instant même chevalier de tous mes ordres, eussé-je eu à la fois la disposition de la Toison-d'Or et de la Jarretière.

— Alors, puisqu'on ne se met point encore à table, dit Debray, versez-vous un verre de xérès, comme nous avons fait, et racontez-nous cela, baron.

— Vous savez tous que l'idée m'était venue d'aller en Afrique.

— C'est un chemin que vos ancêtres vous ont tracé, mon cher Château-Renaud, répondit galamment Morcerf.

— Oui, mais je doute que cela fût, comme eux, pour délivrer le tombeau du Christ.

— Et vous avez raison, Beauchamp, dit le jeune aristocrate; c'était tout bonnement pour faire le coup de pistolet en amateur. Le duel me répugne, comme vous savez, depuis que deux témoins, que j'avais choisis pour accommoder une affaire, m'ont forcé de casser le bras à un de mes meilleurs amis... eh! pardieu! à ce pauvre Franz d'Épinay, que vous connaissez tous.

— Ah oui! c'est vrai, dit Debray, vous vous êtes battus dans le temps... A quel propos?

— Le diable m'emporte si je m'en souviens! dit Château-Renaud; mais, ce que je me rappelle parfaitement, c'est qu'ayant honte de laisser dormir un talent comme le mien, j'ai voulu essayer sur les Arabes des pistolets neufs dont on venait de me faire cadeau. En conséquence, je m'embarquai pour Oran; d'Oran je gagnai Constantine, et j'arrivai juste pour voir lever le siége. Je me mis en retraite comme les autres. Pendant quarante-huit heures je supportai assez bien la pluie le jour, la neige la nuit; enfin, dans la troisième matinée, mon cheval mourut de froid. Pauvre bête! accoutumée aux couvertures et au poêle de l'écurie... un cheval arabe qui seulement s'est trouvé un peu dépaysé en rencontrant dix degrés de froid en Arabie.

— C'est pour cela que vous voulez m'acheter mon cheval anglais, dit Debray; vous supposez qu'il supportera mieux le froid que votre arabe.

— Vous vous trompez, car j'ai fait vœu de ne plus retourner en Afrique.

— Vous avez donc eu bien peur? demanda Beauchamp.

— Ma foi oui, je l'avoue, répondit Château-Renaud; et il y avait de quoi! Mon cheval était donc mort; je faisais ma retraite à pied, six Arabes vinrent au galop pour me couper la tête, j'en abattis deux de mes deux coups de fusil, deux de mes deux coups de pistolet, mouches pleines; mais il en restait deux, et j'étais désarmé. L'un me prit par les cheveux, c'est pour cela que je les porte courts maintenant, on ne sait pas ce qui peut arriver; l'autre m'enveloppa le cou de son yatagan, et je sentais déjà le froid aigu du fer, quand monsieur, que vous voyez, chargea à son tour sur eux, tua celui qui me tenait par les cheveux d'un coup de pistolet, et fendit la tête de celui qui s'apprêtait à me couper la gorge d'un coup de sabre. Monsieur s'était donné pour tâche de sauver un homme ce jour-là, le hasard a voulu que ce fût moi ; quand je serai riche, je ferai faire par Klagmann ou par Marochetti une statue du Hasard.

— Oui, dit en souriant Morrel ; c'était le 5 septembre, c'est-à-dire l'anniversaire d'un jour où mon père fut miraculeusement sauvé ; aussi, autant qu'il est en mon pouvoir, je célèbre tous les ans ce jour-là par quelque action...

— Héroïque, n'est-ce pas ? interrompit Château-Renaud ; bref, je fus l'élu ; mais, ce n'est pas le tout : Après m'avoir sauvé du fer, il me sauva du froid, en donnant, non pas la moitié de son manteau, comme faisait saint Martin, mais en me le donnant tout entier ; puis, de la faim, en partageant avec moi, devinez quoi ?

— Un pâté de chez Félix ? demanda Beauchamp.

— Non pas ; son cheval, dont nous mangeâmes chacun un morceau de grand appétit : c'était dur.

— Le cheval ? demanda en riant Morcerf.

— Non, le sacrifice, répondit Château-Renaud. Demandez à Debray s'il sacrifierait son anglais pour un étranger ?

— Pour un étranger, non, dit Debray ; mais pour un ami, peut-être.

— Je devinai que vous deviendriez le mien, monsieur le comte, dit Morrel ; d'ailleurs, j'ai eu déjà l'honneur de vous le dire, héroïsme ou non, sacrifice ou non, ce jour-là je devais une offrande à la mauvaise fortune, en récompense de la faveur que nous avait faite autrefois la bonne.

— Cette histoire, à laquelle M. Morrel fait allusion, continua Château-Renaud, est toute une admirable histoire qu'il vous racontera un jour, quand vous aurez fait avec lui plus ample connaissance ; pour aujourd'hui, garnissons l'estomac et non la mémoire. À quelle heure déjeunez-vous, Albert ?

— À dix heures et demie.

— Précises ? demanda Debray en tirant sa montre.

— Oh ! vous m'accorderez bien les cinq minutes de grâce, dit Morcerf ; car, moi aussi, j'attends un sauveur.

— À qui ?

— À moi, parbleu ! répondit Morcerf. Croyez-vous donc qu'on ne puisse pas me sauver comme un autre et qu'il n'y a que les Arabes qui coupent la tête ? Notre déjeuner est un déjeuner philanthropique et nous aurons à notre table, je l'espère du moins, deux bienfaiteurs de l'humanité.

— Comment ferons-nous ? dit Debray ; nous n'avons qu'un prix Monthyon ?

— Eh bien ! mais on le donnera à quelqu'un qui n'aura rien fait pour l'avoir, dit Beauchamp. C'est de cette façon-là que d'ordinaire l'Académie se tire d'embarras.

— Et d'où vient-il ? demanda Debray ; excusez l'insistance ; vous avez déjà, je le sais bien, répondu à cette question, mais assez vaguement pour que je me permette de la poser une seconde fois.

— En vérité, dit Albert, je n'en sais rien. Quand je l'ai invité, il y a deux mois de cela, il était à Rome ; mais, depuis ce temps-là, qui peut dire le chemin qu'il a fait ?

— Et le croyez-vous capable d'être exact ? demanda Debray.

— Je le crois capable de tout, répondit Morcerf.

— Faites attention qu'avec les cinq minutes de grâce nous n'avons plus que dix minutes.

— Eh bien ! j'en profiterai pour vous dire un mot de mon convive.

— Pardon, dit Beauchamp, y a-t-il matière à un feuilleton dans ce que vous allez nous raconter ?

— Oui, certes, dit Morcerf, et des plus curieux, même.

— Dites alors, car je vois bien que je manquerai la Chambre ; il faut que je me rattrape.

— J'étais à Rome au carnaval dernier

— Nous savons cela, dit Beauchamp.

— Oui, mais ce que vous ne savez pas, c'est que j'avais été enlevé par des brigands.

— Il n'y a pas de brigands, dit Debray.

— Si fait, il y en a, et de hideux même, c'est-à-dire d'admirables, car je les ai trouvés beaux à faire peur.

— Voyons, mon cher Albert, dit Debray, avouez que votre cuisinier est en retard, que les huîtres ne sont pas pas arrivées de Marennes ou d'Ostende, et qu'à l'exemple de madame de Maintenon vous voulez remplacer le plat par un conte. Dites-le, mon cher, nous sommes d'assez bonne compagnie pour vous le pardonner et pour écouter votre histoire, toute fabuleuse qu'elle promet d'être.

— Et moi, je vous dis, toute fabuleuse qu'elle est, je vous la donne pour vraie d'un bout à l'autre. Les brigands m'avaient donc enlevé et m'avaient conduit dans un endroit fort triste qu'on appelle les catacombes de Saint-Sébastien.

— Je connais cela, dit Château-Renaud ; j'ai manqué d'y attraper la fièvre.

— Et moi, j'ai fait mieux que cela, dit Morcerf, je l'ai eue réellement. On m'avait annoncé que j'étais prisonnier sauf rançon, une misère, quatre mille écus romains, vingt-six mille livres tournois. Malheureusement je n'en avais plus que quinze cents ; j'étais au bout de mon voyage, et mon crédit était épuisé. J'écrivis à Franz. Eh ! pardieu ! tenez, Franz en était, et vous pouvez lui demander si je mens d'une virgule ; j'écrivis à Franz que, s'il n'arrivait pas à six heures du matin avec les quatre mille écus, à six heures dix minutes j'aurais rejoint les bienheureux saints et les glorieux martyrs dans la compa-

Château-Renaud.

gnie desquels j'avais l'honneur de me trouver, et M. Luigi Vampa, c'est le nom de mon chef de brigands, m'aurait, je vous prie de le croire, tenu scrupuleusement parole.

— Mais Franz arriva avec les quatre mille écus? dit Château-Renaud. Que diable! on n'est pas embarrassé pour quatre mille écus quand on s'appelle Franz d'Épinay ou Albert de Morcerf!

— Non, il arriva purement et simplement accompagné du convive que je vous annonce et que j'espère vous présenter.

— Ah çà! mais c'est donc un Hercule tuant Cacus que ce monsieur, un Persée délivrant Andromède?

— Non, c'est un homme de ma taille, à peu près.

— Armé jusqu'aux dents?

— Il n'avait pas même une aiguille à tricoter.

— Mais il traita de votre rançon?

— Il dit deux mots à l'oreille du chef, et je fus libre.

— On lui fit même des excuses de l'avoir arrêté, dit Beauchamp.

— Justement, dit Morcerf.

Le comte parut sur le seuil, vêtu avec la plus grande simplicité. — Page 161.

— Ah çà! mais c'était donc l'Arioste, que cet homme?

— Non, c'était tout simplement le comte de Monte-Christo

— On ne s'appelle pas le comte de Monte-Christo, dit Debray.

— Je ne crois pas, ajouta Château-Renaud avec le sang-froid d'un homme qui connaît sur le bout du doigt son nobiliaire européen; qui est-ce qui connaît quelque part un comte de Monte-Christo?

— Il vient peut-être de Terre-Sainte, dit Beauchamp; un de ses aïeux aura possédé le Calvaire, comme les Mortemart la mer Morte.

— Pardon, dit Maximilien, mais je crois que je vais vous tirer d'embarras, messieurs : Monte-Christo est une petite île dont j'ai souvent entendu parler aux marins qu'employait mon père; un grain de sable au milieu de la Méditerranée, un atome dans l'infini.

— C'est parfaitement cela, monsieur, dit Albert. Eh bien! de ce grain de sable, de cet atome, est seigneur et roi celui dont je vous parle; il aura acheté ce brevet de comte quelque part en Toscane.

— Il est donc riche, votre comte?

— Ma foi! je le crois.

— Mais cela doit se voir, ce me semble?

— Voilà ce qui vous trompe, Debray.

— Je ne vous comprends plus.

— Avez-vous lu les *Mille et une Nuits?*

— Parbleu! belle question!

— Eh bien! savez-vous donc si les gens qu'on y voit sont riches ou pauvres? si leurs grains de blé ne sont pas des rubis ou des diamants? Ils ont l'air de misérables pêcheurs, n'est-ce pas? vous les traitez comme tels, et tout à coup ils vous ouvrent quelque caverne mystérieuse, où vous trouvez un trésor à acheter l'Inde.

— Après?

— Après? mon comte de Monte-Christo est un de ces pêcheurs-là. Il a même un nom tiré de la chose, il s'appelle Simbad le Marin, et possède une caverne pleine d'or.

— Et vous avez vu cette caverne, Morcerf? demanda Beauchamp.

— Non, pas moi, Franz. Mais, chut! il ne faut pas dire un mot de cela devant lui. Franz y est descendu les yeux bandés, et il a été servi par des muets et par des femmes, près desquelles, à ce qu'il paraît, Cléopâtre n'est qu'une lorette. Seulement des femmes il n'en est pas bien sûr, vu qu'elles ne sont entrées qu'après qu'il eut mangé du hatchis; de sorte qu'il se pourrait bien que ce qu'il a pris pour des femmes fût tout bonnement un quadrille de statues.

Les jeunes gens regardèrent Morcerf d'un œil qui voulait dire :

— Ah çà! mon cher, devenez-vous insensé, ou vous moquez-vous de nous?

— En effet, dit Morrel pensif, j'ai entendu raconter encore par un vieux marin nommé Penelon quelque chose de pareil à ce que dit là M. de Morcerf.

— Ah! fit Albert, c'est bien heureux que M. Morrel me vienne en aide. Cela vous contrarie, n'est-ce pas, qu'il jette ainsi un peloton de fil dans mon labyrinthe?

— Pardon, cher ami, dit Debray, c'est que vous nous racontez des choses si invraisemblables...

— Ah! parbleu! parce que vos ambassadeurs, vos consuls, ne vous en parlent pas! ils n'ont pas le temps, il faut bien qu'ils molestent leurs compatriotes qui voyagent.

— Ah! bon, voilà que vous vous fâchez, et que vous tombez sur nos pauvres agents. Eh! mon Dieu! avec quoi voulez-vous qu'ils vous protégent? la Chambre leur rogne tous les jours leurs appointements; c'est au point qu'on n'en trouve plus. Voulez-vous être ambassadeur, Albert? je vous fais nommer à Constantinople.

— Non pas! pour que le sulan, à la première démonstration que je ferai en faveur de Méhémet-Ali, m'envoie le cordon et que mes secrétaires m'étranglent.

— Vous voyez bien, dit Debray.

— Oui, mais tout cela n'empêche pas mon comte de Monte-Christo d'exister!

— Pardieu! tout le monde existe, le beau miracle!

— Tout le monde existe, sans doute, mais pas dans des conditions pareilles. Tout le monde n'a pas des esclaves noirs, des galeries princières, des armes comme à la Casauba, des chevaux de six mille francs pièce, des maîtresses grecques.

— L'avez-vous vue, la maîtresse grecque?

— Oui, je l'ai vue et entendue. Vue au théâtre Valle, entendue un jour que j'ai déjeuné chez le comte.

— Il mange donc, votre homme extraordinaire?

— Ma foi, s'il mange, c'est si peu, que ce n'est point la peine d'en parler.

— Vous verrez que c'est un vampire.

— Riez si vous voulez. C'était l'opinion de la comtesse G..., qui, comme vous le savez, a connu lord Ruthwen

— Ah! joli! dit Beauchamp, voilà pour un homme non journaliste le pendant du fameux serpent de mer du *Constitutionnel;* un vampire, c'est parfait.

— Œil fauve dont la prunelle diminue et se dilate à volonté, dit Debray; angle facial développé, front magnifique, teint livide, barbe noire, dents blanches et aiguës, politesse toute pareille.

— Eh bien! c'est justement cela, Lucien, dit Morcerf, et le signalement est tracé trait pour trait. Oui, politesse aiguë et incisive. Cet homme m'a souvent donné le frisson, et un jour, entre autres, que nous regardions ensemble une exécution, j'ai cru que j'allais me trouver mal, bien plus de le voir et de l'entendre causer froidement sur tous les supplices de la terre que de voir le bourreau remplir son office, et que d'entendre les cris du patient.

— Ne vous a-t-il pas conduit un peu dans les ruines du Colysée pour vous sucer le sang, Morcerf? demanda Beauchamp.

— Ou, après vous avoir délivré, ne vous a-t-il pas fait signer quelque parchemin couleur de feu, par lequel vous lui cédiez votre âme, comme Esaü son droit d'aînesse?

— Raillez, raillez tant que vous voudrez, messieurs, dit Morcerf un peu piqué. Quand je vous regarde, vous autres beaux Parisiens, habitués du boulevard de Gand, promeneurs du bois de Boulogne, et que je me rappelle cet homme, eh bien! il me semble que nous ne sommes pas de la même espèce.

— Je m'en flatte! dit Beauchamp.

— Toujours est-il, ajouta Château-Renaud, que votre comte de Monte-Christo est un galant homme dans ses moments perdus, sauf toutefois ses petits arrangements avec les bandits italiens.

— Eh! il n'y a pas de bandits italiens, dit Debray.

— Pas de vampire! ajouta Beauchamp.

— Pas de comte de Monte-Christo, ajouta Debray. Tenez, cher Albert, voilà dix heures et demie qui sonnent.

— Avouez que vous avez eu le cauchemar, et allons déjeuner, dit Beauchamp.

Mais la vibration de la pendule ne s'était pas encore éteinte lorsque la porte s'ouvrit, et que Germain annonça :

— Son Excellence le comte de Monte-Christo!

Tous les auditeurs firent malgré eux un bond qui dénotait la préoccupation que le récit de Morcerf avait infiltrée dans leurs âmes. Albert lui-même ne put se défendre d'une émotion soudaine. On n'avait entendu ni voiture dans la rue, ni pas dans l'antichambre; la porte elle-même s'était ouverte sans bruit.

Le comte parut sur le seuil, vêtu avec la plus grande simplicité, mais le *lion* le plus exigeant n'eût rien trouvé à reprendre à sa toilette. Tout était d'un goût exquis, tout sortait des mains des plus élégants fournisseurs, habits, chapeau et linge.

Il paraissait âgé de trente-cinq ans à peine, et, ce qui frappa tout le monde, ce fut son extrême ressemblance avec le portrait qu'avait tracé de lui Debray.

Le comte s'avança en souriant au milieu du salon, et vint droit à Albert, qui, marchant au-devant de lui, lui offrit la main avec empressement.

— L'exactitude, dit Monte-Christo, est la politesse des rois, à ce qu'a prétendu, je crois, un de vos souverains. Mais, quelle que soit leur bonne volonté, elle n'est pas toujours celle des voyageurs. Cependant j'espère, mon cher vicomte, que vous excuserez, en faveur de ma bonne volonté, les deux ou trois secondes de retard que je crois avoir mises à paraître au rendez-vous. Cinq cents lieues ne se font pas sans quelque contrariété, surtout en France, où il est défendu, à ce qu'il paraît, de battre les postillons.

— Monsieur le comte, répondit Albert, j'étais en train d'annoncer votre visite à quelques-uns de mes amis que j'ai réunis à l'occasion de la promesse que vous avez bien voulu me faire, et que j'ai l'honneur de vous présenter. Ce sont MM. le comte de Château-Renaud, dont la noblesse remonte aux douze pairs, et dont les ancêtres ont eu leur place à la Table-Ronde; M. Lucien Debray, secrétaire particulier du ministre de l'intérieur; M. Beauchamp, terrible journaliste, l'effroi du gouvernement français, mais dont peut-être, malgré sa célébrité nationale, vous n'avez jamais entendu parler en Italie, attendu que son journal n'y entre pas; enfin M. Maximilien Morrel, capitaine de spahis.

A ce nom, le comte, qui avait jusque-là salué courtoisement, mais avec une froideur et une impassibilité tout anglaise, fit malgré lui un pas en avant, et un léger ton de vermillon passa comme l'éclair sur ses joues pâles.

— Monsieur porte l'uniforme des nouveaux vainqueurs français, dit-il; c'est un bel uniforme.

— On n'eût pas pu dire quel était le sentiment qui donnait à la voix du comte une si profonde vibration, et qui faisait briller, comme malgré lui, son œil si beau, si calme et si limpide, quand il n'avait point un motif quelconque de le voiler.

— Vous n'aviez jamais vu nos Africains, monsieur? dit Albert.

— Jamais, répliqua le comte, redevenu parfaitement libre de lui.

— Eh bien! monsieur, sous cet uniforme bat un des cœurs les plus braves et les plus nobles de l'armée.

— Oh! monsieur le comte, interrompit Morrel.

— Laissez-moi dire, capitaine... Et nous venons, continua Albert, d'apprendre de monsieur un trait si héroïque, que, quoique je l'aie vu aujourd'hui pour la première fois, je réclame de lui la faveur de vous le présenter comme mon ami.

Et l'on put encore, à ces paroles, remarquer chez Monte-Christo ce regard étrange de fixité, cette rougeur fugitive et ce léger tremblement de la paupière qui chez lui décelaient l'émotion.

— Ah! monsieur est un noble cœur, dit le comte, tant mieux!

Cette espèce d'acclamation, qui répondait à la propre pensée du comte plutôt qu'à ce que venait de dire Albert, surprit tout le monde, et surtout Morrel, qui regarda Monte-Christo avec étonnement. Mais en même temps l'intonation était si douce et pour ainsi dire si suave, que, quelque étrange que fût cette exclamation, il n'y avait pas moyen de s'en fâcher.

— Pourquoi en douterait-il donc? dit Beauchamp à Château-Renaud.

— En vérité, répondit celui-ci, qui, avec son habitude du monde et la netteté de son coup d'œil aristocratique, avait pénétré de Monte-Christo tout ce qui était pénétrable en lui, en vérité, Albert ne nous a point trompés, et c'est un singulier personnage que le comte; qu'en dites-vous, Morrel?

— Ma foi, dit celui-ci, il a l'œil franc et la voix sympathique, de sorte qu'il me plaît, malgré la réflexion bizarre qu'il vient de faire à mon endroit

— Messieurs, dit Albert, Germain m'annonce que vous êtes servis. Mon cher comte, permettez-moi de vous montrer le chemin

On passa silencieusement dans la salle à manger. Chacun prit sa place.

— Messieurs, dit le comte en s'asseyant, permettez-moi un aveu qui sera mon excuse pour toutes les inconvenances que je pourrais faire : je suis étranger, mais étranger à tel point, que c'est la première fois que je viens à Paris. La vie française m'est donc parfaitement inconnue, et je n'ai guère, jusqu'à présent, pratiqué que la vie orientale, la plus antipathique aux bonnes traditions parisiennes. Je vous prie donc de m'excuser, si vous trouvez en moi quelque chose de trop turc, de trop napolitain ou de trop arabe. Cela dit, messieurs, déjeunons.

— Comme il dit tout cela ! murmura Beauchamp ; c'est, décidément, un grand seigneur.

— Un grand seigneur étranger, ajouta Debray.

— Un grand seigneur de tous les pays, monsieur Debray, dit Château-Renaud.

BIBLIOTHÈQUE IMPÉRIALE

FIN DE LA DEUXIÈME PARTIE.

TABLE DES MATIÈRES

DE LA DEUXIÈME PARTIE.

BIBLIOTHÈQUE IMPÉRIALE IMPR.

www.ingramcontent.com/pod-product-compliance
Lightning Source LLC
LaVergne TN
LVHW010608110826
845149LV00003B/814

* 9 7 8 2 0 1 9 2 0 1 7 9 1 *